U0518722

本书获得

陕西师范大学人文社会科学高等研究院

陕西师范大学文学院

出版资助

项 目 主 持

陕西师范大学女性研究中心

唐虢国夫人：文本与日常生活

李志生 著

陕西师范大学出版总社

图书代号 SK22N0641

图书在版编目（CIP）数据

唐虢国夫人：文本与日常生活 / 李志生著 . —西安：陕西师范大学出版总社有限公司 , 2022.12（2023.4重印）

（"乾·坤"：性别研究文史文献集萃系列丛书 / 李小江主编）

ISBN 978-7-5695-2676-9

Ⅰ.①唐… Ⅱ.①李… Ⅲ.①女性—历史人物—人物研究—中国—唐代 Ⅳ.① K828.5

中国版本图书馆 CIP 数据核字（2021）第 236889 号

唐虢国夫人：文本与日常生活

TANG GUOGUO FUREN WENBEN YU RICHANG SHENGHUO

李志生 著

出 版 人 /	刘东风
出版统筹 /	侯海英 曹联养
责任编辑 /	张爱林 马康伟
责任校对 /	王 森
出版发行 /	陕西师范大学出版总社
	（西安市长安南路 199 号 邮编 710062）
网 址 /	http://www.snupg.com
印 刷 /	陕西隆昌印刷有限公司
开 本 /	710 mm×1000 mm 1/16
印 张 /	17.25
字 数 /	250 千
版 次 /	2022 年 12 月第 1 版
印 次 /	2023 年 4 月第 2 次印刷
书 号 /	ISBN 978-7-5695-2676-9
定 价 /	78.00 元

总序

"乾·坤"——性别研究文史文献集萃系列丛书

乾坤，相互对应的两极构成一个概念，成为中国哲学体系中的基本范畴。乾为天，主阳；坤为地，主阴。出处与《易经》有关：以自然运行的宇宙观解释世间万物人事，将天地依存的同构范式推及人类社会，由"天／地""阴／阳"派生出"社稷""男女"——如此一来，天地与社稷呼应，阴阳与男女对接，乾坤与家国同义，成为人世间难以超越的至高境界。

在"乾·坤"名下做文史研究的念头由来已久，旨在将历史元素有效地纳入中国特色的哲学范畴，既可还原它的原初含义，也有创新的意图：朗朗晴空下，为长久隐身于私密处的"女性／性别"辟出开放的话语空间。"乾坤一元"，比肩而行；"阴阳相倚"，各为主体。"性别研究文史文献集萃"因此有三重含义：

　　一为饮食男女，性别是基本议题。让"天地／阴阳"走进人间生活，袅袅炊烟，衣食住行，寻常生活中窥见的也是"乾坤／社稷"。

　　二为文史文献，以文载史，文史同道。入丛书者，有专著，有论文集；可以是历代文学作品的史学解构，也可以对图片（如壁画、纹饰、照片、影视作品、墓志铭等）做文献辑录或文史阐释……无论形式，无不承载着历史的信息（而非白口说道），能够从不同方向展现历史遗存（而非凭空想象）。

　　三是集萃，会聚珠玑，萃取精华。女人作为群体，长久未载史册；女性的历史信息，碎片般地散落在"史记"的缝隙里或散失在"社稷"的偏僻角落。编撰这套丛书的一个主要目的是拾遗补阙：但凡透露出性别制度的古老讯息，或承载着女性文化遗存的历史印记，在这里都被视若珍馐，不厌其碎，汇集在"乾坤"名下，想人间男女俗事，与天地共一血脉。

　　这套丛书以"乾·坤"为名，图借大千宇宙磅礴气势，生成学界正道三气：开放多元，任恣肆的思路拓展包容的心胸，是谓"大气"；在亘古不变的天地呼应中讨一份冷静客观的治学态度，是谓"学术气"；让家国社稷落实到寻常人生，在绵延不绝的生民文化中找回两性平等相处的对话平台，是谓"接地气"——大气、学术气、接地气，是"乾·坤"系列丛书的起点，也是它努力的方向；它于女性的生存状态是一个提升，与性别研究的跨学科性质正相吻合。但是，在选题设置上，入选文章不避琐细，作者不问辈分，形式不拘一格，国籍无计内外，看重的是基础性文献收集、整理和分析的学术品质。因此借"序"向学界公开征稿，期待各学术领域中的领军者赐稿，也欢迎各院校同人提供在性别研究中有建树的学位论文。有文稿者，可与丛书的编撰统筹侯海英女士直接联系（E-mail: houhaiying@snnu.edu.com）。

说来，我的编书历史自 20 世纪 80 年代中期至今，30 年有余。已经出版的有文集《西方女权运动文选》（中国妇女出版社，1986）、《华夏女性之谜》（三联书店，1988）等，也有"妇女研究丛书"（河南人民出版社，1987—1992）、"性别与中国"辑丛（三联书店，1995—2000）、"20 世纪中国妇女口述史丛书"（三联书店，2003）等，计数十部，绵续拓展，无不关乎女性/性别研究。21 世纪以来，女性/性别研究已成显学，相关专著、译著和博士论文日渐热络，因此不断有出版商寻来洽商，希望在更新的学术环境中推出新的研究成果。多年斟酌，实地考察，最终选择陕西师范大学，是因为这里已经搭建起了"四位一体"的坚实平台：一支以教授领衔、项目引导、跨学科合作、可持续发展的教研梯队（1995 年起步），一座具有普及教育性质、学生自愿参与、自行管理的"妇女文化博物馆"（2003 年建馆），一个学术型、多元化、开放性的"女性/性别研究文献资料馆"（2018 年揭牌），以及正在筹建中的地方文史与女性个体生命合二而一的档案库"女方志馆"——陕西师范大学女性研究中心集课程建设、学术研究、文化资源积蓄、志愿者活动和社会服务为一体，在中国学界和女性/性别研究领域中独树一帜，已经为女性的知识积累和精神传承建起了一个难以替代的学术基地。"乾·坤"在这里落脚，可谓水到渠成。女性研究中心与陕西师范大学出版总社互为近水楼台，正好相互扶持。希冀我们共同努力，为已成气候的女性/性别研究继续贡献绵力。

李小江

2019 年 9 月 18 日 古都西安

目录

引　言

历史表述中的虢国夫人

　　虢国夫人，杨贵妃三姊，宰相杨国忠堂妹，生逢大唐开元、天宝盛世。她出自北周、隋朝以来的弘农望族①，高祖为隋名臣杨汪，父祖辈时，其家族中落。虢国夫人的旧族高门身世，并未给她带来任何实惠，只余下了可以观瞻的门第。

---

　　① 弘农杨氏是唐代重要的士族之一，唐人柳芳论氏族，称"关中亦号'郡姓'，韦、裴、柳、薛、杨、杜首之"（〔宋〕欧阳修，宋祁：《新唐书》卷一九九《儒学传中·柳冲》，中华书局 1975 年版，第 5678 页）。其族姓源于姬姓，产生于周代，定型于战国。其家族诞生于西汉中叶，东汉成为天下望族，至曹魏渐衰。南北朝时期特别是北周时期，家族复兴，成为全国具有影响的士族。隋时，弘农杨氏家族势力冠绝当代，至唐又有新发展。

　　虢国夫人成年后，出嫁裴氏，但其夫早卒；她因妹妹受宠而被封一品外命妇国夫人；她素颜出众，甚得玄宗宠待，"虢国夫人承主恩，平明骑马入宫门。却嫌脂粉污颜色，淡扫蛾眉朝至尊"[①]；她恃宠而骄，过着锦衣玉食、"炙手可热势绝伦"[②]的生活；她死后，被指为安史之乱的罪魁之一，"禄山叛乱，指罪三人"[③]，所谓"三人"，指杨贵妃、杨国忠和虢国夫人。

　　虢国夫人的这一切，我们似乎早已耳熟能详，但揣度每个细节，又似乎都欠缺了一些通透。造成这一状况的原因，当然首先是对她的关注与研究不够，在目前的研究中，虢国夫人要么只是杨贵妃事迹的陪衬[④]，要么仅止于对《虢国夫人游春图》一画的讨论[⑤]。除此，还有另一重要原因，那就是她的生平事迹记载纷繁、杂沓，历史与演义交错，这使人们无法确定自己眼中"真实"的

---

①〔唐〕张祜撰，尹占华校注：《张祜诗集校注》卷五《集灵台二首·其二》，巴蜀书社 2007 年版，第 206 页。关于此诗的作者——杜甫或张祜，自来多有争议。对此的讨论，可参见尹占华《张祜诗集校注》中的此诗"辑评"（第 207—209 页）及《论张祜及其诗》（第 15—18 页）；另见尹占华：《论张祜的诗》，载《唐代文学研究》1990 年第 2 辑。

②〔唐〕杜甫撰，萧涤非主编校注：《杜甫全集校注》卷一《丽人行》，人民文学出版社 2015 年版，第 342 页。

③〔宋〕乐史：《杨太真外传》卷下，见〔五代〕王仁裕等撰，丁如明辑校：《开元天宝遗事十种》，上海古籍出版社 1985 年版，第 146 页。

④如许道勋、赵克尧《唐玄宗传》，便将"诸姐姐的承恩""杨门外戚的势力特点"置于"正式立为贵妃"一章下（人民出版社 1993 年版，第 353—358 页）；此书还将杨贵妃第二次被遣出宫的原因归于虢国夫人（第 374—375 页）。

⑤对此画的讨论，可参见葛珊珊：《谈谈〈虢国夫人游春图〉》，载《文史杂志》2013 年第 1 期。

虢国夫人到底怎样。其实，目前的史界已完全认识到，由于"过去"这个客体本身是不可再现的，人们只有通过"想象的"方式，来使它再现于意识或话语之中。所以一切历史的再现，都不可避免地含有想象和虚构的成分①。而本书首先要做的就是，追索历代文人特别是唐宋文人思想中"真实"的虢国夫人及其成因——文本的衍进，进而将虢国夫人的"历史"进行整合。

---

① 可参见海登·怀特：《后现代主义历史叙事学》，陈永国、张万娟译，中国社会科学出版社 2003 年版，第 292 页。

第一章 死辱生荣：虢国夫人的生平

因其妹杨贵妃受宠，也缘于自己的素颜美与特立独行的行事方式，虢国夫人在生前极尽荣华，而其死亦极尽曲折。

一、"自刭死"与"乱兵所杀"：虢国夫人之死

肃宗至德元载（756）六月十四日，兴平市（今属咸阳）马嵬驿，龙武大将军陈玄礼率禁军发动兵变，杨贵妃族人被杀殆尽，其中就包括了虢国夫人。关于虢国夫人之死，两《唐书》中《杨贵妃传》的记载有所不同：

《旧唐书·杨贵妃传》：马嵬之诛国忠也，虢国夫人闻难作，奔马至陈仓。县令薛景仙率人吏追之，走入竹林。先杀其男裴徽及一女。国忠妻裴柔曰："娘子为我尽命。"即刺杀之。已而自刭，不死，县吏载之，闭于狱中。犹谓吏曰："国家乎？贼乎？"吏曰："互有之。"血凝至喉而卒，遂瘗于郭外。[1]

《新唐书·杨贵妃传》：马嵬之难，虢国与国忠妻裴柔等奔陈仓，县令率吏追之，意以为贼，弃马走林。虢国先杀其二子，柔曰："丐我死！"即并其女刺杀之，乃自刭，不殊，吏载置于狱，问曰："国家乎？贼乎？"吏曰："互有之。"乃死，瘗陈仓东郭外。[2]

比较两书的记载，《旧唐书》所记虢国之死更为血腥，她虽欲自刭但又死而未果，终是被俘，后因喉伤失血过多窒息而亡。这样的死亡过程，无疑是痛苦的。

---

① 〔唐〕刘昫等：《旧唐书》卷五一《后妃传上·杨贵妃》，中华书局1975年版，第2181页。
② 《新唐书》卷七六《后妃传上·杨贵妃》，第3495—3496页。

而在《旧唐书·杨国忠传》中，虢国之死有两则记载：

> 诸军乃围驿擒国忠，斩首以徇。是日，贵妃既缢，韩国、虢国二夫人亦为乱兵所杀。[1]
>
> 国忠娶蜀倡裴氏女曰裴柔，国忠既死，柔与虢国夫人皆自刭死。[2]

在此两则记载中，虢国夫人无疑是速死的，并未见其被俘至狱中受折磨而死的曲折情节。以考证史实见长的《资治通鉴》，在记军士杀杨国忠、玄宗命高力士缢杀杨贵妃后，记虢国夫人之死如下：

> 国忠妻裴柔与其幼子晞及虢国夫人、夫人子裴徽皆走，至陈仓，县令薛景仙帅吏士追捕，诛之。[3]

《资治通鉴》对虢国夫人之死的记载，则是既未自刭，也未被俘，而是被县令诛杀。

时至今日，虢国夫人死亡的方式已不可考，但《旧唐书·杨贵妃传》所记的"极致"死亡过程，或许只是史家表达的某种残忍快感，并非事实。而这种残忍快感，来自于对安史之乱祸首之一的虢国夫人的愤怨。长达七年之久的安史之乱之后，强大的唐帝国迅速由盛转衰。以人口为例，"安史之乱的爆发，使唐代人口持续上升的势头由此中断。全国著籍户数由天宝十四载（755）的8914790户骤减至代宗广德二年（764）的290万户，至大历中，复降至130万户，黄河中下

---

[1] 《旧唐书》卷一〇六《杨国忠传》，第3246页。

[2] 《旧唐书》卷一〇六《杨国忠传》，第3247页。

[3] 〔宋〕司马光：《资治通鉴》卷二一八"唐肃宗至德元载七月丙申"条，中华书局1956年版，第6974页。

游地区所遭到的破坏尤其严重"①。还有，曾极繁华的东都洛阳，在代宗时的郭子仪口中也变成了如下情形："夫以东周之地，久陷贼中，宫室焚烧，十不存一，百曹荒废，曾无尺椽，中间畿内，不满千户。"②再有，安史之乱的爆发，也改变了唐人的族群认识。太宗至玄宗时，奉行的是"夷夏一家"的族群认同理念，太宗就曾声言："自古皆贵中华，贱夷、狄，朕独爱之如一，故其种落皆依朕如父母。"③在"世界主义"④的治国理念与施政方针下，身为天可汗的太宗，其"帝国理想既包含中国人也包含游牧民族"⑤。而安史之乱后，这种理念急剧改变，肃宗在即位敕令中就直称安史之乱为"羯胡乱常"⑥，将之定性为一场族群间的斗争。此后的族群认同从主张"夷夏一家"转而成为"夷夏之防"，唐皇被周边诸族所推认的"天可汗"身份不再。所以，作为祸首之一的虢国夫人，理应遭受残酷惩罚。

虢国夫人死后，被"瘞陈仓东郭外"，在雍正朝《陕西通志》中，宝鸡县存有虢国夫人墓——迷冢⑦，而按《元和郡县图志》记载，"宝鸡县……本秦陈仓县……至德二载（757）改为宝鸡"⑧。

至于虢国夫人的卒年，她是在杨贵妃被缢之后死去的，杨贵妃

---

① 冻国栋：《中国人口史》第二卷《隋唐五代时期》，复旦大学出版社2002年版，第142页。

② 《旧唐书》卷一二〇《郭子仪传》，第3457页。

③ 《资治通鉴》卷一九八"唐太宗贞观二十一年（647）五月庚辰"条，第6247页。

④ D. Twitchett and A. F. Wright, *"Introduction", Perspectives on the T'ang,* ed. by A. F. Wright and D. Twitchett, New Haven and London: Yale University Press, 1973,p.1.其所说的世界主义，指对各种各样的外来影响兼容并蓄。

⑤ 〔美〕陆威仪著，张晓东、冯世明译，方宇校：《世界性的帝国：唐朝》（哈佛中国史），中信出版社2016年版，第135页。

⑥ 〔宋〕宋敏求编：《唐大诏令集》卷二《帝王·即位敕上·肃宗即位敕》，中华书局2008年版，第8页。

⑦ 〔清〕刘于义等修，〔清〕沈青崖等纂：《陕西通志》卷七一《陵墓》，清文渊阁四库全书本。

⑧ 〔唐〕李吉甫撰，贺次君点校：《元和郡县图志》卷二《关内道·凤翔府》，中华书局1983年版，第42页。

卒时年三十八，而杨贵妃与虢国夫人之间，至少还有八姨秦国夫人，所以，虢国夫人亡时至少四十岁左右了。

二、士族高门与仕宦衰微：虢国夫人的出身

虢国夫人之先祖出于弘农，远祖为汉太尉杨震[1]，后徙家河东蒲州永乐县（今山西省芮城县西）。对此，《隋书》中虢国夫人的高祖杨汪传记载：

> 杨汪字元度，本弘农华阴人也，曾祖顺，徙居河东。[2]

《新唐书·杨贵妃传》则记：

> 玄宗贵妃杨氏，隋梁郡通守汪四世孙。徙籍蒲州，遂为永乐人。[3]

所谓"河东""蒲州""永乐"，实为杨氏移居地的州、郡、县制之称。蒲州，后周制，隋时改为河东郡，唐再置为蒲州、河中府。对此，《元和郡县图志》记：

> 河中府……周明帝改秦州为蒲州，因蒲坂以为名。隋大业三年罢州，又置河东郡。……武德元年（618）罢郡，

---

[1]《新唐书》卷七一下《宰相世系一上》，第2360—2362页。关于杨震的出生地，《后汉书》记为弘农华阴（今陕西华阴东）（〔南朝宋〕范晔：《后汉书》卷五四《杨震传》，中华书局1965年版，第1759页）。

[2]〔唐〕魏徵、令狐德棻：《隋书》卷五六《杨汪传》，中华书局1973年版，第1393页。

[3]《新唐书》卷七六《后妃传上·杨贵妃》，第3493页。

置蒲州。……二年，置蒲州总管。三年……自桑泉移蒲州于今理。九年，废总管置都督府，复为州。开元元年五月，改为河中府，仍置中都，丽正殿学士韩覃上疏，陈其不可，至六月诏停，复为州。乾元三年，又改为河中府。[1]

永乐县为蒲州、河中府的下辖县，"北至府九十里"，原属芮州，"（武德）七年移于今理，贞观八年改属（蒲州）"[2]。

弘农杨氏是北朝以来的关中士族高门之一，其在唐时的门第仍然显赫，像玄宗在《册寿王杨妃文》中就称寿王妃是"公辅之门""选极名家"[3]。由此可见，虢国夫人所出的杨氏之门，乃是当时公认的名门望族。

虢国夫人一系，还与武则天母族有着远亲关系，"（杨贵妃之房）虽非武䂮外家近属，然就贵妃曾选为寿王妃一点观之，知其亦属于此大集团（李武韦杨婚姻集团），不过为距核心较远之外围人物耳"[4]。

虽然门高如此，但其实自虢国夫人的高祖杨汪始，其士族的特质就已处在变化中。关于士族的家门、家风，陈寅恪先生指出："所谓士族者，其初并不专用其先代之高官厚禄为其唯一之表征，而实以家学及礼法等标异于其他诸姓。"[5]此即钱穆先生所说：

> 当时门第传统共同理想，所希望于门第中人，上自贤父兄，下至佳子弟，不外两大要目：一则希望其能具孝友之内行，一则希望其能有经籍文史学业之修养。此两种希望，

① 《元和郡县图志》卷一二《河东道一·河中府》，第 323 页。
② 《元和郡县图志》卷一二《河东道一·河中府》，第 328—329 页。
③ 《唐大诏令集》卷四〇《诸王·册妃·册寿王杨妃文》，第 186 页。
④ 陈寅恪：《记唐代之李武韦杨婚姻集团》，见陈寅恪：《金明馆丛稿初编》，上海古籍出版社 1980 年版，第 263 页。
⑤ 陈寅恪：《唐代政治史述论稿》中篇《政治革命及党派分野》，上海古籍出版社 1982 年版，第 71 页。

并合成为当时共同之家教。其前一项之表现，则成为家风。后一项之表现，则成为家学。[①]

以陈、钱两先生之论衡之，杨汪在通经义、励名行上，既有传承旧传统之处，亦存有悖礼教之行。对此，《隋书·杨汪传》记：

> 汪少凶疏，好与人群斗，拳所殴击，无不颠踣。长更折节勤学，专精《左氏传》，通《三礼》。解褐周冀王侍读，王甚重之，每曰："杨侍读德业优深，孤之穆生也。"其后问《礼》于沈重，受《汉书》于刘臻，二人推许之曰："吾弗如也。"由是知名，累迁夏官府都上士。及高祖居相，引知兵事，迁掌朝下大夫。……
>
> 炀帝崩，王世充推越王侗为主，征拜吏部尚书，颇见亲委。及世充僭号，汪复用事，世充平，以凶党诛死。[②]

杨汪的家学素养，秉持的是东汉以来士族高门的通经传统，学有所专，以通经义而致事功。但他的名行无疑有亏，从他的少年好斗看，其家教也似不尽如人意[③]；而他转事他主，于儒家礼教之士而言，更是臣节严重有亏，"炀帝崩，王世充推越王侗为主，征拜吏部尚书，颇见亲委。及世充僭号，汪复用事，世充平，以凶党诛死"。故魏徵对杨汪等人的评论是："夫忠为令德，施非其人尚或不可，况托足邪径，而又不得其人者欤！"[④]

---

① 钱穆：《略论魏晋南北朝学术文化与当时门第之关系》，见钱穆：《中国学术思想史论丛》（三），东大图书有限公司 1977 年版，第 171 页。

② 《隋书》卷五六《杨汪传》，第 1393—1394 页。

③ 王伊同在《五朝门第》中，以专节探讨了高门的家教，在列举了若干品行有欠而受到家训诫导的事例后，提出"凡此家诫，虽不著篇籍，正以隆家声，敦素业，为用亦宏矣"（中华书局 2006 年版，第 197 页）。

④ 《隋书》卷五六"史臣曰"，第 1394 页。

随着杨汪被李世民所杀，其后人在唐朝的政治地位迅速下降。杨汪在隋朝的官位颇显，"高祖受禅，赐爵平乡县伯，邑二百户"，并官至吏部尚书、银青光禄大夫，汪父也因他而受赠平乡县公。杨汪之后，其子尚能保住从五品上的库部郎中，从而跻入了"通贵"列①。但其孙志谦（虢国夫人祖父）则有可能未曾出仕过②，曾孙玄琰（虢国夫人父）也仅于开元初为蜀州司户，这是一个从七品下的刺史衙吏，掌户籍、计账、道路、逆旅、婚田等事。

虢国夫人最终嫁给了裴氏，从"裴"之姓氏看，虢国夫人的这桩婚事，或是关中旧族高门之间的通婚。但在天宝四载（745）八月杨太真被册为贵妃后不久，裴氏夫即亡，虢国夫人早寡——其时的虢国夫人年在三十上下。虢国夫人的腾达，最终凭借的既非其旧族门第，更非其父祖之政治地位，也非从夫之荣，而是其妹杨玉环的为妃与受宠。

杨玉环因过继于叔父杨玄璬而移居洛阳，杨玄璬的官位并不高，仅为河南府士曹，但旧族高门的身份仍使他在其时的上层社会具有影响。因此，开元二十三年（735），玄宗最终为他最宠爱的武惠妃子寿王纳娶了杨玉环。五年之后的开元二十八年（740），杨玉环结束了寿王妃的生活，经入道、入宫，最终于天宝四载（745）被册立为贵妃。天宝初，在杨玉环为"太真"时，包括虢国夫人在内的杨氏三姊便从蜀地来到长安；杨贵妃受册推恩时，"及贵妃三姐，皆赐第京

---

① 按《唐律疏议》，"五品以上之官，是为'通贵'"。"通贵"享有若干法律特权，如"诸五品以上妾，犯非十恶者，流罪以下，听以赎论"。〔唐〕长孙无忌等撰，刘俊文点校：《唐律疏议》卷二《名例律》，中华书局1983年版，第38—39页；流外官徒"通贵"，惩处从重，见卷二一《斗讼律》，第399页。

② 《旧唐书·杨贵妃传》（第2178页）、《新唐书·宰相世系表》（第2361页）均未载虢国夫人祖职。

《太真上马图》局部　（邓拓藏）

师，宠贵赫然"[1]。而三姊中，虢国夫人与玄宗的关系无疑更密切，也更受宠待。

三、女性外戚与封赠宠待：作为妃姊的虢国夫人

杨贵妃受宠于玄宗，"宫中呼为'娘子'，礼数实同皇后"。虢国夫人等三姊因是外戚——宠妃之姊的身份而来到长安，杨贵妃"有姊三人，皆有才貌"。天宝七载（748），"玄宗并封国夫人之号：

---

① 《资治通鉴》卷二一五"唐玄宗天宝四载（745）八月壬寅"条，第6866页。

长曰大姨，封韩国；三姨，封虢国；八姨，封秦国"①。《资治通鉴》
对此的记载是：

> 以贵妃姊适崔氏者为韩国夫人，适裴氏者为虢国夫人，
> 适柳氏者为秦国夫人。三人皆有才色，上呼之为姨，出入
> 宫掖，并承恩泽，势倾天下。每命妇入见，玉真公主等皆
> 让不敢就位。②

司马光的这些记载，是深具取鉴之意的。

外戚，也称"外家""外亲""戚里""国戚"，一般特指皇
帝的母族或妻族。外戚是学界多有探讨的问题③，但其重点一般都在
男性外戚，如后妃的父兄等，而女性戚属的情况则鲜见研究④。其实
自汉代始，就多有后妃的女性戚属受到荣宠，因而得以受爵、食封，
此一荣宠的方式一直延续到了南北朝时期。就唐代而言，武后、韦后
等的女性戚属，也都是显见于史的。将虢国夫人置身于汉唐时期的女
性外戚大背景中，或能更清楚地观察到作为女性外戚的她，其封赠与

---

① 《旧唐书》卷五一《后妃传上·杨贵妃》，第 2178 页。

② 《资治通鉴》卷二一六"唐玄宗天宝七载（748）十一月癸未"条，第
6891 页。

③ 如张志哲：《论外戚政治》，载《福建论坛》（文史哲版）1986 年第 1 期；
李禹阶、秦学颀：《外戚与皇权》，西南师范大学出版社 1993 年版；李禹阶：《试
论唐前期外戚的短期社会行为及其形成原因》，载《重庆师范大学学报》（哲学
社会科学版）2008 年第 5 期；朱子彦：《中国历代外戚封爵食禄制度述论》，载《史
林》1996 年第 4 期；朱子彦：《后宫制度研究》第九章《后妃家族——外戚》，
华东师范大学出版社 1998 年版；秦海轩、卢路：《中国皇帝制度》第六编《外
戚制度》，山西古籍出版社 1999 年版；方东明：《唐代外戚研究——以后妃亲
族为中心》，西北大学硕士学位论文，2011 年。

④ 仅见少量涉及汉代女性外戚的研究，如刘敏：《秦汉时期的"赐民爵"
及小爵》，载《史学月刊》2009 年第 11 期；朱绍侯：《〈秦汉时期的"赐民爵"
及"小爵"〉读后——兼论汉代爵制与妇女的关系》，载《史学月刊》2009 年
第 11 期；杨菲：《两汉女性食封制度研究》，兰州大学硕士学位论文，2015 年。

宠待所具有的普遍性或独特性。

自两汉至南北朝，受到荣宠的后妃女性戚属，一般多为后妃之母或其姊妹，而荣宠的方式，一般为封爵。大略来看，两汉时期，后妃女性戚属能够获得的高级爵位为"君"，凡"君"即可得到封邑而衣食租税。对此，《后汉书·安思阎皇后传》注引《续汉志》云："妇人封君，仪比公主。"[①]"君"实际享受到的是列侯待遇。但两汉时期的后妃女性戚属封爵较为随机，视后妃的政治地位而定。如吕后当政，将其一姊吕媭封为临光侯，这也使吕媭成为汉初三位被封侯的女性之一[②]；但吕后的另一姊吕长姁，则似无任何封爵。另据《汉书·孝元皇后传》，"莽既外一群臣，令称己功德，又内媚事旁侧长御以下，赂遗以千万数。白尊太后姊妹君侠为广恩君，君力为广惠君，君弟为广施君，皆食汤沐邑，日夜共誉莽"[③]。从王政君姊妹受王莽封君、给食邑后的表现看，西汉时封赠后妃女性戚属应非常见之事。

东汉自邓太后当政以后，皇后母受封的情况较为常见，但姊妹受封的情况则鲜见了。关于皇后母受封，如安帝永初元年（107），"爵皇太后母阴氏为新野君"[④]；安帝阎后母被追尊为荥阳君；桓帝邓后母先封长安君，后更封"大县"，为昆阳君[⑤]；灵帝何后母受封舞阳君；顺帝梁后母阴氏亡后追为开封君。

两晋南朝时，后妃之母受爵或追爵者较多，其爵一般为县君或乡君，但后妃姊妹则未见受爵。像晋惠帝后贾南风之妹贾午，亦介入了其时政治，但即使是大权在握的贾南风，也未授其妹任何爵位。这

① 《后汉书》卷一〇上《皇后纪上·安思阎皇后》，第 436 页。
② 〔汉〕司马迁：《史记·吕太后本纪》载："四年，封吕媭为临光侯。"（中华书局 1982 年版，第 402 页）；对汉初三个女性封侯的历史与文本的分析，参见刘敏：《若个"女子"万户侯——试论汉初三女封侯历史书写的隐微性》，载《湖北师范学院学报》（哲学社会科学版）2015 年第 4 期。
③ 〔汉〕班固：《汉书》卷九八《元后传》，中华书局 1962 年版，第 4030 页。
④ 《后汉书》卷五《安帝纪》，第 207 页。
⑤ 《后汉书》卷一〇上《皇后纪上·桓帝邓皇后》，第 444—445 页

一时期的女性戚属封爵，亦当有封邑而衣食租税，但户数多少或因人而定。如晋武帝封外曾祖母杨氏及郑、刘二从母为乡君，"邑各五百户"[1]；而羊祜夫人夏侯氏因夫之功，受封为万岁乡君，"食邑五千户，又赐帛万匹，谷万斛"[2]。

较两晋南朝，北朝后妃女性戚属的封赠呈现出若干不同之处。北朝后妃之母及姊妹的封赠较为随机，并且此时的皇后之母及姊妹，封爵或追爵者已很少；虽然自北魏始，皇后家族女性戚属已有被封郡君者，但北朝时受爵女性戚属的食封情况并不明朗。关于女性戚属受封郡君，如胡太后临朝，封其妹拓跋叉妻为"新平郡君，后迁冯翊郡君"[3]，追封其母皇甫氏为京兆郡君，"又追京兆郡君为秦太上君"，封继母梁氏为赵平郡君[4]；北齐高欢娄皇后姊娄黑女，高洋"锡以从母之名，仍加长君之号"，封其为顿丘郡君[5]。其后，隋朝短祚，并未出现后妃母氏的封赠。

至唐时，后妃之母或姊妹不再受爵，而改为受封外命妇。关于唐代的外命妇的等级，《大唐六典》卷二"尚书吏部司封郎中员外郎"条载：

> 外命妇之制：皇姑封大长公主，皇姊妹封长公主，皇女封公主，皆视正一品；皇太子之女封郡主，视从一品；王之女封县主，视正二品。王母、妻为妃。一品及国公母、

---

[1] 〔唐〕房玄龄等：《晋书》卷三一《后妃传上·文明王皇后》，中华书局 1974 年版，第 952 页。

[2] 《晋书》卷三四《羊祜传》，第 1023 页。

[3] 〔北齐〕魏收：《魏书》卷一六《道武帝七王传·拓跋叉》，中华书局 1974 年版，第 403 页。

[4] 《魏书》卷八三下《外戚传·胡国珍》，第 1834 页。

[5] 《故使持节侍中太师大司马太尉公录尚书事武贞窦公夫人皇姨顿丘郡长君娄氏墓志铭》，见赵超：《汉魏南北朝墓志汇编》，天津古籍出版社 1992 年版，第 398 页。

妻为国夫人；三品已上母、妻为郡夫人；四品、若勋官二
品有封，母、妻为郡君；五品、若勋官三品有封，母、妻
为县君。散官并同职事。勋官四品有封，母、妻为乡君。
其母邑号皆加"太"字。各视其夫及子之品，若两有官爵者，
皆从高。若内命妇一品之母为正四品郡君，二品母为从四
品郡君，三品、四品母并为正五品郡君。凡妇人不因夫及
子而别加邑号，夫人云"某品夫人"，郡君为"某品郡君"，
县君、乡君亦然。①

　　根据如上唐令规定，在"从夫"或"从子"的前提下，相关妇女
可受封为国夫人至乡君的不同等级外命妇封号；而不依夫、子受封者，
则在外命妇封号前加"某品"。唐前期，男性外戚的封授之官都较高，
多是三公、三师等高品荣显之官②，如太宗赠长孙皇后父晟为司空、
齐献公；高宗王皇后父母的封授，《旧唐书》记仁祐"为特进、魏国公，
母柳氏为魏国夫人。仁祐寻卒，赠司空"③；《新唐书》则直记为："帝
即位，（王氏）立为皇后。仁祐以特进封魏国公；母柳，本国夫人。
仁祐卒，赠司空。"④其直接强调了柳氏命妇封号获得的"从"夫特征。
　　依照唐令及太宗、高宗皇后父母的封授情况，我们来看一下武后、
韦后、杨贵妃之女性戚属的封授。首先是武后的女性戚属。对此，《旧
唐书·武承嗣传》载：

　　初，士彟娶相里氏，生元庆、元爽。又娶杨氏，生三女：

①　［日］广池千九郎训点，内田智雄补订：《大唐六典》卷二"尚书吏部
司封郎中员外郎"之职条，广池学园事业部1973年版，第41页。
②　参见张琛：《唐代赠官流变研究》，陕西师范大学硕士学位论文，2010年，
第43—45页。
③　《旧唐书》卷五一《后妃传上·高宗王皇后》，第2169页。
④　《新唐书》卷七六《后妃传上·高宗王皇后》，第3473页。

长适越王府功曹贺兰越石，次则天，次适郭氏。……及则
天立为皇后，追赠士彟为司徒、周忠孝王，封杨氏代国夫人。
贺兰越石早卒，封其妻为韩国夫人。寻又加赠士彟为太尉，
杨氏改封为荣国夫人。①

唐前期皇帝多赠皇后父高官，武则天父也不例外。"从"着其夫
武士彟的司徒、太尉及王爵之封，武则天母杨氏自当受封为国夫人，
此无疑义。有疑义的是武后姊韩国夫人及韩国之女的封授。依如上《旧
唐书·武承嗣传》所载，韩国夫人之夫早卒，其封国夫人，并非"从"
夫而来。如此，其封号当是"某品夫人"，而非国夫人②。另按《新唐书》，
"韩国卒，女封魏国夫人，欲以备嫔职"③；"韩国有女在宫中，帝
尤爱幸"④。魏国夫人并未出嫁，更完全无夫可"从"，但她因受皇宠，
也被封为了国夫人。所以，《资治通鉴》对此的记载是："韩国寻卒，
其女赐号魏国夫人。"⑤即魏国夫人为赐号，并非循制而得。

再来看韦后的女性戚属。这些女性戚属的封授，是超出当时一
般标准的。韦后父被追封为郡王，故其母为郡王妃，"（神龙元年二月）
甲子，立妃韦氏为皇后……后父故豫州刺史玄贞为上洛郡王，后母崔
氏赠上洛郡王妃"⑥。而这一封赠也当即受到了质疑，像左拾遗贾虚
己即言："非李氏王者，盟书共弃之。"⑦其后，韦后父更被追封为
酆王，"谥献惠"；韦后的一亡妹也被追封为县主，"县主献王之第

<hr />

① 《旧唐书》卷一八三《外戚传·武承嗣》，第 4727 页。
② 李娜颖将其归为不当封之人得封的一种情况，见李娜颖：《理想与现实
之间的唐代命妇——以制度为中心的考察》，北京大学硕士学位论文，2010 年，
第 31 页。
③ 《新唐书》卷七六《后妃传上·高宗武后》，第 3476 页。
④ 《新唐书》卷二〇六《外戚传·武士彟》，第 5836 页。
⑤ 《资治通鉴》卷二〇一"唐高宗乾封元年（666）八月"条，第 6350 页。
⑥ 《旧唐书》卷七《中宗纪》，第 137 页。
⑦ 《新唐书》卷七六《后妃传上·韦皇后》，第 3486 页。

八女，顺天翊圣皇后之妹也"①。此外，韦后另有两妹，"后妹夫陆颂为国子祭酒，冯太和为太常少卿，太和寻卒，又适嗣虢王邕"②。陆颂封陈国公③，冯太和是否有封爵，史书无载。韦后二妹并封国夫人，"陆氏妹郕国夫人，冯氏妹崇国夫人"④。陆颂封国公，其妻为国夫人属依制行事；而冯太和所封不明，又其所任太常少卿的官品仅为正四品上，依如上所引唐制，其妻当封郡君而非国夫人，此妹后嫁嗣虢王李邕，其当封嗣虢王妃，也非国夫人。

综合高宗王皇后、武则天、中宗韦后的女性戚属封赠，我们看到，封授国夫人，当是对受宠皇后女性族人的通常做法，而韦后封父为郡王、母为郡王妃、亡妹为县主，则是超出了这一时期的未成文规定。

依此，我们再回到前面提到的《资治通鉴》记载，通过梳理汉唐以来荣宠后妃女性戚属的规则和手段，就可以看到司马光的取鉴深意了。《资治通鉴》前记杨贵妃三姊并封国夫人，按唐代此前的规矩，三姊之封并无不妥；不妥的是《资治通鉴》下面的记载，"出入宫掖，并承恩泽，势倾天下。每命妇入见，玉真公主等皆让不敢就位"，这些都超出了其时的制度与规矩。

首先是"出入宫掖"。唐时，宠后、宠妃家人出入宫掖似无禁限，如武则天姊"韩国出入禁中，一女国姝，帝皆宠之"⑤。但关于后妃家人的入宫，至少自东汉起，就有人认为外戚不应该频繁入宫，像和帝邓皇后就认为：

---

① 〔唐〕崔湜：《大唐赠韦城县主韦氏墓志铭并序》，见吴钢主编：《全唐文补遗》第 7 辑，三秦出版社 2000 年版，第 26 页。

② 《旧唐书》卷一八三《外戚传·韦温》，第 4744 页。

③ 《旧唐书·中宗纪》载："（景龙二年）二月辛未，幸左金吾大将军、陈国公陆颂宅。"（第 145 页）

④ 〔宋〕王溥：《唐会要》卷六七《员外官》，中华书局 1955 年版，第 1176 页。

⑤ 《新唐书》卷七六《后妃传上·武皇后》，第 3476 页。

及后有疾，特令后母兄弟入视医药，不限以日数。后言于帝曰："宫禁至重，而使外舍久在内省，上令陛下有幸私之讥，下使贱妾获不知足之谤。上下交损，诚不愿也。"帝曰："人皆以数入为荣，贵人反以为忧，深自抑损，诚难及也。"[1]

邓绥认为，外戚出入宫掖无禁，会使皇帝"有幸私之讥"，也会使作为皇后的她获"不知足之谤"。所以，和帝的"特令后母兄弟入视医药，不限以日数"，看似对皇后的恩宠，实是为帝、后招谤。此事也载于《资治通鉴》卷四八[2]。以史为鉴，司马光对杨氏三姊"出入宫掖，并承恩泽，势倾天下"的记法，或是在与邓皇后的比较之后，对皇帝之恣意、三姊之无节所做的抨击。

其次是"每命妇入见，玉真公主等皆让不敢就位"。此事首见于《新唐书》，其记：

三姊皆美劭，帝呼为姨，封韩、虢、秦三国，为夫人，出入宫掖，恩宠声焰震天下。每命妇入班，持盈公主（玉真公主）等皆让不敢就位。[3]

在唐代的外命妇中，大长公主为外命妇之首，地位最尊，此可见上文引用的《大唐六典》外命妇封制；而持盈公主（玉真长公主），又是其时政治中的风云人物。持盈公主为睿宗女、玄宗同母妹，玄宗时，晋封为玉真长公主，"由于玉真公主是唐玄宗胞妹，加上金仙公主开元中即已去世，玉真公主是与唐玄宗血缘关系最近之人，故在开

---

① 《后汉书》卷一〇上《皇后纪上·和熹邓皇后》，第419页。
② 《资治通鉴》卷四八"汉和帝下永元十四年（102）冬十月"条，第1556页。
③ 《新唐书》卷七七《后妃传上·杨贵妃》，第3493页。

元年间及天宝初，她是极有权势的，而且比较关心朝廷大事，政治地位很高……常常以唐玄宗代表的身份出现"①。也正因玉真公主颇得玄宗宠信，故在玄宗重返长安后，肃宗对她就加强了防范："矫诏移上皇居西内，送持盈于玉真观，高力士等皆坐流窜。"②而就是如此位高权重的一位长公主，却在命妇入朝时，要观色于杨氏三姊，这无疑是在玄宗恩泽之下，杨氏三姊势倾天下的又一重要例证。当然，杨氏三姊的威势胜过长公主，还只是在非制度层面显现，并非如武则天封后之后，高宗径定武后母荣国夫人"品第一，位在王公母妻之上"③，这明显是对其时外命妇制度的僭越，是以国夫人之位高于王妃了。

另外，《资治通鉴》中三姊封国夫人，"出入宫掖，并承恩泽，势倾天下。每命妇入见，玉真公主等皆让不敢就位"，其实也透露出了玄宗宠待杨氏三姊的方式，即可以给予超常的物质和威势待遇。我们看到，在杨氏三姊之前，武则天、韦后的女性戚属是多有干政的。如武则天母荣国夫人杨氏，在武则天欲移王皇后而自为皇后时，曾"诣无忌第，屡有祈请"④；荣国夫人还因争立皇后事，潜贬了时任长安令的裴行俭，"时高宗将废皇后王氏而立武昭仪，行俭以为国家忧患必从此始，与太尉长孙无忌、尚书左仆射褚遂良私议其事，大理袁公瑜于昭仪母荣国夫人潜之，由是左授西州都督府长史"。除此，荣国夫人还涉官员任用事，"后母荣国夫人杨氏以与弘武同宗，又称荐之，俄迁西台侍郎。乾封二年，与戴至德、李安期等同东西台三品"⑤。而韦后两妹则争授斜封官，"景龙二年，长宁、宜城、定安、新都、金城等公主及皇后陆氏妹郕国夫人、冯氏妹崇国夫人并昭容上官氏与

①　丁放、袁行霈：《玉真公主考论——以其与盛唐诗坛的关系为归结》，载《北京大学学报》（哲学社会科学版）2004年第2期。
②　《旧唐书》卷一八四《李辅国传》，第4760页。
③　《旧唐书》卷四《高宗纪上》，第81页。
④　《资治通鉴》卷一九九"唐高宗永徽五年（654）末"条，第6287页。
⑤　《旧唐书》卷七七《杨弘武传》，第2675页。

其母沛国夫人郑氏……，咸树朋党，降墨敕斜封以授官"[1]。与此形成对照，虢国夫人等杨氏三姊则远没有如此公开地干政，虢国夫人的干政，一般都是在涉及杨氏外戚命运时的暗中之举，而非玄宗允许或默认的主动涉政。总体来看，虢国夫人虽做人张扬、高调，但相比之下，她的涉政或干政情况并不多。

当然，玄宗给予虢国夫人等三姊的物质待遇，也是此前所未见的，虽然高宗、中宗也极宠武后、韦后的女性戚属，但并未见物质上有如玄宗般的极宠之举。仅以玄宗每年赐三姊的脂粉钱为例——"韩、虢、秦三夫人岁给钱千贯，为脂粉之资"[2]，来看一下此举的极宠之意所在。

汉唐时期的脂粉钱，约略相当于官员的俸料钱，其依妃嫔等命妇的品级给授，"古制，天子六宫，皆有品秩高下，其俸物因有等差。唐法沿于周、隋，妃嫔宫官，位有尊卑，亦随其品而给授，以供衣服铅粉之费，以奉于宸极"[3]。有学人据开元二十四年（736）朝官的俸禄钱收入，而将盛唐时部分妃嫔的收入列表如下：

表1　盛唐时期妃嫔收入表[4]

妃嫔名号	品级	待遇（单位：贯，1贯=1000文）
惠妃、丽妃、华妃	正一品	31
六仪	正二品	24
美人	正三品	17
才人	正四品	11.6

---

① 《唐会要》卷六七《员外官》，第1176页。《通典》所记略同于《唐会要》（〔唐〕杜佑撰，王文锦、王永兴、刘俊文等点校：《通典》卷一九《职官·历代官制总序》注，中华书局1988年版，第472页）；但《资治通鉴》仅记郜国夫人涉此事，见卷二〇九"唐中宗景龙二年（708）七月"条，第6623页。

② 《旧唐书》五一《后妃传上·杨贵妃》，第2179页。

③ 《旧唐书》卷一〇五《王鉷传》，第3229页。

④ 参见李晶莹：《唐代后妃与公主经济生活初探》，首都师范大学硕士学位论文，2007年，第7页。

依此推测，东宫的内命妇、公主王妃等外命妇，也当有据品级高下而给授的脂粉钱，其他外命妇是否有此项收入，暂无所知。但特殊的优宠给授，在史料中还是可以看到的。如玄宗时，突厥毗伽可汗妻骨咄禄婆匐可敦率众归降，"岁给粉直二十万"①。所以，优宠杨氏三姊而给授脂粉钱，即或有违制度，但也属时人可以接受的范围，但千贯之数，则远超三妃应得之资，这就涉嫌严重违制了。

而三千贯的脂粉钱足以使杨氏三姊的生活达到极奢的程度。下面就以开元、天宝时期的一些重要物价来折算下千贯钱的购买力：

表 2　开元、天宝时期千贯钱对比值

时　间	对比值	千贯钱的对比值
开元十九（731）—二十年（732）	西州婢价为大练 40 匹。1 匹大练的中价为 460 文。1 婢的价格为 18.4 贯。	约可购买 54 个婢。
开元十三年（725）以后	"两京米斗不至二十文，面三十二文"。千贯可买 5000 余石米、3125 石面。唐代成丁男子年均食量 7.2 石。	以米为食，每年可供养两京丁男 694 位。以面为食，每年可供养两京丁男约 434 位。
开元二十四年（736）	一品京官月俸 31 贯。	约为 32 位一品京官的月俸总和。
开元之际	小生产者日产绢三尺，折钱 15 文。	约合 66667 位小生产者日产绢值总和。

① 《新唐书》卷二一五《突厥传下》，第 6055 页

续表

时　间	对比值	千贯钱的对比值
天宝二年（743）	交河郡每斗白面中价 37 文。 千贯可购约 2702.7 石面。 唐代成丁男子年均食量约 7.2 石①	每年可供养 375 位交河郡丁男。
盛唐	每丁调绢 2 匹。 1 匹绢 550 文，2 匹绢计钱 1.1 贯。 千贯可购约 1818 匹绢。	约为 909 位丁男的调绢。

　　上表的对比，显示了千贯脂粉钱在其时的购买力。由此可见，玄宗给予杨氏三姊的经济优宠确实达到了前所未有的程度，并且由此事可见，虢国夫人等所承享的富贵，是超出了其时许多王室贵戚的。

唐开元十九年（731）
唐荣买婢市券

唐开元二十年（732）
薛十五娘买婢市券

---

　　① 本文丁男年均食量以 7.2 石为标准，主要依据的是《大唐六典》的如下规定："凡反逆相坐，没其家为官奴婢"，"其粮：丁口日给二升"（卷六"都官郎中员外郎"之职条，第 149—151 页）；"给公粮者"，"丁男日给米二升"（卷一九"司农寺太仓署令"之职条，第 375 页）。

第二章 祸首与花仙：虢国夫人的文本与历史

杨贵妃被视为历史上著名的"女祸"。欧阳修在《新唐书·玄宗本纪》赞中即曰：

> 呜呼，女子之祸于人者甚矣！自高祖至于中宗，数十年间，再罹女祸，唐祚既绝而复续，中宗不免其身，韦氏遂以灭族。玄宗亲平其乱，可以鉴矣，而又败以女子。[①]

其实，杨贵妃的"女祸"外延，还涵括了她荫及的杨氏外戚。其中，虢国夫人又以她的张扬、跋扈与奢纵，而更为其时的史家、文人所关注，对她的相关负面记载比比皆是。可以说，杨贵妃与虢国夫人两姊妹（也可将韩国与秦国二夫人涵括于内），是继赵飞燕、赵合德姊妹之后的又一"女祸姊妹花"。

"女祸"在历史上又称"祸水"，而"祸水"一词，则来自赵氏姊妹：

《隋朝窈窕呈倾国之芳容》
（俄罗斯圣彼得堡埃尔米塔什博物馆藏）[②]

> 其后，上微行过阳阿主家，悦歌舞者赵飞燕，召入宫，大幸；有女弟，复召入，姿性尤浓粹，左右见之，皆啧啧嗟赏。有宣帝时披香博士淖方成在帝后，

① 《新唐书》卷五《玄宗纪·赞》，第154页。
② 画中左第一人为班姬，左第二人为赵飞燕，右第一人为绿珠，右第二人为王昭君。此版画系俄国探险家科兹洛夫于1909年在中国内蒙古额济纳地区黑水城遗址发掘出土。对此画的研究，参见张桐源：《版画〈随朝窈窕呈倾国之芳容〉研究》，西安美术学院博士学位论文，2019年。

唾曰："此祸水也，灭火必矣！"姊、弟俱为婕妤，贵倾后宫。①

此记出伶玄《飞燕外传》②。对赵合德的"祸国"之举，《汉书》则多有记载③。而司马光《资治通鉴》的"祸水"说，与欧阳修《新唐书》的"女祸"说，则共同推动了宋代之后朝野对"牝鸡之晨""嬖幸倾国"的高度戒备。

虽然赵合德、虢国夫人对于"女祸"观的生成与发展具有重要催化作用，但时至今日，对她们的研究依然鲜见。而实际上，一如虢国夫人之死，在她的文本与行迹中，仍然有诸多待发之覆。如人们指斥她奢侈，但以当时的生活水准，她的奢侈究竟达到了怎样的程度？她的霸道、干政、风流，其中又有几分确凿、几分不确定？最重要的是，虢国夫人为什么这样做？她难道就没有传统男权社会的"妇德"意识吗？"安史之乱"是大唐由盛而衰的转折点，也是中国中古社会由前期走向后期的转捩点，虢国夫人受人关注、为正统文人抨击自属正常，但虢国夫人对唐代的由盛转衰，到底应负多大责任？这些都应是再加考量的问题。但时至今日，这些问题仍多无深究。所以，围绕着唐虢国夫人的一切，依然是有待发覆的课题。

虢国夫人是一位历史人物，但她的事迹与形象，则是在文本衍变过程中逐渐形成并丰满的。因此，本书将以两部分——文本衍变与专题研究，对虢国夫人展开讨论。文本研究可以使我们观照到不同时期之人对虢国夫人认识的侧重点，而专题研究则能使我们从微观的角度，细究虢国夫人的形象中心点。

---

① 《资治通鉴》卷三一"汉成帝鸿嘉三年（前18）"条，第996页。

② 关于此书的成书时间，学界多有争议，对这一问题的综述与分析，参见魏玉川：《〈飞燕外传〉考论》，载《唐都学刊》2005年第6期。

③ 《汉书》卷九七下《外戚传下·孝成赵皇后》，第3988—3995页。

一、文本书写：虢国夫人的生成史

"真实的事件只发生一次，然后就随风飘散了"①，故而我们须借助历史记载——文本记载来了解历史，但文本自身又是有问题的，"有书为证很重要，通常我们总是借助历史文献来了解过去的，但是，后现代历史学的洞见在于指出，我们常常把连接我们与'过去'之间的'历史叙述'给忽略了，仿佛我们可以直接穿透历史叙述与'过去'发生关系，因而'历史叙述'仿佛是一面透明无碍的玻璃，常常被忽略不计"②。基于此，怀特指出，所谓"历史"，其实是"借助一类特别的写作出来的话语，而达到的与'过去'的某种关系"③。所以，在探讨史事之前，有必要对相关的文本做出梳理与解析。

以文本的衍进来探讨历史事件或人物的生成与背景，已是史学界、文学界常见且成熟的研究方法④。关于以文本考察历史，凯斯·詹京斯提示我们，在考察文本时，应当追问，"为什么你正在学习的历史是你正在学习的这种？为什么你是以现在所用的这种方式，而非别的方式在学习历史？"而新的历史研究方法是，以精细的历史编纂研究，好好地审视"历史是如何写成的"⑤。

---

① 尚杰：《解构：另一个发明》，载《读书》2001 年第 8 期。
② 葛兆光：《中国思想史》第二卷《七世纪至十九世纪中国的知识、思想与信仰》，复旦大学出版社 2000 年版，第 53 页。
③ 海登·怀特：《"描绘逝去时代的性质"：文学理论与历史写作》，见拉尔夫·科恩主编，伍厚恺译：《文学理论的未来》，中国社会科学出版社 1993 年版，第 43 页。
④ 文本研究的主旨，与当今学人所提倡的主题学和中国叙事文化学多有相近之处。对主题学研究的回顾与探讨，可参见谢天振的论述，见乐黛云主编：《中西比较文学教程》第七章，高等教育出版社 1988 年版，第 175—199 页；关于中国叙事文化学的建构与内容，可参见宁稼雨：《主题学与中国叙事文化学的建构》，载《中州学刊》2007 年第 1 期。
⑤ ［英］凯斯·詹京斯著，贾士蘅译：《历史的再思考》，麦田出版股份有限公司 1996 年版，第 155—156 页。

而中国叙事文化学则提示我们，需关注文本生成过程中的时与空："同一主题类型在流传过程中，许多因素都会发生变化。从纵向上看，时间的流逝，朝代的更替，使故事具有不同的时代色彩及内容。从横向上看，不同的地域，不同的环境，使故事因为人文地理的变化而具有不同的特色。在解读分析这些变化的时候，需要深度挖掘具体情节发生转变的文化意蕴。"①

除此而外，在妇女史的书写中，更掺杂着诸多性别因素，所以在探讨妇女问题时，又要加上性别一层的考量，其如刘静贞所言：

> 找一段古人留下的历史记录，追问："为什么我正在阅读的历史是我正在阅读的这种？"除了有助于拨开书写与意识形态所造成的迷障，能让我们窥得的，会是怎么样的"过去"呢？就妇女史的研究而言，要考究历史和过去的关系，这其实是一个不得不有的起点。因为我们所能得到的资料往往是男性知识人书写的文辞字句，而且是在一种非以女性为其论述主轴的情况下，所出示的只言片语，而且十分地零散隐微。要想由此贴近女性真实生活的身影与心绪，势不能不先厘清资料提供者有意识或无意识带入的自身价值观念。这样的状况是难题，却也让研究者在研究之时无可回避地必须面对并思索社会实况与书写者/发声者理念之间的互动与分际，然后始可展开讨论②。

如在虢国夫人的问题上，我们就特别需要关注"资料提供者"的儒家性别导向。内外有别与"三从"是儒家性别理论的两大支柱。

---

① 韩林：《武则天故事的文本演变与文化内涵》，南开大学博士学位论文，2012年。
② 刘静贞：《历史记述与历史论述——前后汉书中的王昭君故事辨析》，见邓小南等主编：《中国妇女史读本》，北京大学出版社2011年版，第51—52页。

在内外有别的含义中，牝鸡无晨、美女误国的思想又占有重要地位。而这些都与对虢国夫人的认识与评价直接相关。

汉武帝"罢黜百家，独尊儒术"，儒家思想逐渐成为重要的统治思想。但在其后的发展中，儒家也遭遇了玄学、佛教、道教等的巨大冲击。唐朝建国伊始，高祖便下诏规定："老教，孔教，此土先宗；释教后兴，宜崇客礼。令老先，次孔，末后释。"①"统治阶级致力于建立统治体制的同时，在思想领域承袭了南北朝以来三教鼎立的格局。……因没有把儒学放到与作为实施统治的主导思想相应的地位，从而在客观上延缓了儒学的发展。……这就使得处于三教鼎立中的儒学，在理论上不及迅速发展的佛学和道教哲学，更不足以承担以思想的统一保障政治统一的任务。"②在儒学有待复兴的唐代后期，士人虽在不断反思安史之乱爆发的原因，但以儒家女祸观来衡评虢国夫人者，尚不多见。而在去唐不远且儒学复兴的北宋，士人则警省于唐时后妃、公主等在政治与社会中的显见与作用③。故此，杨贵妃被欧阳修等贴上了"女祸"的标签，在其羽翼之下的虢国夫人也被描述成了其重要帮凶。所以，在虢国夫人文本生成的初期——唐、五代、宋，儒家性别观当是最应重视的影响要素。

而在唐代女祸观影响渐行渐远的元明清时期，士人们不再仅执着于虢国夫人的祸国与误国，转而将她的另一面——素颜美提炼出来，并在宋人对淡雅之花的欣赏基础上，将其与花之清幽意境相结合

---

① 唐高祖《先老后释诏》，载《全唐文》附《唐文拾遗》卷一，上海古籍出版社1990年版，第1页。

② 张跃：《唐代后期儒学》，上海人民出版社1994年版，第19页。

③ 一些学者将这一时期活跃于政坛上的武则天、韦后、太平公主、安乐公主、上官婉儿等做了总体观察，如 Jennifer W. Jay 称之为"女儿国"（*Imagining Matriarchy: "Kingdoms of Women" in Tang China,* Journal of the American Oriental Society, Vol. 116, No.2, 1992, pp.220—229）；陈弱水则考察了这些初唐女性政治人物的女性意识（《初唐政治中的女性意识》，见陈弱水：《隐蔽的光景：唐代的妇女文化与家庭生活》，广西师范大学出版社2009年版，第165—203页）。

并加以开掘。同时，元明清的小说戏曲发展则又使虢国夫人成为烘托戏剧冲突的重要元素，像在清人洪昇的《长生殿》中，虢国夫人就是引发李杨爱情冲突的重要人物；在明末清初褚人获的《隋唐演义》中，杨贵妃、虢国夫人与安禄山、虢国夫人与杨国忠、安禄山的多角色、多层关系，更使人物之间的冲突迭现。这一时期的虢国夫人，虽依然在女祸论的检视之下，但在很大程度上，她已一变而成为审美、爱情、戏剧冲突中的主题人物。

二、专题研究：虢国夫人的历史

虢国夫人的历史是在文本的衍进中逐渐增饰而成的。关于唐人的杨贵妃文本，陈寅恪先生在《元白诗笺证稿》中指出：

> 唐人竟以太真遗事为一通常练习诗文之题目，此观于唐人诗文集即可了然。但文人赋咏，本非史家纪述。故有意无意间逐渐附会修饰，历时既久，益复曼衍滋繁，遂成极富兴趣之物语小说，如乐史所编著之《太真外传》是也。①

在这"曼衍滋繁"的杨贵妃文本中，作为烘托其人物形象与李杨人物关系的重要配角，虢国夫人的事迹也随之增衍与递进。

当然，虢国夫人的事迹首先是见诸唐国史的，这从《旧唐书》《谭宾录》《册府元龟》等书的相关记载就可看到。唐时的国史并非是藏之金匮、秘而不宣的，它至少流布于士人阶层。这些士人在撰写笔记、歌咏诗词时，都可借助国史的记载。对于盛唐之后文人于国史的利用，《旧唐书·经籍志》曾言："天宝已后，名公各著文章，儒者多有撰述，

---

① 陈寅恪：《元白诗笺证稿》，上海古籍出版社1978年版，第12—13页。

或记礼法之沿革，或裁国史之繁略，皆张部类，其徒实繁。"① 所以，像陈鸿的《长恨歌传》、郑嵎的《津阳门诗》自注等，或都采用过唐国史。

但唐人的笔记、小说、诗歌中，更多有道听途说者，并夹杂着作者的个人预设②，"有意无意间逐渐附会修饰"，而最终将虢国夫人的历史集中到了她的日常生活——奢侈的衣食住行和放荡的两性关系上。"文人赋咏，本非史家纪述"，所以，从虢国夫人历史初起的中晚唐时期，文本中就充斥着真假杂糅的"史事"。对此，兹举例如下。

唐宣宗大中四年（850）冬，诗人郑嵎写下了《津阳门诗》，诗叙玄宗朝盛衰事，其中有四句诗如下：

> 八姨新起合欢堂，翔鹍贺燕无由窥。万金酬工不肯去，
> 矜能恃巧犹嗟咨。③

这四句诗意在讽说八姨建造中堂——合欢堂时的骄奢。八姨，依《旧唐书》所载，是为杨氏外戚的又一号人物、杨贵妃的另一姊秦国夫人柳氏，"八姨，封秦国"④。

依《资治通鉴》的记载，"以贵妃姊适崔氏者为韩国夫人，适

---

① 《旧唐书》卷四六《经籍志上》，第 1966 页。

② 艾朗诺在《才女之累：李清照及其接受史》（上海古籍出版社 2017 年版，第 70—100 页）中，分析了现代人对易安词的几个预设。其实，古人对其他著名女子也是有着各种预设的，比如孟姜女在汉唐之后就被预设为忠于爱情的贞妇；花木兰则是忠孝两全的女子形象；贾南风的"恶女"形象，则源于《晋书》的预设（对此的分析，可参见〔日〕小池直子：《贾南风婚姻》，载《名古屋大学东洋史研究报告》第 27 号，2003 年）。

③ 〔清〕彭定求等编：《全唐诗》卷五六七郑颢《津阳门诗并序》，中华书局 1960 年版，第 6562 页。

④ 《旧唐书》卷五一《后妃传上·杨贵妃》，第 2178 页。

裴氏者为虢国夫人，适柳氏者为秦国夫人"①。但蹊跷的是，在郑嵎为这四句所做的自注中，主人公却变成了三姨虢国夫人：

> 虢国创一堂，价费万金。堂成，工人偿价之外，更邀赏伎之直。复受绛罗五千段，工者嗤而不顾。虢国异之，问其由。工曰："某生平之能，殚于此矣。苟不知信，愿得蝼蚁、蜥蜴、蜂虿之类，去其目而投于堂中，使有隙、失一物，即不论工直也。"于是又以缯彩珍贝与之。②

如此，这一事件的主人公到底是哪一位呢？我们来看一条早于《津阳门诗》的材料：

> （虢国夫人）所居韦嗣立旧宅……中堂既成，召工垧墁，授二百万偿其值，而复以金盏瑟瑟三斗为赏。③

此出《明皇杂录》，郑处诲于大和九年（835）撰成此书，所记豪建中堂的是三姨虢国夫人，而《资治通鉴》亦采此说④。郑嵎为诗做自注，本欲堆砌故实，炫耀见闻广博，对于贵妃诸姊，他也炫言称："山（天）下人至今话故事者，尚以第行呼诸姨焉。"⑤但从诗中对八姨与三姨的混说看，他以及一批好言"世事明皇"的人，可能对杨氏诸姨的行第并非是了然于胸的。当然，还有另一种解释，郑嵎本非史家，而是诗人，诗与史的着眼点本存差异。郑嵎赋诗时，或更多考

虑的是合辙押韵、多点释放杨家外戚的骄纵，那么为铺陈杨家每个人的穷奢极侈，而将此事由三姨嫁接到八姨身上，也是可能的。但不论错置此事主人公的初衷如何，在安史之乱后的百年时间里，唐人对杨氏外戚事迹的兴趣虽持续盎然，但其间的是非记忆，已明显存在张冠李戴了。

在虢国夫人文本的衍进中，不但有张冠李戴，还有虚构情节的加入，下面再举一个人所皆知的典型事例。我们知道，杨贵妃从受封到殒命马嵬的十余年里（745—756），曾两次被遣出宫，两事分别发生在天宝五载（746）和九载（750），这是李杨爱情史上的两段重要插曲，也是官修和稗野、文人和草莽竞相追逐的话题。大约在宋太宗雍熙三年（986）前后，由南唐入宋的文人乐史撰就了《杨太真外传》一书。此书是中国历史上第一部以杨贵妃为主的著作。在这部著作中，乐史对杨贵妃的第二次出宫做了如下记载：

> （天宝九载）妃子无何窃宁王紫玉笛吹。故诗人张祜诗云："梨花静院无人见，闲把宁王玉笛吹。"因此又忤旨，放出。[1]

这样的出宫原因，在《杨太真外传》之前的《旧唐书》和其后的《资治通鉴》中，都未曾出现过。对于这次事件，《旧唐书》仅记"贵妃复忤旨，送归外第"[2]；《资治通鉴》稍详，但也只记为"妃以妒悍不逊，上怒，命送归兄铦之第"[3]。而乐史的这一叙记，实杂糅的是唐人张祜的两首诗，即《宁哥来》和《邠王小管》：

---

[1] 《杨太真外传》，见《开元天宝遗事十种》，第133—134页。
[2] 《旧唐书》卷五一《后妃传上·杨贵妃》，第2180页。
[3] 《旧唐书》卷五一《后妃传上·杨贵妃》，第2180页。

日映宫城雾半开，太真帘下畏人猜。黄翻绰指向西树，
不信宁哥回马来。①

虢国潜行韩国随，宜春深院映花枝。金舆远幸无人见，
偷把邻王小管吹。②

此两首诗中，前诗言杨贵妃对宁王的系念，后诗写杨贵妃窃
吹邻王小管，但"唐明皇兄弟五王，兄申王扷以开元十二年，宁王
宪、邻王守礼以二十九年，弟岐王范以十四年，薛王业以二十二年
薨，至天宝时已无存者"③，此时的宁王、邻王均已过世，故虢国
夫人、韩国夫人与玄宗的厮混，杨贵妃的"闲把宁王玉笛吹"，都
明显是不存在的④。但诗人的关注点并不在此，其措置的重点在帝妃
间的爱情，李杨是兴庆宫中的帝妃，还是长生殿里的生死爱人，虢
国夫人、韩国夫人、宁王、邻王的加入，无疑会增添李杨故事的情
节性。但《杨太真外传》之后的一些宋人，也真的接受了乐史的故
事，笃信"妃子窃宁王玉笛"⑤，虚构的情节就这样被自然嵌入。

---

① 《张祜诗集校注》卷四《宁哥来》，第 171 页。
② 《张祜诗集校注》卷三《邻王小管》，第 160 页。
③ 〔宋〕洪迈著，孔凡礼点校：《容斋随笔·续笔》卷二《开元五王》，
中华书局 2005 年版，第 238 页。
④ 尹占华以此"邻王"为邻王守礼之子李承宁，他"袭封邻王，为唐玄宗之侄，
亦即元稹《连昌宫词》'二十五郎吹管逐'之'邻二十五郎'。张祜诗自然是在
暗示贵妃与李承宁有暧昧关系，只是此事不见于其他记载，难寻佐证"（《张祜
诗集校注·论张祜及其诗》，第 17 页）。
⑤ 如宋人王楙在《野客丛书》中就谈道："仆考唐史，申王以开元十二年
薨，岐王以十四年薨，薛王以二十二年薨，宁王、邻王以二十九年薨，而杨妃以
二十四年入宫，号太真，遂专房宴。是时，申、岐、薛三王虽已死，而宁、邻二
王尚存。是以张祜目击其事，系之乐章。"（王文锦点校，中华书局 1987 年版，
第 275 页）王楙的讨论有误，按史记，杨玉真于开元二十三年十二月受册为寿王
妃（见《大唐诏令集》卷四〇玄宗《册寿王杨妃文》，第 186 页），"（开元）
二十八年十月，玄宗幸温泉宫……使高力士取杨氏女于寿邸"（《杨太真外传》，
见《开元天宝遗事十种》，第 131 页）。

对于此类明显的张冠李戴、虚构情节之"史"，我们自然须进行辨析或不予采用。但与此同时，我们也关注虢国夫人的历史是如何"层累地造成的"①，我们今天所"熟知"的虢国夫人，是如何在唐宋元明清时人共同缔造下而生成的。

---

① 顾颉刚：《与钱玄同先生论古史书》，见顾颉刚编：《古史辨》一，上海古籍出版社 1982 年版，第 60 页。顾颉刚以中国古史为"层累地造成"，其实，中国古代的名人事迹也多有层累造成的特点。

第三章 自我感受与日常生活：虢国夫人的能动性

今人在谈论虢国夫人时，多将她与玄宗天宝时期的怠政、政治腐化联系在一起，对她的奢靡生活更多有批评①。从日常生活史的角度看，虢国夫人的衣食住行，确是一个值得探讨的重要个案（case study），虽然这一个案有特殊之处，它反映的是唐朝顶级贵妇的日常生活，而非一般妇女的常态日常生活。

社会性别理论强调关注妇女的主体性（subjectivity）、能动性（agency），侧重她们的自我感受（self-perception）②，这在虢国夫人的研究课题中，同样是一个需要更多揭示的重点。虢国夫人自其文本出现之始，就是以唐玄宗时期的政治和帝王个人生活的附属而存在，她"长久以来被'封装'在男性知识和权力精英的各种叙事文本"。其结果是，虢国夫人变成了一个"无声的从属者"③，但她的所作所为，其实是有诸多的自我背景与自我导向的，其中明显蕴藏着她的主体性与能动性。

一、自我感受与能动性：虢国夫人的骄蛮与放纵

20世纪80年代，美国学者琼·W.斯科特有感于社会史和"她史"的不足，因此开始致力于开创新的妇女史分支——社会性别史。1986

---

① 如阎守诚、吴宗国：《唐玄宗》，三秦出版社1989年版，第187—188页；许道勋、赵克尧：《唐玄宗传》，第353—355页。

② 针对妇女在父权社会中的"客体性"（objectivity）与"被动性"（passivity），女性主义提出"主体性"（subjectivity）和"能动性"（agency）。传统史学忽视妇女在历史中的声音，将妇女描述为受压迫的被动形象。"主体性"则强调关注妇女个人或集体的生活体验、感受；"能动性"强调的是妇女参与历史的主动性（对此的分析，可参见高世瑜：《发展与困惑——新时期中国大陆的妇女史研究》，载《史学理论研究》2004年第3期）。

③ 这段话实是苗延威对缠足妇女的描述，见［美］高彦颐著，苗延威译：《缠足："金莲崇拜"盛极而衰的演变》"译者的话"，江苏人民出版社2009年版，第3页。在中国古代男性知识精英书写与建构的文本中，男性视角无处不在，虢国夫人的历史叙述也如此。

年，她发表了此后产生广泛影响的文章《性别：历史分析中一个有效范畴》①，提出了社会性别（gender）理论，其目的是将生理性别（sex）与社会性别（gender）相区分，以突出两性的社会特征及其差异。社会性别考察社会对男女两性的建构，以及在这一建构中男女所处的差异性位置。

社会性别概念由两大命题构成："性别是组成以性别差异为基础的社会关系的成分；性别是区分权力关系的基本方式。"琼·W.斯科特又将第一命题区分为四个方面，即象征性表述、规范性概念、社会制度与主体认同。主体认同强调关注的是女性对其时社会支配意识形态的感受与自我认同②。受社会性别理论启发，高彦颐也提出了"三重动态模式"的妇女史研究方法，以取代"五四"父权压迫的二分模式。"三重动态模式"将中国妇女生活视为理想化理念、生活实践、女性视角等三种变化层面的总和③，他也强调在考察妇女史时对妇女自我感受、主体性、能动性等女性视角的关注。

那么，虢国夫人的骄蛮与极奢的心理动机是什么？作为考察妇女史的重要人物，这是必须要面对且解答的问题。

虽然因着椒房之亲的身份，虢国夫人早已跻入其时的贵妇行列，但她并不低调，更不受男女有别、女居于内的儒家礼教的束缚，所以她：

> 每入谒，（与国忠）并驱道中，从监、侍姆百余骑，炬密如昼，靓妆盈里，不施帏障。④

① 琼·W.斯科特：《性别：历史分析中一个有效范畴》，见李银河主编：《妇女：最漫长的革命 当代西方女性主义理论精选》，生活·读书·新知三联书店1997年版，第151—175页。
② 《性别：历史分析中一个有效范畴》，见《妇女：最漫长的革命 当代西方女性主义理论精选》，第168—170页。
③ ［美］高彦颐著，李志生译：《闺塾师：明末清初江南的才女文化》，江苏人民出版社2005年版，第9页。
④ 《新唐书》卷七六《后妃传上·杨贵妃》，第3495页。

唐代礼教要求"妇人出必有障幕以自蔽"①，她们的身体和面部是不能为外人窥见的。所以，虢国夫人的"靓妆盈里，不施帏障"，除有冲破"男女有别"的豪情外，更有着"让别人看"的强大心理驱动。

虚荣心驱迫着人们去比试、去竞技，虢国夫人的争胜途路，除了成为众人的焦点——无所遮蔽的靓妆，以获取出人头地的快感外，还有追逐时尚和出奇制胜的其他法门。杨贵妃的行止、穿佩，无疑是当时宫中与上层的时尚风向标。那么，虢国夫人就紧紧追随着这个风向标：杨贵妃因曾作女冠——女冠的法服颜色为黄——而"好服黄裙"②，随此，虢国夫人也穿上了"黄罗帔衫"③；杨贵妃擅弹琵琶，虢国夫人亦与诸王贵主一道，"竞为贵妃琵琶弟子"④。

除了追逐时尚，还要胜于时尚。这是虢国夫人与其他女子争胜的另一法门。唐朝女子讲究浓妆艳抹——一如娇艳的牡丹花，这也正是其时女子雍容华贵之美的体现。她们敷铅粉、抹胭脂、画黛眉、贴花钿、点面靥、描斜红、涂唇脂等，其步骤的众多，丝毫不亚于今天女子的化妆⑤。在这样的时尚潮流中，虢国夫人却是剑走偏锋："虢国夫人承主恩，平明上马入金门。却嫌脂粉污颜色，淡扫蛾眉朝至尊。"⑥虽然皇帝每年赐她千贯脂粉钱，但虢国夫人凭着对自己相貌的超级自信，而仅以"淡扫蛾眉"示人，特别是示于玄宗皇帝。在某种意义上，虢国夫人胜利了，她的"淡扫蛾眉"甚至被后代文人演绎成了典故，化作宋至清时期文人最钟爱的各类文学元素。

如此，我们就要问了，虢国夫人为什么会有如此强的争胜心理？

---

① 《资治通鉴》卷二一六"唐玄宗天宝十二载（753）冬十月戊寅"条，第6919页。

② 《新唐书》卷三四《五行志一》，第879页。

③ 《明皇杂录》卷下，第29页。

④ 《明皇杂录·逸文》，第51页。

⑤ 参见朱伟奇：《唐代妇女的面妆》，载《华夏文化》1995年第5期。

⑥ 《张祜诗集校注》卷五《集灵台二首·其二》，第206页。

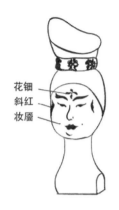

花钿
斜红
妆靥

唐木女俑及面部化妆临摹图

唐女供养人
（莫高窟第 138 窟）

仕女图
（新疆吐鲁番阿斯塔那
唐墓出土）

她难道不知道如此将"终不能致令名"吗？

　　关于第一个问题，拉丁文中有一个词 desirare，其原本的意义为"对缺乏者的抱憾"；从拉丁文衍化而来的法语 désire、英语 desire，通常被翻译成"欲望"，而这一词汇的意思，可指愿望、想望、要求、欲求、性欲、肉欲、所向往的东西等。因此，欲望其实是一个对（一个或多个）缺失的关系①。虢国夫人本人素颜娇美，丝毫不亚于身为

────────────

　　① 参见王虹：《"近女性"与"流"的艺术哲学实践》，民族出版社 2012 年版，第 22 页。

贵妃的妹妹，但她却成长于一个没落士族之家，父祖也未获得太高官位，出嫁后夫婿还早逝，无夫可依。虢国夫人这样的身世，是其欲望缺失的源头：不高的家庭政治地位，匹配不上自己的姣容；自己姿貌甚高，但不得贵为皇妃；姿貌不如她的姐妹——韩国夫人、秦国夫人，却可以夫妻比翼。而这些缺失，只有倚仗自己去争取或攫得，儒家礼教强调夫为妻天，虢国夫人连最基本的"天"都已失去。当然，虢国夫人是可以再嫁的，中唐之前，社会并不以再嫁为异[1]。

由此，又使人联想到了赵飞燕和赵合德姊妹。"环肥燕瘦"是古人对两类美女的概称，在美貌的赵飞燕后面，同样有着一个"姿性尤浓粹"的妹妹合德。赵氏姊妹之出身更微，"孝成赵皇后，本长安宫人。初生时，父母不举，三日不死，乃收养之。及壮，属阳阿主家，学歌舞，号曰飞燕。成帝尝微行出，过阳阿主，作乐。上见飞燕而说之，召入宫，大幸。有女弟复召入，俱为婕妤，贵倾后宫"。在那一时代，这位妹妹无疑比虢国夫人更"幸运"，她们姊妹双双被召入宫，姊姊飞燕最终登上了皇后宝座，妹妹合德也成了婕妤，且"后宠少衰，而弟绝幸"[2]。而虢国夫人那种没落士族人家姿貌甚好但自感不得志的女子，有太多的抱憾与欲望，急于去填补与满足。

关于第二个问题，对于自己的"骄奢僭侈之态"和"处满持盈之道"，杨国忠曾对客说过："某家起于细微，因缘椒房之亲，以至于是。吾今未知税驾之所，念终不能致令名，要当取乐于富贵耳。"[3] 杨国忠对自己的所作所为倒是十分清醒，也深知后果。至于虢国夫人的想法，没有史料，我们不得而知，但我们可以通过"近女性"理论，

① 参见牛志平：《唐代婚丧》，西北大学出版社 1996 年版，第 87—91 页；段塔丽：《唐代妇女地位研究》，人民出版社 2000 年版，第 106—116、127—129、168—172 页；张国刚：《唐代家庭与社会》第八章《唐代寡居妇女的生活世界》，中华书局 2014 年版，第 203—233 页。

② 《汉书》卷九七下《外戚传下·孝成赵皇后》，第 3988—3989 页。

③ 《明皇杂录》卷下，第 29 页。

对它做一忖度。

　　"近女性"理论是王虹在她的论著《"近女性"与"流"的艺术哲学实践》中提出的。她认为，女性有一体性（oneness）的倾向，即女性从来就没有将自己和他人及环境绝对地分开来看，她们感觉自己不是和它们／他们生活在一起，而是他们／它们的一个部分。女性认为："我不解决问题，我和问题生活在一起。"她们的无意识更倾向于同万事万物的"融合"，而不是"分离"，她们不将自己与其他人和物对立起来，而是认为自己就是在这一切之中存在着的①。

《新刊古列女传》之《孽嬖传·夏桀末喜》

　　以此揣测，虢国夫人被其时社会所诟病的各种蛮横行止，或许就是她"和问题生活在一起"的方式。如上所言，站在虢国夫人的角度，她的生活中是存在诸多不如意的。对此，她面对的方式就是忽略传统

———————
　　① 参见王虹：《"近女性"与"流"的艺术哲学实践》，第191页。

社会加之于妇女的礼教规范，如三从四德、男尊女卑、男女内外有别等，从而使自己逃逸于性别、阶级、身份、空间等秩序之外。中国古代是男权社会，但虢国夫人不愿也不去想自己的存在是否以男性文化为标准，她的风流放荡、蛮横霸道、奢侈骄纵等，都是她使自己暂时逃离男权社会的彰示。在逃离时，她的"无所顾忌"多少带上了雄性化战争文化的英勇特质，它是赤裸裸、缺乏羞耻感的，而母性的英勇则不同，它总是有所顾忌，一向尊重尺度和界限。所以，虢国夫人的所为，终究是不会为男性社会所接受的，指斥她为安史之乱的祸因，也正是这一逻辑的必然结果。

"近女性"是从根本上抽离了男性社会理论逻辑的概念，它是从男权社会的符号、意义的等级制中逃离出来的，虢国夫人之流或许过于奔放，但她彰显了真实的女性和女性式存在方式，因此是值得关注的。

既然虢国夫人被指斥为安史之乱的祸因，被视为误国的美女，那么，她是否就是传统意义上的红颜祸水呢？这还需要再做分析。中国古代语境中的红颜祸水，其实是一个复指结构的语词，它至少辐射了如下概念：酒色、歌舞、享乐、昏庸、亡国、乱世，最为关键的是，它一般指的是美丽妃后对昏庸国君的魅惑。而虢国夫人既非后也非妃，甚至她与唐玄宗的关系都不明朗——至多也就是暧昧或暗渡陈仓，那些酒色、歌舞、享乐等活动，其实多是明皇与杨家外戚的集体行动。所以，古代士人对虢国夫人的批判，实非对传统意义上的红颜祸水的指斥，而是对外戚不守家道的痛恨与妇人不守妇德的责难。最重要的，她僭越了制度，搅乱了秩序，这无疑也是致使天宝政治走向昏暗的重要原因。

传统社会要求外戚守家道。依此，虢国夫人就应像太宗长孙皇后立下的规则那样："后性尤俭约，凡所服御，取给而已"。对于外戚，长孙后认为，他们是"幸缘椒戚，既非德举，易履危机"，所以当"抑退外戚"，不令"其当朝贵盛，乃戒其龙马水车"①。与此相反，虢国夫人不但极端奢侈，而且骄诞放纵，"虢国门前闹如市"②。

传统社会要求妇女具备"妇德"，而"妇德"又以三从四德、男尊女卑、内外有别等构成。所谓"三从"，《仪礼·丧服》释曰："妇人有三从之义，无专用之道，故未嫁从父，既嫁从夫，夫死从子。"③"四德"，指妇德、妇言、妇容和妇功。关于"四德"的内容，班昭《女诫·妇行》释为：

> 妇行第四：女有四行，一曰妇德，二曰妇言，三曰妇容，四曰妇功。夫云妇德，不必才明绝异也；妇言，不必辩口利辞也；妇容，不必颜色美丽也；妇功，不必工巧过人也。清闲贞静，守节整齐，行己有耻，动静有法，是谓妇德。择辞而说，不道恶语，时然后言，不厌于人，是谓妇言。盥浣尘秽，服饰鲜洁，沐浴以时，身不垢辱，是谓妇容。专心纺绩，不好戏笑，洁齐酒食，以奉宾客，是谓妇功。此四者，女人之大德，而不可乏之者也。④

儒家性别理论下的男主外、女主内之别，则包括了两方面的内容。一是职责上的，即"男不言内，女不言外"，这是"事业之次序"；二是空间上的，"男子居外，女子居内"⑤，这是家内之格局。对于这两方面的男女有别，《司马氏书仪》解释得非常清楚：

① 《旧唐书》卷五一《后妃传上·长孙皇后》，第2164—2167页。
② 〔唐〕元稹撰，冀勤点校：《元稹集》卷二四《连昌宫词》，中华书局2010年版，第313页。
③ 《仪礼注疏·丧服》，见《十三经注疏》本，第2394页。
④ 《后汉书》卷八四《列女传·曹世叔妻》，第2789页。
⑤ 《礼记正义·内则》及郑注，见《十三经注疏》本，第3168、3181页。

凡为宫室，必辨内外。深宫固门，内外不共井，不共浴堂，不共厕。男治外事，女治内事。男子昼无故不处私室，妇人无故不窥中门。有故出中门，必拥蔽其面如盖头、面帽之类。男子夜行以烛，男仆非有缮修，及有大故，谓水火盗贼之类，亦必以袖遮其面。女仆无故不出中门，盖小婢亦然，有故出中门，亦必拥蔽其面。铃下苍头，但主通内外之言，传致内外之物，毋得辄升堂室、入庖厨。[①]

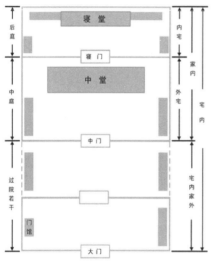

唐代中上阶层
住宅空间格局示意图

唐住宅模型
（陕西西安中堡村唐墓出土）

以儒家的这些妇德考量："三从"方面，虢国夫人因丧夫而无从夫之义。"四德"方面，虢国夫人以寡妇之身，而与其他男人有染，贞节有亏；她颜色美丽且好戏笑，无专于家内之务。内外有别方面，她亲至韦嗣立家夺宅，与杨国忠"并辔入朝"而无障蔽，心中并无"女居于内"的概念。

① 〔宋〕司马光：《司马氏书仪》卷之四《居家杂仪》，商务印书馆1936年版，第43页。

以儒家性别观看，虢国夫人的所作所为大大越出了儒家礼教对于妇女的规范。不但如此，她的所作所为还一路带着男性的勇猛无畏。唐代以降，她一直是被口诛笔伐的对象。不仅如此，她甚至也得不到今人的原谅，这或许就是因为她看起来太过"女汉子"了。而更接近传统"女祸"意义的杨贵妃，则可以在"情"与"祸"两条线上并行，收获着同情与鞭笞。

强势的女人未必都是邪恶的，但虢国夫人毕竟是突破了其时的礼俗甚或法规，为其时之人所诟病。那么，虢国夫人的所作所为为何未被玄宗叫停呢？最普遍的解释是，玄宗于天宝时期专事声色，怠于政事，政治由明而昏。但一些学者的研究显示，在妇女问题上，玄宗丝毫不昏庸，他对身边的女性是有着自己的策略的。

女权主义创始人之一的波伏娃在其名著《第二性》中，有这样一段话："在人类社会中没有什么是自然的，和其他许多产品一样，女人也是文明所精心制作的产品。在她的命运中，他人的干预起着决定性的作用。"①

正是玄宗的策略左右着虢国夫人的所为，而玄宗对身边妇女的策略是既防且用。所谓"防"，就是从根本上防范她们预政或干政，所以他在废王皇后以后，绝不再立皇后，即使给予"宫中礼秩，一同皇后"②的待遇；他更大幅裁撤后宫配置，重新安排宫内人员职责，等等③。我们综括虢国夫人的所为，并未见明显的干政、预政，这是完全符合玄宗对身边女性的基本要求的。所谓"用"，杨贵妃是他的"艺

---

① ［法］西蒙娜·德·波伏娃著，陶铁柱译：《第二性》，中国书籍出版社 1998 年版，第 820 页。

② 《旧唐书》卷五一《后妃传上·武惠妃》，第 2177 页。

③ 参见赵雨乐：《唐前期宦官与宦官的权力消长》，见赵雨乐：《从宫廷到战场：中古中国与近世诸考察》，中华书局（香港）有限公司 2007 年版，第 1—36 页；郑雅如：《重探上官婉儿的死亡、平反与当代评价》，见游鉴明主编：《中国妇女史论集》11 集，稻乡出版社 2014 年版，第 7—40 页。

术伴侣"①及修炼房中术以延寿的最佳对象②；而虢国夫人等则是玄宗"用"杨贵妃的延展，也是其盛世的装点和陪衬，还是他晚年生活的调剂品。对杨贵妃、虢国夫人等的"防"或"用"、"收"或"放"，玄宗绝对有着自己的考量与尺度。她们的命运，是玄宗的"干预起着决定性的作用"的。

二、日常生活理论的观照：虢国夫人的交往与衣食住行

在虢国夫人之史初成的唐宋时期，文人、史家对虢国夫人关注最多的，还是她的极奢生活与放荡关系。故此，这两方面也成了虢国夫人文本的重点内容。

基于此，对虢国夫人日常生活的探讨也就成为可能。

所谓"日常生活"，阿格妮丝·赫勒将其定义为："如果个体要再生产出社会，他们就必须再生产出作为个体的自身。我们可以把'日常生活'界定为那些同时使社会再生产成为可能的个体再生产要素的集合。"③日常生活至少包括如下三个层面的活动：日常消费活动——衣食住行、饮食男女等，日常交往活动——杂谈闲聊、礼尚往来、情感交流等，日常观念活动——传统、习惯、风俗、经验、常识等自在的日常思维④。

在此理论下出现的日常生活史，关注的是具体的个人或人群的

---

① 《唐玄宗传》，第412—419页。

② 参见范家伟：《从〈千金方〉论唐代前期女性身体观》，见荣新江主编：《唐研究》第8卷，北京大学出版社2002年版，第299—321页。

③ ［匈］阿格妮丝·赫勒著，衣俊卿译：《日常生活》，重庆出版社1990年版，第3页。

④ 杨建华：《日常生活：中国村落研究的一个新视角》，载《浙江学刊》2002年第4期。对此的讨论，也可参见衣俊卿：《现代化与日常生活批判——人自身现代化的文化透视》，人民出版社2005年版，第14—16页。

行动结果，重视他们在改造世界的同时如何接受和利用这个世界[1]，并特别强调，"围绕具体的个人，从个体经验与体验出发，从具体的历史语境出发，去细细体味'日常'中的复杂、多元面貌"[2]。至于妇女的日常生活，则更须纳入性别的视角，即将妇女的主体性与能动性纳入复杂、多元的日常生活语境，以期获得"三重动态模式"下的妇女生活样貌。

关于虢国夫人的历史，唐宋史家为我们留下的，其实只是她的生平事迹片段，她来至长安之前的生活经历，我们至今依然知之甚少——仅从《新唐书》可知，她与杨国忠的私通始于来至长安之前。故所谓她的日常生活，确切地说，应是作为"恩宠声焰震天下"[3]的外戚、作为高等级命妇的日常生活。

唐宋文本虽对虢国夫人的极奢生活和放荡生活多有关注，但通过缕析相关史料，我们还是可以看到她不限于此的丰富日常生活。从日常交往看，她与家人即其他杨氏外戚的交往与共同活动，是她日常交往最重要的内容之一，这其中当然有着利益驱动，但其中的亲情因素也不应被忽视；而她与杨国忠、唐玄宗、杨贵妃等的交往，也多有感情因素掺杂其中，特别是与妹妹杨贵妃的关系，更流露出了几分姊妹间的亲情；当然，她在日常也与诸王、公主和一般官民有着往来。

虢国夫人的日常消费，是史家、文人最乐于讨论的话题，也是对她日常生活记载最多的一个方面，举凡衣、食、住、行，都有诸多内容供我们探究与评断。如此，她的衣食住行为我们留下了较为完整的日常消费个案。虽然这是一位唐代顶级贵妇的日常消费个案，但是，通过此个案，我们可以大致知悉唐代上层的

---

[1] 参见刘新成：《日常生活史与西欧中世纪日常生活》，载《史学理论研究》2004年第1期；常建华：《日常生活与社会文化史——"新文化史"观照下的中国社会文化史研究》，载《史学理论研究》2012年第1期。

[2] 余新忠、郝晓丽：《在具象而个性的日常生活史中发现历史——清代日常生活史研究述评》，载《中国社会科学评价》2017年第2期。

[3] 《新唐书》卷七六《后妃传上·杨贵妃》，第3493页。

生活水准，了解盛唐时期的若干习俗与风尚。当然，更重要的是此个案所透露出的性别与等级、制度与实态间的依违与离合。

关于虢国夫人的日常观念活动，各类文本的记载鲜少，但至少我们从虢国夫人的性格、交往与行事的作风上，还是可以从中挖掘或推测虢国夫人的某些宗教倾向。

无论是以其时的社会观察，还是以社会性别及日常生活的视角观察，虢国夫人的日常生活都极具特色。而其出现与形成的原因，除有"唐源出于夷狄，故闺门失礼之事，不以为异"①的社会背景和玄宗晚年怠于政事、杨贵妃"三千宠爱于一身"的政治背景外，更有着虢国夫人的自身经历、性格特征与情感诉求的重要影响。

最后，我们还是落脚到社会性别理论上。一如杨贵妃的"女祸"议题②，在虢国夫人问题上，我们首先看到的，是所有文本均由男性撰写而成。而在中国历史上男性文人掌控话语权的语境下，很多时候，当男性君主的统治出现问题时，男人们下意识地寻找祸根缘由的路径就是指向女人。在他们的描述中，举凡妲己、妹喜、褒姒、赵飞燕，都成了历史上著名的"女祸"。男人们的理由"左右逢源"：女人但凡略有言于外事者，即被扣上"牝鸡之晨"的帽子；虽无涉外事，也会被认为"惟妇言是用"；即使像虢国夫人这样，既无"妇言是用"，也少"牝鸡之晨"者，也还是会被认为是以日常生活——日常的奢靡、游乐而致使君昏，导致大唐盛世不再。虢国夫人的骄奢、放纵，确实值得指摘甚至批判，但她的所作所为如果没有玄宗的放纵与默许，则是完全不可能有存在空间的。所以，以此而视虢国夫人为"禄山叛乱，指罪三人"者之一，无疑是对红颜祸水的内涵做了进一步的扩充。

---

① 〔宋〕黎靖德编，王星贤点校：《朱子语类》卷一三六《历代三》，中华书局1986年版，第3245页。

② 李志生：《文本解读与社会性别：唐宋时期杨贵妃"女祸"形象生成史》，见北京大学中国古代史研究中心编：《田余庆先生九十华诞颂寿论文集》，中华书局2014年版，第510—532页。

上 编

虢国夫人文本的衍进

在虢国夫人的文本衍进中，不同时期有着不同特点。唐至宋是其史形成及细节出现的时期。元明清时期，则是另一主题——"淡扫蛾眉"的发展时期。此时的文人将虢国夫人与花之意象结合，将其素颜美投射到了各种花卉之上；同时，在这一时期，虢国夫人的放荡也在李杨爱情冲突中再次被放大。当然，两个时期也并非决然相隔，其间的文本内容也有若干交叉。

第四章 唐宋时期的虢国夫人文本

中晚唐至北宋是虢国夫人文本初起的时期，其相关重要诗文有近三十种，兹将此近三十种诗文的相关背景列表如下：

表 3　唐宋时期虢国夫人主要文本作者和撰著年代表

时代	编号	作者	作品名称	体裁	作者生卒年	作品创作时间
唐	1	杜甫	《丽人行》	诗歌	先天元年（712）—大历五年（770）	天宝十二载（753）或十三载（754）①
	2	郭湜	《高力士外传》	笔记小说	生卒年不详，"大历大理司直"	大历（766—779）前期
	3	封演	《封氏闻见记》	笔记小说	生卒年不详，"天宝末进士"	贞元十六年（800）之后②

---

① 关于杜甫《丽人行》的写作时间，〔唐〕杜甫著，〔清〕仇兆鳌注：《杜诗详注》以其成于天宝十二载春（中华书局 1979 年版，第 156 页）；〔唐〕杜甫著，〔清〕钱谦益笺注：《钱注杜诗》附《杜甫年谱》置于天宝十三载（第 725 页）；《杜甫全集校注》则折中为天宝十二载或十三载春（第 342 页）。

② 对此的考证，可参见岑仲勉：《〈封氏闻见记〉跋》，见岑仲勉：《岑仲勉史学论文集》，中华书局 1990 年版，第 652—680 页；赵贞信：《封氏闻见记校注序》，见〔唐〕封演撰，赵贞信校注：《封氏闻见记校注》，中华书局 2005 年版，第 6 页。

时代	编号	作者	作品名称	体裁	作者生卒年	作品创作时间
唐	4	陈鸿	《长恨歌传》①	传奇	生卒年不详［大中三年（849）后犹在世］，贞元二十一年（805）进士	元和元年（806）
	5	白居易	《长恨歌》	诗歌	大历七年（772）—会昌六年（846）	元和元年②

① 关于《长恨歌传》的版本，鲁迅先生指出："《长恨传》则有三本。一见于《文苑英华》七百九十四；明人又附刊一篇于后，云出《丽情集》及《京本大曲》，文句甚异，疑经张君房辈增改以便观览，不足据。一在《广记》四百八十六卷中，明人撷以实丛刊者皆此本，最为广传。"（鲁迅：《唐宋传奇集》卷末《稗边小缀》，文学古籍刊行社1956年版，第339页）除此，还有《白居易集》中的通行本。对于这些版本，陈寅恪先生的观点与鲁迅先生有异，陈先生认为："颇疑丽情本为陈氏原文，通行本乃经乐天所删易。"（《元白诗笺证稿》，第44页）对《长恨歌传》版本的总体研究，可参见张中宇：《〈长恨歌传〉版本考略》，载《重庆工商大学学报》（社会科学版）2005年第2期；张中宇：《白居易〈长恨歌〉研究》，中华书局2005年版，第57—68页。

② 关于《长恨歌》及《长恨歌传》的成文时间，可参见〔唐〕陈鸿《长恨歌传》，见〔宋〕李昉等编：《文苑英华》卷七九四，中华书局1966年版，第4201—4202页；〔宋〕李昉等：《太平广记》卷四八六，中华书局1961年版，第4000页；〔唐〕白居易著，顾学颉校点：《白居易集》，中华书局1979年版，第237—238页。

续表

时代	编号	作者	作品名称	体裁	作者生卒年	作品创作时间
唐	6	元稹	《连昌宫词》	诗歌	大历十四（779）—大和五年（831）	元和十二年（817）十月至十三年（818）七月之间①
	7	张祜	《邠王小管》《集灵台二首·其二》	诗歌	贞元八年（792）—大中八年（854）②	不详
	8	薛逢	《开元后乐》	诗歌	元和元年—乾符元年（874）后不久，会昌元年（841）进士③	不详
	9	郑处诲	《明皇杂录》	笔记小说	生年不详，卒于咸通八年（867），大和八年（834）进士	大和九年（835）
	10	胡璩	《谭宾录》	笔记小说	文家、武家时人	至迟唐武宗时（840—846年前）

---

① 《容斋随笔》以诗为"元和十一、二年间所作"（第201页）；陈寅恪以其成于元和十三年（818）暮春（《元白诗笺证稿》，第61—73页）；卞孝萱以其成于元和十二年（817）十月至十三年七月（卞孝萱：《元稹年谱》，齐鲁书社1980年版，第299—303页）。

② 傅璇琮主编：《唐才子传校笺》卷六，中华书局1990年版，第164—182页。关于张祜的生卒年，学界有不同看法，可参见孙启呈、王立国：《张祜生平事迹及其相关问题考论》，载《古籍整理研究学刊》2017年第6期。

③ 对薛逢生卒年的说明及考证，可参见闻一多：《唐诗大系》，见闻一多：《闻一多全集》第4卷，三联书店1982年版，第399页；王林、周建勇、尹普红：《晚唐诗人薛逢生平考》，载《唐山学院学报》2009年第1期。

续表

时代	编号	作者	作品名称	体裁	作者生卒年	作品创作时间
唐	11	崔铉、杨绍复	《续会要》	史著	宪宗、宣宗两朝宰相文、武、宣、懿时人	大中七年（853）
	12	段成式	《酉阳杂俎》	笔记小说	约贞元十九年（803）—咸通四年（863）	约会昌末至大中九年间（845—855）
	13	郑嵎	《津阳门诗》	诗歌	元和十二年（817）为生年下限，大中九年尚在世	大中四年（850）
	14	姚汝能	《安禄山事迹》	笔记小说	生卒年不详①	大中五年至九年（851—855）
	15	李隐	《大唐奇事记》	传奇志怪集	主要活动于咸通中	中和、光启中②
	16	范摅	《云溪友议》	笔记小说	大和九年前后生，卒于广明之后几年（880之后）	广明之前（880之前）
	17	阙名	《达奚盈盈传》	笔记小说		中唐③

---

① 据郭峰峰推测，姚汝能生于元和十五年（820），卒于昭宗光化三年（900）。可参见郭峰峰：《〈安禄山事迹〉史料价值研究——兼论安禄山与玄宗形象的演变》，西北大学硕士学位论文，2017年，第19页。

② 李剑国认为，此书的逸文记事下逮乾符中，故书成当在僖宗中和、光启中。（李剑国：《唐五代志怪传奇叙录》，南开大学出版社1993年版，第927页）。

③ 关于此传的成书年代，可参见李剑国的辨正（《唐五代传奇集》第二编卷一八《达奚盈盈传》，第996—997页）。

续表

时代	编号	作者	作品名称	体裁	作者生卒年	作品创作时间
唐	18	温畲（一作温禽）	《天宝乱离西幸记》	笔记小说	元和十五年（820）为左拾遗①	
五代	19	王仁裕	《开元天宝遗事》	笔记小说	广明元年（880）—显德三年（956）	约同光四年（926）
	20	冯贽	《云仙散录》（《云仙杂记》）	笔记小说	唐末五代人	天复元年（901）
	21	刘昫等	《旧唐书》	史著	光启三年（887）—开运三年（946）	开运二年（945）
北宋	22	王溥	《唐会要》	史著	龙德二年（922）—太平兴国七年（982）	建隆二年（961）
	23	李昉等	《太平广记》	笔记小说	同光三年（925）—至道二年（996）	太平兴国三年（978）
	24	乐史	《杨太真外传》	笔记小说	长兴元年（930）—景德四年（1007）	约雍熙三年（986）前后
	25	王钦若等	《册府元龟》	史学类书	建隆三年（962）—天圣三年（1025）	大中祥符六年（1013）

---

① 关于温畲，可参见李剑国辑校：《唐五代传奇集》第三编卷一一《李行修》作者小引，第 1355 页。

续表

时代	编号	作者	作品名称	体裁	作者生卒年	作品创作时间
北宋	26	欧阳修	《新唐书》	史著	景德四年（1007）—熙宁五年（1072）	嘉祐五年（1060）
		宋祁			咸平元年（998）—嘉祐六年（1061）	
	27	司马光	《资治通鉴》	史著	天禧三年（1019）—元祐元年（1086）	元丰七年（1084）
	28	王谠	《唐语林》	笔记小说	约卒于崇宁、大观间（1102—1110）	不详
	29		《虢国夫人游春图》	绘画		不详①

　　以上近三十种材料，既含正史，也有笔记、小说，还有诗歌。从史实的角度讲，笔记、小说、诗歌所载之事未必可靠。诗歌以高度凝练的语言集中反映社会生活。一般认为，诗与史虽同为创作文本，但在史实的真实性上，两者之间还是多存差异的，"历代诗多比兴，未必实录，故宜跳出'诗史'心态，以诗读诗"②；"诗史思维，是一种异质同构的综合性思维。诗重抒情性，它进入的是一个心理时空；史重叙事性，它展示的是一个自然时空。这两种时空是存在着虚玄和

---

　　① 关于《虢国夫人游春图》，今人言之有三重作者，即唐张萱原画、宋徽宗赵佶临摹、某宫廷画师代赵佶临摹。可参见张蕾：《〈虢国夫人游春图〉辨析》，载《美术史研究》1998 年第 4 期；黄小峰：《张萱〈虢国夫人游春图〉》，文物出版社 2009 年版，第 24—26 页。

　　② 罗志田：《"诗史"倾向与怎样解读历史上的诗与诗人》，载《社会科学研究》2000 年第 4 期。

质实的差异的"①。而在文本研究的视角下，其主要观照的是文本的出现及所载事件的生发与衍变，其措置的重点并不在史实的真实与否上。所以，本书将依时间顺序而不论体裁差别，按照上表顺序，对各文本逐一进行讨论。

另外，虢国夫人是杨氏外戚的重要成员之一，故在梳理相关文本时，也将涉及杨家外戚的重要文本一并归入并进行讨论。

一、唐代的虢国夫人文本

就安史之乱以后士人对玄宗事迹的分外关注，周勋初指出："唐代笔记小说中的重要内容之一是追溯明皇逸事，……在他一人身上所反映出的时代变迁、盛衰荣辱之感，也就时时萦绕于文士的心头。元稹《行宫》诗曰'寥落古行宫，宫花寂寞红。白头宫女在，闲坐话玄宗'。这种留恋过去而又满怀凄凉的心态，正是众多唐代笔记小说的作者共同拥有的情结。"②为此，他还提出了"明皇情结"一词，其特指中唐士人围绕玄宗这一"中心主题"而出现的撰著盛况③。虢国夫人是玄宗时期的风云人物，故在这一"撰著盛况"中，涉及虢国夫人的内容亦不少。

在唐代较早涉及虢国夫人的诗文中，以杜甫的《丽人行》一诗最知名。此后的唐人笔记小说、诗歌，亦多有记虢国夫人事迹者。但总体上，唐代文本所记的虢国夫人事迹皆是零散的。

---

① 杨义：《杜甫的"诗史"思维（上）》，载《杭州师范学院学报》2000年第1期。

② 周勋初：《唐人笔记小说考索》，见周勋初：《周勋初文集》第5卷，第29页。

③ 可参见周勋初、余历雄：《师门问学录》，凤凰出版社2004年版，第24页。

1.《丽人行》

虢国夫人出现在唐人笔下，杜甫的《丽人行》有开先之义，诗云：

> 三月三日天气新，长安水边多丽人。态浓意远淑且真，肌理细腻骨肉匀。绣罗衣裳照暮春，蹙金孔雀银麒麟。头上何所有？翠为匌叶垂鬓唇。背后何所见？珠压腰极稳称身。就中云幕椒房亲，赐名大国虢与秦。紫驼之峰出翠釜，水精之盘行素鳞。犀箸厌饫久未下，鸾刀缕切空纷纶。黄门飞鞚不动尘，御厨络绎送八珍。箫鼓哀吟感鬼神，宾从杂沓实要津。后来鞍马何逡巡，当轩下马入锦茵。杨花雪落覆白蘋，青鸟飞去衔红巾。炙手可热势绝伦，慎莫近前丞相嗔。①

此诗以三月三上巳节为背景，通过长安水边游春的"椒房亲"的衣、食、势，揭露了杨家外戚骄奢荒淫的生活，并委婉讥刺了玄宗晚年的昏庸，其如清人浦起龙所言："无一刺讥语，描摹处，语语刺讥。无一慨叹声，点逗处，声声慨叹。"②

此诗成于天宝末年，由此可见，杨家的奢侈与威势在其时已多为人所论议。此诗之指并非专在虢国夫人，"就中云幕椒房亲，赐名大国虢与秦"之句，或也有合辙押韵的考虑，但杜甫将虢国夫人视为杨家的代表人物之一，这也从某种意义上代表了时人的看法。

在《丽人行》一诗中，虢国夫人是在皇帝宠待下享受着奢靡生活与威势的杨氏外戚之一。诗言"黄门飞鞚""御厨络绎"，其意在"言

---

① 《杜甫全集校注》卷一《丽人行》，第342页。
② 〔清〕浦起龙：《读杜心解》卷二之一《丽人行》，中华书局1961年版，第229页。

宠赐优渥"①。所谓"黄门"，其指宦官②。对杨家外戚的奢侈与威势，此诗则是以符号的形式，以点带面地呈现。关于奢侈生活，此诗主要点到了杨家诸姊之衣的华贵、食物的珍稀和食具的华奢，"'绣罗'一段，陈衣妆之丽。'紫驼'一段，陈厨膳之侈"③；关于威势，则是皇帝的御赐与杨家的煊赫。

诗中的"杨花雪落覆白蘋，青鸟飞去衔红巾"两句，则暗指了虢国夫人与杨国忠的私情，这也是唐人最为关注的话题之一。"'后来鞍马何逡巡'以下，始及国忠之同游，而致其微词。盖国忠实张易之子，冒姓杨，与虢国通，是无根之杨花，落而覆水上之浮萍也。又'杨白花飘荡落谁家'为北魏淫词，用来甚切。青鸟，西王母使者。飞去衔红巾，则几于感帨矣。曰覆、曰衔，总见恩乱之状，绸缪之态，隐跃甚妙。"④至于杨国忠是否为张易之子，本章后文将做辨述。

关于虢国夫人及杨家外戚，杜甫《丽人行》一诗出现早且流传广，而此诗已通过几个点指明了虢国夫人文本的未来走向：玄宗的特殊宠待、奢靡生活、杨家的威势、私生活放荡。

2.《高力士外传》

《高力士外传》一卷，唐郭湜（生卒之年不详）撰，此书约成于大历（766—779）前期。郭湜曾任大理司直，大历前期被贬至巫州，在此遭遇贬谪同地的高力士，故此书序称，与高力士"每接言论，敢

① 《杜诗详注》卷二《丽人行》，第158页。
② 关于"黄门"一词，《汉书·百官公卿表》颜师古注："禁中黄门，谓阉人居禁中，在黄门之内给事者。"（第732页）因东汉黄门令、中黄门诸官皆为宦者充任，故称。
③ 《读杜心解》卷二之一《丽人行》，第229页。
④ 〔清〕张溍著，聂巧平点校：《读书堂杜工部诗文集注解》卷二《丽人行》，齐鲁书社2014年版，第86页。

不书绅"①，所以，作者所记主要是高力士的口述旧事。其中，载述玄宗朝史事，始自开元后期，迄于高力士贬死黔中，内容多有关涉朝政大事者，且详述细节、言辞。

此书的材料早为《新唐书》和《资治通鉴》所采用，但至今仍多被视为传奇小说而非信史。鲁迅先生就曾指出，《高力士外传》等书，"惟著述本意，或在显扬幽隐，非为传奇，特以行文枝蔓，或拾事琐屑，故后人亦每以小说视之"②。但此书所载皆高力士亲历之事，且经与其他史籍对比，其史料价值属上乘无疑③。

《高力士外传》是较早记载杨家外戚的著作，此书成于安史之乱方才平定的代宗年间。此书谈及安史之乱的祸因时云："国忠方进，咸即诛夷；虢国、太真，一时连坐。"④ 以虢国夫人为受杨国忠牵连抑或虢国夫人非为祸首的看法，当是经历安史之乱者的认识，无论他是郭湜还是高力士。

从郭湜的生平看，他身历开元、天宝盛世，而遭安史之乱⑤；高力士更是玄宗统治由盛转衰的亲历者。他们以自己及其时之人对安史之乱的认识，而直指杨国忠为此次战乱的祸首，虢国夫人甚至杨贵妃都是受到了杨国忠的株连。

---

① 《高力士外传》，见《开元天宝遗事十种》，第 122 页。

② 鲁迅：《鲁迅全集》第 9 卷《中国小说史略·唐之传奇文下》，人民文学出版社 1981 年版，第 230 页。

③ 可参见穆渭生：《〈高力士外传〉史料价值述评》，载《唐都学刊》2006 年第 6 期。

④ 《高力士外传》，见《开元天宝遗事十种》，第 117 页。

⑤ 依李华撰《前汝州司马李华亡妻太原郭夫人墓志铭并序》，郭夫人为郭湜之女，亡于宝应二年（763），卒年三十六，其当生于开元十五年（727）（见周绍良主编：《唐代墓志汇编》"大历〇一三"，上海古籍出版社 1992 年版，第 1768 页）。对郭湜生平的考证，可参见穆渭生：《〈高力士外传〉史料价值述评》。

3.《封氏闻见记》

此书的作者封演，生平无系统记载，仅知其于天宝末年中进士第，后于藩镇任僚属，此书成于唐德宗贞元十六年（800）之后。

关于此书的内容，"分门记儒道、经籍、人物、地理、杂事，且辨俗说讹谬，盖著其所见闻如此"①。在唐代史料笔记中，此书以行文考实而知名，《四库全书总目》就以此而赞之曰："唐人小说多涉荒怪，此书独语必征实。"②

此书中有涉虢国夫人一事：

> 天宝中，御史大夫王𫟪，有罪赐死，县官簿录𫟪太平坊宅，数日不能遍。……安禄山初承宠遇，敕营甲第，环材之美，为京城第一。太真妃诸姊妹第宅，竞为宏壮，曾不十年，皆相次覆灭。
>
> 肃宗时，京都第宅，屡经残毁。③

此记为最早记载杨氏诸姊竞建宏壮第宅者，它也交代了虢国夫人等诸姊豪宅的归宿。

4.《长恨歌》《长恨歌传》

《长恨歌》是白居易所创作的著名长篇叙事诗。白居易（772—846），中唐著名文人、诗人，生前其诗已广泛流传，"二十年间，禁省、观寺、邮候墙壁之上无不书，王公妾妇、牛童马走之口无不道。至于缮写模勒，衔卖于市井，或持之以交酒茗者，处处皆是。其甚者，

---

① 〔宋〕晁公武撰，孙猛校证：《郡斋读书志校证》卷一三《小说类》，上海古籍出版社1990年版，第563页。

② 《四库全书总目》卷一二〇《子部·杂家类四·杂说上》，第1033页。

③ 《封氏闻见记校注》卷五《第宅》，第44—45页。

有至于盗窃名姓，苟求自售，杂乱间厕，无可奈何"。对此，元稹亦曾感叹道："自篇章已来，未有如是流传之广者。"①《长恨歌》一诗在作者的心目中本是压箱之作，因此更为时人与后人多方传诵。

其一如陈寅恪先生所言："自来文人作品，其最能为他人所欣赏，最能于世间流播者，未必即是其本身所最得意，最自负自夸者。若夫乐天之《长恨歌》，则据其自述之语，实系自许以为压卷之杰构，而亦为当时之人所极欣赏，且流播最广之作品。此无怪乎历千岁之久至于今日，仍熟诵于赤县神州及鸡林海外'王公妾妇牛童马走之口'。"②

关于《长恨歌》和《长恨歌传》撰作的缘由、时间，陈鸿的《长恨歌传》曰：

> 元和元年冬十二月，太原白乐天自校书郎尉于盩厔，鸿与琅邪王质夫家于是邑。暇日，相携游仙游寺，话及此事，相与感叹。质夫举酒于乐天前曰："夫希代之事，非遇出世之才润色之，则与时消没，不闻于世。乐天，深于诗、多于情者也。试为歌之，如何？"乐天因为《长恨歌》。……歌既成，使鸿传焉。③

依陈鸿言，白居易的《长恨歌》成于前，他之《长恨歌传》踵于后。两者的创作时间如此，但其间的内在关系，陈寅恪先生则以唐代古文运动的大背景为观照而分析道："陈氏之《长恨歌传》与白氏之《长恨歌》非通常序文与本诗之关系，而为一不可分离之共同机构。赵氏（按：即宋赵彦卫《云麓漫钞》——著者注）所谓'文备众体'中，'可以见诗笔'……之部分，白氏之歌当之。其所谓'可以见史才''议

---

① 《元稹集》卷五一《白氏长庆集序》，第555页。

② 《元白诗笺证稿》，第1页。

③ 《白居易集》卷一二《长恨歌传》，第237—238页。

论'之部分，陈氏之传当之。"①

陈鸿（生卒年不详），贞元二十一年（805）中进士第；元和六年（811），成《大统纪》三十卷，此书序云："臣少学乎史氏，志在编年。贞元丁酉岁登太常第，始闲居遂志，乃修《大统纪》三十卷，正统年代，随甲子纪年，书事条贯兴废，举王制之大纲。天地变裂，星辰错行，兴帝之理，亡后之乱，毕书之。通讽喻，明劝戒也。七年书始就，故绝笔于元和六年辛卯。"② 以此知，陈鸿是以史家自任的。其后，陈鸿历任太常博士、虞部员外郎、主客郎中等职。

在杨贵妃文本衍变史中，《长恨歌传》占有重要地位。此传首次较完整地叙述了杨妃事迹，并给予了评论，鲁迅赞之曰："杨妃故事，唐人本所乐道，然鲜有条贯秩然如此传者。"③

对于杨氏外戚，白居易的《长恨歌》有如下记录：

> 姊妹弟兄皆列土，可怜光彩生门户。遂令天下父母心，不重生男重生女。④

陈鸿的《长恨歌传》则对这几句诗做了进一步解释：

> 姊妹封国夫人，富埒王宫，车服邸第，与大长公主侔矣，而恩泽势力，则又过之，出入禁门不问，京师长吏为之侧目。故当时谣咏有云："生女勿悲酸，生男勿喜欢。"又曰："男

① 《元白诗笺证稿》，第 4 页。对于《长恨歌》及《长恨歌传》的关系，学界有不同认识。对此的讨论，可以参见胡可先、文艳蓉：《论〈长恨歌〉的序与传》，载《社会科学战线》2008 年第 5 期。

② 〔清〕董诰等编：《全唐文》卷六一二陈鸿《大统纪序》，中华书局1983 年版，第 6179 页。

③ 《鲁迅全集》第 9 卷《中国小说史略·唐之传奇文上》，第 218 页。

④ 《白居易集》卷一二《长恨歌》，第 238 页

唐求儿求女图（莫高窟第 45 窟南壁）①

不封侯女作妃，看女却为门上楣。"其人心羡慕如此。②

　　陈鸿的这段话实道出如下四事：一是杨氏三姊之富——"富埒王宫"；二是车服第宅超标——"车服邸第，与大长公主侔"；三是可不依"命妇入班"的规定出入宫禁——"出入禁门不问"；四是杨贵妃的"三千宠爱在一身""姊妹弟兄皆列土"，引发了唐人生育观

----

　　① 谭蝉雪主编：《敦煌石窟全集·25·民俗画卷》图 69，上海人民出版社 2001 年版，第 61—83 页。
　　② 《白居易集》卷一二《长恨歌传》，第 236 页。

的变化，改变了唐人对生男生女的认识①。

同时，这段文字也显示了陈鸿的史家笔法，从《长恨歌传》的"富垺王宫，车服邸第，与大长公主侔矣，而恩泽势力，则又过之，出入禁门不问"看，陈鸿也当接触过唐国史，他所说的这一切都是以史实为依据的，这也为其后的两《唐书》及其他著作所证实。

关于撰作《长恨歌传》的目的，陈鸿自言："意者，不但感其事，亦欲惩尤物，窒乱阶，垂于将来者也。"②包括虢国夫人在内的杨氏外戚，自然是陈鸿所言的"乱阶"之一了。

5.《连昌宫词》

此诗是元稹（779—831）的重要诗篇，历来评价甚高，洪迈在《容斋随笔》中即言："元微之、白乐天，在唐元和、长庆间齐名。其赋咏天宝时事，《连昌宫词》《长恨歌》皆脍炙人口，使读之者情性荡摇，如身生其时，亲见其事，殆未易以优劣论也。然《长恨歌》不过述明皇追怆贵妃始末，无它激扬，不若《连昌词》有监戒规讽之意。"③张邦基在《墨庄漫录》中也言："白乐天作长恨歌，元微之作连昌宫词，

---

① 总体上看，唐人对生男生女的认识，秉承的还是缇萦父仓公的传统看法："生女不生男，缓急无可使。"（《史记》卷一〇五《仓公列传》，第2795页）如晚唐的黄滔即言："至如《长恨歌》云：'遂令天下父母心，不重生男重生女。'此刺以男女不常，阴阳失伦，其意险而奇，其文平而易。"（《全唐文》卷八二三《答陈磻隐论诗书》，第8671页）。但在唐代，对生女也不完全是负评。盛唐以后，鉴于不同的社会现实，唐人对生男生女亦多有论议，除白居易《长恨歌》、民间"谣咏"外，杜甫的《兵车行》也言："信知生男恶，反是生女好，生女犹得嫁比邻，生男埋没随百草。"（《杜甫全集校注》卷一，第231页）杜甫写作此诗的背景，就是连年的征战和繁重的徭役。对唐人生男生女的总体讨论，可参见卢建荣：《从在室女墓志看唐宋性别意识的演变》，载《"国立"台湾师范大学历史学报》第25期，1997年；姚平：《唐代妇女的生命历程》，上海古籍出版社2004年版，第335—340页；陈弱水：《隋唐五代的妇女与本家》，见陈弱水：《隐蔽的光景：唐代的妇女文化与家庭生活》，第76—77页。

② 《白居易集》卷一二《长恨歌传》，第238页。

③ 《容斋随笔》卷一五《连昌宫词》，第200—201页。

皆记明皇时事也。予以谓微之之作过乐天，白之歌止于荒淫之语，终篇无所规正。元之词乃微而显，其荒纵之意皆可考，卒章乃不忘箴讽，为优也。"①洪迈和张邦基是以儒家的监戒视角而赞《连昌宫词》的，而由这些评论，也确可见此诗的规箴之义与初衷。

为起到监戒的作用，《连昌宫词》对玄宗的自我膨胀与对外戚的极度宠待做了痛陈："平明大驾发行宫，万人鼓舞途路中。百官队仗避岐薛，杨氏诸姨车斗风。明年十月东都破，御路犹存禄山过。"

在元稹的笔下，虢国夫人是奢侈、骄纵的杨家外戚的代表：

> 开元之末姚宋死，朝廷渐渐由妃子。禄山宫里养作儿，虢国门前闹如市。弄权宰相不记名，依稀忆得杨与李。庙谟颠倒四海摇，五十年来作疮痏。②

在元稹的眼中，妃子、禄山、虢国、"弄权宰相"李（林甫）和杨（国忠），都应对"庙谟颠倒四海摇"负有责任。依此逻辑，虢国夫人自然是大唐由盛转衰的诱因之一了。

唐王朝在玄宗时的由盛转衰，是中唐之后帝王、大臣、士人经常研讨的话题。安史之乱平定后不久，德宗就与宰相李泌探讨过这一问题。李泌认为，玄宗后期政治出现变化，是因为"用声色为娱，渐堂阶之峻""林甫善为承迎上意"③。所谓"声色"，当然首先指的就是杨贵妃。元和十四年（819），宪宗因读《玄宗实录》，又对这

---

① 〔宋〕张邦基撰，孔凡礼点校：《墨庄漫录》卷六《元微之连昌宫词》，中华书局 2002 年版，第 177 页。

② 《元稹集》卷二四《连昌宫词》，第 312—313 页。

③ 〔唐〕李濬撰，阳羡生校点：《松窗杂录》，见《唐五代笔记小说大观》，上海古籍出版社 2000 年版，第 1215 页。

一问题，与群臣展开了一次大讨论。宰相崔群认为，天宝乱政的出现，主要原因还是任人的失误："臣以为开元二十年（按：实为二十四年——著者注）罢贤相张九龄，专任奸臣李林甫，理乱自此已分矣。用人得失，所系非小。"[1] 由此看来，唐代后期政治家并非众口一词地认为，杨贵妃是造成天宝政治转暗的主要原因。在崔群的眼中，玄宗朝政治变化的伏笔，早在杨贵妃入宫之前即已埋下。

杨氏外戚的腾达是杨贵妃所受宠幸的外延，故在声色误国一派的文人、政治家眼中——如元稹、白居易，包括虢国夫人在内的杨氏外戚的诸多劣迹也自在思考与清算的范围之内，它们亦是应时刻谨记于胸的殷鉴。

6. 张祜《邠王小管》与《集灵台二首·其二》

张祜[2]，中晚唐著名诗人，早在元和时，他的诗就已受到人们的称赞，陆龟蒙就称他："元和中作宫体小诗，辞曲艳发，当时轻薄之流能其才，合噪得誉。"[3] 不过，也如学者所说，"这时张祜并非只写宫词，他也和当时的许多诗人、才子一样，胸怀济世之志，探求治乱之源，对于振兴日趋衰落的唐朝颇想有一番作为"[4]。正是在这样的初衷下，张祜写下了暗含讽刺意味的两诗《邠王小管》和《集灵台二首·其二》。

① 《旧唐书》卷一五九《崔群传》，第 4189 页。

② 关于张祜的生卒年，学界有争议，对此的讨论可参见卢娇：《二十世纪以来张祜研究综述》，载《伊犁教育学院学报》2005 年第 1 期。

③ 〔唐〕陆龟蒙著，何锡光校注：《陆龟蒙全集校注》卷一〇《和过张祜处士丹阳故居并序》，凤凰出版社 2015 年版，第 615 页。

④ 尹占华：《张祜诗集校注·论张祜及其诗》，第 1 页。

明唐寅《李端端乞诗图》（南京博物院藏）①

———————

① 才子张祜，相貌英俊否？在明代人的想象中，张祜是一位微有须髯的中年男士。南京博物院藏有明代唐寅所绘的《李端端乞诗图》，画的是扬州名妓李端端向张祜乞诗，希望借助这位才子的赞扬而增加身份的故事。（黄小峰：《张萱〈虢国夫人游春图〉》，文物出版社 2009 年版，第 9 页）。

除了探讨安史乱因，玄宗与杨妃的情事也一直是中唐以来文人津津乐道的话题，而张祜的诗歌就是其中的重要作品。张祜的两诗《邠王小管》《集灵台二首·其二》，是较早谈到玄宗与虢国乱事者。《邠王小管》诗曰：

> 虢国潜行韩国随，宜春深院映花枝。金舆远幸无人见，偷把邠王小管吹。[1]

诗言玄宗与虢国、韩国两姊妹鬼混，贵妃无聊，于是偷吹了邠王小管，其暗示了虢国、韩国与玄宗的暧昧。

《集灵台二首·其二》则直指玄宗与虢国的乱情：

> 虢国夫人承主恩，平明骑马入宫门。却嫌脂粉污颜色，淡扫蛾眉朝至尊。[2]

集灵台，华清宫中祭祀天神之台，天宝元年（742），"新成长生殿名曰集灵台，以祀天神"[3]。张祜的《集灵台》诗有两首，第一首云：

> 日光斜照集灵台，红树花迎晓露开。昨夜上皇新授箓，太真含笑入帘来。[4]

由此可见，张祜的《集灵台》两诗，主题一在杨贵妃，一在虢

---

① 《张祜诗集校注》卷三《邠王小管》，第160页。

② 《张祜诗集校注》卷五《集灵台二首·其二》，第206页。

③ 《旧唐书》卷九《玄宗纪》下，第216页。

④ 《张祜诗集校注》卷五《集灵台二首·其一》，第205页。

国夫人。在张祜的笔下，杨贵妃和虢国夫人是站在高处的两类不同的美人，但虢国夫人因处"劣势"，故以"淡扫蛾眉"来争宠。因此，清人张澍对第二首诗的解读就是："朝至尊，著在'淡扫蛾眉'下，争欢取怜，含多少情事。"①

除虢国与玄宗的宫闱讳事外，《集灵台二首·其二》一诗还引出了虢国夫人的素颜美之说。

虢国夫人的"淡扫蛾眉"也成了元明清时期虢国夫人文本发展的另一重要主题。元人言"虢国夫人美质"，"不施妆"②；明人彭大翼云，"虢国夫人不施脂粉，自炫美艳，常素面朝天子"③。但虢国夫人在生活中是否真是"淡扫蛾眉"，这当然是无法做出正面回答的问题。对此，有学者指出："张祜诗中所形容的不涂脂粉，'淡扫蛾眉'，与其说是记录盛唐时虢国夫人的化妆特点，倒不如说，与诗人所生活的元和年间（806—820）流行的'时世妆'有更多的内在联系。"④张祜或许会以他的所见所闻来揣度盛唐时虢国夫人的妆容，或也会以其时的"面无粉""淡作妆"来比附虢国夫人的淡妆，但以虢国夫人张扬、进取的性格看，她为胜过其他女子——包括其姊妹杨贵妃、韩国夫人、秦国夫人及其他妃嫔宫女，而剑走偏锋，也当是意料中事。

7.《开元后乐》

此诗的作者薛逢（806—？）⑤是一位存诗不多，但在诗坛有一

① 《读书堂杜工部诗文集注解·诗集注解》卷一八《虢国夫人》，第 1239 页。但张澍也认为此诗为杜甫作。

② 〔元〕阴劲弦、〔元〕阴复春编：《韵府群玉》卷六《下平声》，上海古籍出版社 1991 年版，第 240 页。

③ 〔明〕彭大翼：《山堂肆考》卷一一三《形貌》，清《文渊阁四库全书》本。

④ 《张萱〈虢国夫人游春图〉》，第 19 页。

⑤ 史书对薛逢的生卒年无记载。对于其生年，目前学界的认识基本相同，而对其卒年的争议较多，对此的论述，可参见娄凤南：《晚唐薛逢诗歌研究》，上海师范大学硕士学位论文，2020 年，第 5—7 页。

定影响的诗人。他虽未经历安史之乱，但也深刻体会到了那场战乱带来的恶果，因此而思索着晚唐的没落国运。他以此诗书写着那段历史，以此忠告统治者以史为鉴。诗云：

> 莫奏开元旧乐章，乐中歌（一作高）曲断人肠。邠王玉笛三更咽，虢国金车十里香。一自犬戎生蓟北，便从征战老汾阳。中原骏马搜求尽，沙苑年来草又芳。①

金圣叹评点此诗的前四句（前解）曰："前解言开元后乐，乃玄宗亡国之乐，故戒旁人莫奏也。夫玄宗至于亡国之日，则未闻其有乐也。玄宗有乐，皆其国方全盛，正未得亡之日，如妃子方吹宁哥之笛，三姨正斗五家之车。然不知者，则谓开元之盛，莫盛于此，殊不悟开元之亡，固实亡于此也。"②依照金圣叹对此诗的爬梳逻辑，虢国夫人的奢靡、她的金车香飘十里，是导致大将郭子仪连年征战、中原良马被搜求殆尽的重要缘由。所以，"三姨"虢国夫人无疑是"开元之亡"的责任者之一，虽然亡国的主因在于玄宗的昏聩。

8.《明皇杂录》

此书的作者郑处诲（生卒年不详），出身于婚宦两全的著门高宦之家③，他的出身与仕进履历也颇符合唐人的理想④。对于郑处诲撰书的背景，其《旧唐书》本传记曰："于昆仲间文章拔秀，早为士

---

① 《全唐诗》卷五四八薛逢《开元后乐》，第 6324 页。

② 〔清〕金圣叹著，陆林辑校整理：《贯华堂选批唐才子诗甲集七言律》卷七上薛逢《开元后乐》，凤凰出版社 2016 年版，第 458 页。

③ 郑处诲出身于唐时最高门第的山东士族之家，祖父郑余庆官至德宗朝宰相。

④ 郑处诲以进士出身，以校书郎进官，出身清显，最终官至尚书省吏部侍郎。这颇符合赖瑞和对唐代基层文官出身与发展理想的分析。可参见赖瑞和：《唐代基层文官》，中华书局 2008 年版，第 10、31 页。

友所推。大和八年登进士第……。处诲方雅好古，且勤于著述，撰集至多。为校书郎时，撰次《明皇杂录》三篇，行于世。"①《明皇杂录》中的许多条文为其后的《新唐书》《资治通鉴》所采用②。

郑处诲的士族高门出身与优越身世，使他对旧世、旧物等都充满了依恋之情。所以，他的《明皇杂录》也成了中唐后士人"明皇情结"中记载玄宗时期逸事的重要著作。书中怀旧意味浓厚，对玄宗时的琐事多有记载，"杂记玄宗承平之事，虽微必录，已见于太史者不言"③。书中怀旧意味主要体现在感怀中落之境、追忆盛世威武、痛恨乱党祸国、渲染爱情悲剧等四个方面④。作者也希望通过玄宗前后行为的对比，抒发兴亡之感。

此书以玄宗事迹为中心，其涉杨贵妃及杨家外戚事迹的有两方面，一是杨家外戚的骄纵，二是深居内宫的杨贵妃的逸事。

在关于杨家外戚骄纵的记载方面，又有涉虢国夫人的若干事迹，综括而言，包括了如下几方面：

（1）玄宗对虢国夫人的特殊宠待

对此，其书记两事。一是以小黄门御而入禁中，这也是玄宗宠待虢国夫人最具代表性的事例之一：

> 虢国每入禁中，常乘骢马，使小黄门御。紫骢之骏健，黄门之端秀，皆冠绝一时。⑤

---

① 《旧唐书》卷一五八《郑余庆附孙处诲传》，第4168—4169页。

② 可参见严杰：《唐五代笔记考论·〈明皇杂录〉考》，第123页。

③ 〔宋〕王应麟著，武秀成、赵庶洋校证：《玉海艺文校证》卷二四《录》，凤凰出版社2013年版，第1185页。

④ 可参见陈洁：《〈明皇杂录〉研究》，东北师范大学硕士学位论文，2012年，第6页。

⑤ 《明皇杂录》卷下，第29—30页。

第二事，则是玄宗赐虢国夫人宝物照夜玑：

　　明皇赐虢国照夜玑，盖稀代之宝也。[①]

（2）关于虢国夫人的奢靡生活
如她的夜光枕：

　　太平公主玉叶冠，虢国夫人夜光枕，杨国忠锁子帐，皆稀代之宝，不能计其直。[②]

再如，杨氏姊妹随玄宗幸华清宫时的奢靡乘具：

　　上将幸华清宫，贵妃姊妹竞车服，为一犊车，饰以金翠，间以珠玉，一车之费，不下数十万贯。既而重甚，牛不能引，因复上闻，请各乘马。于是竞购名马，以黄金为衔笼，组绣为障泥。[③]

唐三彩牛车（陕西历史博物馆藏）

① 《明皇杂录·辑佚》，第66页。
② 《明皇杂录》卷下，第29页。
③ 《明皇杂录》卷下，第29页。

（3）关于虢国夫人的威势

此书所记的强抢韦嗣立旧宅与豪赏工匠，是显示虢国夫人威势与跋扈的重要事例：

> 杨贵妃姊虢国夫人，恩宠一时，大治宅第。栋宇之华盛，举无与比。所居韦嗣立旧宅，韦氏诸子方午偃息于堂庑间。忽见妇人衣黄罗帔衫，降自步辇，有侍婢数十人，笑语自若，谓韦氏诸子曰："闻此宅欲货，其价几何？"韦氏降阶曰："先人旧庐，所未忍舍。"语未毕，有工数百人，发东西厢，撤其瓦木。韦氏诸子乃率家童，絜其琴书，委于路中。而授韦氏隙地十数亩，其宅一无所酬。虢国中堂既成，召匠圬墁，授二百万偿其值，而复以金盏瑟瑟三斗为赏。后复归韦氏，曾有暴风拔树，委其堂上，已而视之，略无所伤。既撤瓦以观之，皆承以木瓦，其制作精致，皆此类也。[1]

（4）关于虢国夫人为杨贵妃琵琶弟子事

> 有中官白秀贞，自蜀使回，得琵琶以献。其槽以逻逤檀为之，温润如玉，光辉可鉴，有金缕红文蹙成双凤。贵妃每抱是琵琶奏于梨园，音韵凄清，飘如云外。而诸王贵主洎虢国以下，竞为贵妃琵琶弟子，每授曲毕，广有进献。[2]

虢国夫人与杨贵妃既是血缘上的姊妹，更有等级上的区分。此事对这一上下等级关系做了形象诠释。

在如上诸事中，虢国夫人的照夜玑、夜光枕、强抢韦嗣立宅、

① 《明皇杂录》卷下，第 29 页。
② 《明皇杂录·逸文》，第 37 页。

为杨贵妃琵琶弟子等，在其后的文本中都还有衍进；但以小黄门御入禁中、贵妃姊竞饰犊车和买名马两事，则仅见于《明皇杂录》。

9.《谭宾录》

此书的作者胡璩，生卒年及事迹均不详，原书也已散佚，部分逸文存于《太平广记》。关于《谭宾录》的史料来源，学界已多有研究。这些研究显示，此书中的帝王将相和社会名人传记大都出自唐国史[1]。

《谭宾录》记虢国夫人两事。其一是为贵妃弟子事：

> 开元中，有中官白秀贞自蜀使回，得琵琶以献。其槽逐皆秒檀为之，温润如玉，光耀可鉴，有金缕红文，影成双凤。杨妃每抱是琵琶，奏于梨园，音韵凄清，飘如云外。而诸王贵主，自虢国已下，竞为贵妃琵琶弟子，每受曲毕，皆广有进献。[2]

此事前已见于《明皇杂录》，相关的文字在前面已引出。《明皇杂录》与《谭宾录》的成书时间接近。从上引两书的相关记载看，两者的内容和文字也十分接近。如此，关于此事，两书的史源就当相同，而其来源的最大可能就是唐国史或实录。《明皇杂录》《谭宾录》或唐国史实录对此事的着重记载，其想表达的，一是厕身于诸王贵主中的虢国夫人的地位，二是虢国夫人追逐时尚与潮流的性格特点，三则是"每受曲毕，皆广有进献"的奢靡之风。当然，将此段文字与《明

---

[1] 如贾宪保：《从〈旧唐书〉〈谭宾录〉中考索唐国史》，见黄永年主编：《古代文献研究集林》第 1 集，陕西师范大学出版社 1989 年版，第 156—164 页；《唐五代笔记考论·唐五代笔记述要》，第 68—69 页；《唐代笔记小说叙录》，见周勋初：《周勋初文集》第 5 卷，第 382 页。

[2] 《太平广记》卷二〇五《杨妃》，第 1656 页。

皇杂录》所载相对照，我们还是可以发现，《太平广记》所存的此段逸文，文字上是略有错误的，如"其槽逻皆枌檀为之"一句，就当以《明皇杂录》所载之"其槽以逻逤檀为之"更准确。按，逻逤，亦作"逻娑""逻莎""逻挲""罗娑""乐些""逻些"，其指吐蕃都城，即后之拉萨。

其二是玄宗欲禅位事。《谭宾录》是对此事最早的记载，其记：

> 玄宗谓侍臣曰："我欲行一事。自古帝王未有也。"盖欲传位于肃宗。及制出，国忠大惧，言语失次，归语杨氏姊妹曰："娘子，我辈何用更作活计，皇太子若监国，我与姊妹等即死矣。"相聚而哭，虢国入谋于贵妃。妃衔土以请，其事遂止。①

以《谭宾录》的材料出处特点推测，此条出自唐国史或实录的可能性也很大。但此记也明显存在疑问。首先，其文前称玄宗"欲传位于肃宗"，后又言以皇太子"监国"，而"传位"与"监国"的内涵与结果是有很大差异的。所谓"监国"，既指君王出征而以太子守国。对此，《左传》记："晋侯使太子申生伐东山皋落氏，里克谏曰：'大子奉冢祀社稷之粢盛，以朝夕视君膳者也，故曰冢子。君行则守，有守则从，从曰抚军，守曰监国，古之制也。'"②而"传位"则指君王传授帝王之位。对此，仇兆鳌释杜甫"窃闻天子已传位"之句曰："传位肃宗，即位灵武也。"③其次，此段记"盖欲传位于肃宗。及制出……"依此，玄宗之制就当是传位之诏，但这又与其后杨国忠

---

① 《太平广记》卷二四〇《诮佞二》"杨国忠"条，第1855—1856页。
② 《春秋左传正义》卷一一"鲁闵公二年"条，见《十三经注疏》本，第1788页。此条也见《史记》卷三九《晋世家》，第1643页。
③ 《杜诗详注》卷四《哀王孙》，第313页。

乐舞图（唐李寿墓出土，　　　螺钿紫檀五弦琵琶正面、背面
前排向上第二、第三乐师演奏琵琶）　　　（日本正仓院藏）

彩绘骑马弹琵琶女俑
（唐金城县主墓出土）

所说的"皇太子若监国"矛盾，而以"妃衔土以请，其事遂止"看，此制又似不是传位诏。因此，《谭宾录》的这一模糊记载，也就在其后的文本中有了不同解释。

在《谭宾录》的这条记载中，无论是玄宗欲传位还是欲以太子监国，虢国夫人都是此事中的一位重要人物，是她在诸杨得知消息后，代表杨氏外戚，进宫与杨贵妃就进一步的应对做了商讨。

10.《续会要》与《唐会要》

《会要》之书首撰于苏冕①，德宗贞元十九年（803），杭州刺史苏弁兄苏冕"缵国朝政事，撰《会要》四十卷，行于时"②，"叙高祖至德宗九朝沿革损益之制"③。此书开创了典制体国史著作的撰作体例。故书甫一问世，即得到了时人的认可，并因其有襄助施政的政治功能，也受到了统治者的重视。有鉴于此，大中七年（853），宣宗便令宰相崔铉主持、杨绍复等史官续修《会要》，修成《续会要》四十卷，"记德宗以后至大中六年事迹，补苏冕前录之缺"④。五代时期，会要之体的经世功能更为统治者所普遍认识且接受，《会要》《续会要》被奉为"经国之大典"⑤。在此背景下，宋建隆二年（1961），

① 关于《会要》的作者，史界有争论，对此的讨论，可参见瞿林东：《苏冕与〈会要〉——为会要体史书创立 1200 周年而作》，载《安徽大学学报》（哲学社会科学版） 2003 年第 5 期；董兴艳：《〈会要〉撰者、成书时间考》，见杜文玉主编：《唐史论丛》第 12 辑，三秦出版社 2010 年版，第 220—228 页；沈寿程：《新见有关〈会要〉作者苏冕的重要史料——以大唐西市博物馆藏〈苏建初墓志〉为中心》，见赵力光主编：《碑林集刊》第 18 辑，三秦出版社 2012 年版，第 37—42 页。
② 《旧唐书》卷一八九下《儒学传下·苏冕》，第 4977 页。
③ 《郡斋读书志校证》卷一四《类书类》，第 658 页。
④ 《玉海艺文校证》卷一七《典故·唐会要》引《中兴书目》，第 821 页。
⑤ 〔宋〕王应麟：《玉海》卷六九《礼仪·礼制下·周通礼》，上海书店、江苏古籍出版社 1987 年版，第 1304 页。

王溥续采宣宗后至唐亡故事，并糅合、改编苏冕、崔铉两书，而成《新编唐会要》（简为《唐会要》），"溥好学，手不释卷，尝集苏冕《会要》及崔铉《续会要》，补其阙漏，为百卷，曰《唐会要》"①，终成一部完整的典制体断代史著作，此书也成了宋代君臣汲取唐鉴的重要著作。至南宋末年时，苏氏《会要》、崔氏《续会要》与王溥《唐会要》并行，元朝之后，苏、崔二书方才逐渐散佚。

在《续会要》中，载有虢国夫人观选一事，此记被收于《太平广记》卷一八六，其记如下：

> 天宝十载十一月，杨国忠为右相，兼吏部尚书，奏请两京选人。铨日便定留放，无少长，各于宅中引注。虢国姊妹垂帘观之，或有老病丑陋者，皆指名以笑，虽士大夫亦遭诉（诟）耻。故事，兵吏部注官讫，于门下过侍中、给事中，省不过者谓退垦。国忠注官，呼左相陈希烈于坐隅，给事中行列于前，曰："既对注拟，即是过门下了。"希烈等腹诽而已。侍郎韦见素、张倚皆衣紫。与本曹郎官，藩屏外排比案牍。趋走语事，乃谓帘中杨氏曰："两个紫袍主事何如？"杨乃大噱。②

王溥所撰《唐会要》亦载此事，但其记与《续会要》略有差异，特别是"虢国姊妹垂帘观之"一句，《唐会要》做"虢国垂帘观之"③，从文义上，将垂帘观选的"虢国姊妹"一变而为虢国夫人一人。其后，《册府元龟》《新唐书》《资治通鉴》等也都载有此事，但均袭《续

---

① 〔元〕脱脱、阿鲁图：《宋史》卷二四九《王溥传》，中华书局1977年版，第8801页。

② 《太平广记》卷一八六《杨国忠》，第1393页。

③ 《唐会要》卷七四《选部上·掌选善恶》，第1346页。

会要》所记，以垂帘观者为杨氏姊妹，而非虢国夫人一人。

11.《酉阳杂俎》

此书的作者段成式（约 803—863）[①]，父文昌，穆宗朝宰相，历镇西川、淮南、荆南，封邹平郡公；外祖武元衡，宪宗朝两度拜相。段成式在幼年、青少年时期，随父辗转于成都、长安、荆州、扬州等地，对各地的风土人情多有了解。其性嗜书，博闻强记，知识渊博，能诗善文，《酉阳杂俎》是其传世的重要作品。

《酉阳杂俎》是唐代笔记小说中独具特色的一部。它以类书的体例与内容的奇异，成为唐笔记小说的代表作品。对此，鲁迅先生谈道："（此书）或录秘书，或叙异事、仙佛人鬼，以至动植，弥不毕载，以类相聚，有如类书，虽源或出于张华《博物志》，而在唐时，则犹之独创之作矣。"[②] 段成式也自称此书是"志怪小说之书"[③]，但其间的"遗文秘籍"又是十分有价值的。《四库全书总目》称之曰："其书多诡怪不经之谈，荒渺无稽之物，而遗文秘籍，亦往往错出其中，故论者虽病其浮夸，而不能不相征引，自唐以来，推为小说之翘楚，莫或废也。"[④] 其在志怪之外，又多记历史事实、人物事迹等，而其中的许多事迹并不见于其他史传。

如此书中首次出现了虢国夫人的宅第及其位置与去向的记载：

[①] 段成式的生年不明，方南生《段成式年谱》"姑系于"唐德宗贞元十九年（803），见《酉阳杂俎》，第309页；今村与志雄《段成式年表》认为，"段成式的生年，现在史料不能考证"（第261页）。

[②]《鲁迅全集》第9卷《中国小说史略·唐之传奇集及杂俎》，第234页。

[③]〔唐〕段成式：《酉阳杂俎·序》，见〔唐〕段成式著，许逸民校笺：《酉阳杂俎校笺》，中华书局2015年版，第1页。

[④]《四库全书总目》卷一四二《子部·小说家类·酉阳杂俎》，第1214页。

> 宣阳坊奉慈寺开元中，虢国夫人宅。安禄山伪署百官，以田干真为京兆尹，取此宅为府，后为郭暧驸马宅。今上即位之初，太皇太后为升平公主追福，奏置奉慈寺。①

依此，我们知道了虢国夫人在宣阳坊有宅第，而此宅又是后人熟知的她最重要的宅第。此宅历经安史之乱，直至宣宗时才被郭太后置为佛寺。虢国夫人的宅第及其位置、数量，都是杨家外戚奢靡生活的重要组成部分，故此事在其后的文本中也多有衍进。

12.《津阳门诗》

此诗的作者郑嵎，两《唐书》无传，生平事迹不详，仅知其为大中五年（851）进士，其时与李都、崔雍、孙瑝齐名，于士子中颇具名气，当时有谚曰："欲得命通，问瑝、嵎、都、雍。"②

《津阳门诗》是"以李隆基与杨贵妃婚姻爱情为主线描写历史盛衰并总结历史经验教训的规模宏大的史诗"，"表现了晚唐人对盛唐由盛转衰的冷静思考，具有强烈的历史意识"③。并且，此诗的自注亦多采史实，颇具价值，陈寅恪先生于此即言："其所以至今仍视为叙述明皇太真物语之巨制者，殆由诗中子注搜采故实颇备，可供参考之资耳。"④

关于虢国夫人强抢韦嗣立旧宅，此诗之注就对她查验工程时的豪奢增加了更多细节：

---

① 《酉阳杂俎校笺》续集卷六《寺塔记下》，第1859页。
② 〔五代〕孙光宪著，贾二强校点：《北梦琐言》卷一一《希慕求进》，中华书局2002年版，第245页。
③ 吴振华：《读〈津阳门诗并序〉》，载《古典文学知识》2016年第2期。
④ 《元白诗笺证稿》，第73页。严杰具体分析了《津阳门诗》自注对唐国史、笔记小说的采用，见严杰：《〈津阳门诗〉注探源》，载《古典文献研究》第12辑，2009年。

八姨新起合欢堂，翔鹍贺燕无由窥。万金酬工不宜去，矜能恃巧犹嗟咨。（虢国创一堂，价费万金。堂成，工人偿价之外，更邀赏伎之直。复授绛罗五千段，工者嗤而不顾。虢国异之，问其由。工曰："某生平之能，殚于此矣。苟不知信，愿得蝼蚁、蜥蜴、蜂虿之类，去其目而投于堂中，使有隙、失一物，即不论工直也。"于是又以缯彩珍贝与之。）[①]

在郑嵎的自注中，工匠与虢国夫人的对话与查验堂屋的手法等，都是虢国夫人文本发展中的首次出现，而这无疑也深化了人们对虢国夫人豪奢的认识。

13.《安禄山事迹》

此书的作者姚汝能，生平不详，知其曾为华阴尉。此书是留存至今、首尾完具的唐人记载安史之乱的唯一著作。对于此书及其价值，缪荃孙跋云："是书上卷序禄山始生至玄宗宠遇，起长安三年，尽天宝十二载。中卷序天宝十三、四载禄山构乱事。下卷序禄山僭号被杀，并安庆绪、史思明、史朝义事，下尽宝应元年。分纲列目，兼有论议，较正史纪述颇详。……今诸书不存，独此书尚为完帙，洵属可宝。"[②] 今人也对此书的史料价值给予了较高评价："前人所以重视这部书，道理很清楚，因为这部书的作者姚汝能，不仅就是唐朝人，距安史之乱发生的时间相去未远，而且还做过华阴尉。华阴地处京畿道，靠近潼关，这里正是遭受安史兵灾最严重的地方，姚汝能在这里既能听到很多有关安史之乱的传闻逸事，也可以看到不少战乱造成的焦土、废墟。因此，安禄山事迹的描写较为真切，

---

① 《全唐诗》卷五六七郑嵎《津阳门诗并序》，第 6562 页。

② 〔唐〕姚汝能撰，曾贻芬点校：《安禄山事迹·缪荃孙原跋》，中华书局 2006 年版，第 118 页。

具有较高的史料价值。"①

对于姚汝能撰作此书的目的，有学者通过作者的选择书名、取材等，得出其"在于揭露安禄山不为人知的野心及劣迹"②。

在此书中，包括虢国夫人在内的杨家外戚，是玄宗用以笼络、宠幸安禄山的重要人群；而虢国夫人等杨氏外戚与安禄山的交往，也最早出现在此书中。关于杨氏外戚与安禄山的交往，此书载有两事。一是杨家外戚与安禄山的结拜：

> 禄山恩宠寖深，上前应对，杂以谐谑，而贵妃常在座，诏杨氏三夫人约为兄弟。由是，禄山心动。及动兵，闻马嵬之事，不觉数叹。虽林甫养育之，国忠激怒之，然其他肠亦可知也。③

此记以"杨氏三夫人"与安禄山"约为兄弟"。另外，此条也透露了安禄山起兵的深层心理原因，其在"禄山心动"于杨贵妃。

第二事是杨家外戚与安禄山的一般交往：

> （天宝九载）是秋，禄山将入朝，乃令于温泉为禄山造宅。……又赐永宁园充使院。……禄山将及戏水，杨国忠兄弟、虢国姊妹并至新丰以来会焉。飞盖荫野，车骑云屯，所止之处，皆御赐膳，水陆皆备。④

---

① 曾贻芬：《〈安禄山事迹〉点校说明》，见〔唐〕姚汝能撰，曾贻芬点校：《安禄山事迹》，第71页。另可参见方亚光：《安史之乱有关史籍介评》，载《古籍整理研究学刊》1986年第2期；黄永年：《唐史史料学》，上海书店出版社2002年版，第135—137页。

② 郭峰峰：《〈安禄山事迹〉史料价值研究——兼论安禄山与玄宗的形象演变》，西北大学硕士学位论文，2017年，第25—26页。

③ 《安禄山事迹》卷上，第76—77页。

④ 《安禄山事迹》卷上，第80页。

此条显示，在姚汝能的眼中，虢国夫人与杨国忠是杨家外戚与安禄山交往中的"领军"人物。

14.《大唐奇事记》

此书的作者李隐，生平未详，《新唐书·艺文志》记其为"咸通中人"[①]，此书逸文亦言及僖宗朝年号乾符[②]，故其当为唐末人无疑。另外，《新唐书·宰相世系表》"赵郡李氏"条下，宪宗朝宰相李绛有孙名隐，字岩士，或即其人。依此，知其父璆官至河南府司录参军，隐则曾任校书郎[③]。此著原书不存，部分条目存于《太平广记》。此书为传奇志怪集，又题《奇事记》《大唐奇事》《唐记奇事》。

此书记有虢国夫人、杨贵妃交往中的一桩奇事：

> 长安有一贫僧，衣甚褴褛，卖一小猿，会人言，可以驰使。虢国夫人闻之，遽命僧至宅。……僧乃感谢，留猿而去。其小猿旦夕在夫人左右，夫人甚爱怜之。后半载，杨贵妃遗夫人芝草，夫人唤小猿令看玩，小猿对夫人面前倒地，化为一小儿，容貌端妍，年可十四五。[④]

此事怪诞不足信，但杨贵妃赠给虢国芝草这种两姊妹之间的日常交往，或确曾发生过。

15.《云溪友议》

此书的作者范摅，僖宗时人，未仕，家居浙东越州，当地有若耶溪，别名五云溪，故范摅自号五云溪人、云溪子。此书是一部笔记小说，

① 《新唐书》卷五九《艺文志三》，第1542页。
② 《太平广记》卷四五五录李隐《奇事记·狐龙》，第3718页。
③ 《新唐书》卷七二上《宰相世系表二上》，第2526页。
④ 《太平广记》卷三六八《虢国夫人》，第2932页。

记载中晚唐杂事，其中又以文人逸事为主，"三分之二的篇幅谈唐诗故事，多名家逸事，故事也曲折离奇。但核以史实，则多有错误"①。依范摅之序，他撰作此书的缘由，是出于对"何自然续《笑林》，刘梦得撰《嘉话录》"的效仿，因此将自己多年积累的文人之间谈话的资料整理出来，与友人分享，当然，其间亦夹杂着作者对各人物的强烈褒贬态度②。

《云溪友议》书影
（日本内阁文库藏书）

自晚唐五代到宋、元、明之间，出现了一系列以"红叶题诗"为题材的故事，并表现出了共同的宫怨主题。唐宋间，有六个"红叶题诗"的文本③，它们是：（1）唐孟棨《本事诗·顾况》④；（2）唐范摅《云溪友议·题红怨》；（3）五代孙光宪《北梦琐言·云芳子魂事李茵》⑤；（4）后蜀金利用《玉溪编事·侯继图》⑥；（5）宋张实《流红记》⑦；（6）南宋王铚《补侍儿小名录·凤儿》⑧。

---

① 陈尚君：《范摅〈云溪友议〉：唐诗民间传播的特殊记录》，载《文学遗产》2014年第4期。

② 对《云溪友议》创作思想的讨论，可参见曲珉：《范摅〈云溪友议〉考论》，西北师范大学博士学位论文，2006年，第16—20页。

③ 对唐宋间"红叶题诗"故事及其演变的分析，可参见陈庆纪：《论"红叶题诗"的宫怨主题》，载《丹东师专学报》2003年第2期。

④ 〔唐〕孟棨著，李学颖校点：《本事诗·情感》，见《唐五代笔记小说大观》，第1239—1240页。

⑤ 《北梦琐言》卷九，第191—192页。

⑥ 《太平广记》卷一六〇《侯继图》，第1153页。

⑦ 〔宋〕刘斧撰辑：《青琐高议》前集卷五，上海古籍出版社1983年版，第51—52页。

⑧ 〔宋〕王铚：《补侍儿小名录》，中华书局1985年版，第4页。

《云溪友议》中的红叶题诗故事，叙说的是"杨妃、虢国宠盛"下的宫怨：

> 明皇代以杨妃、虢国宠盛，宫娥皆颇衰悴，不备掖庭，常书落叶，随御水而流云："旧宠悲秋扇，新恩寄早春。聊题一片叶，将寄接流人。"顾况著作闻而和之，既达宸聪，遣出禁内者不少，或有五使之号焉。和曰："愁见莺啼柳絮飞，上阳宫女断肠时。君恩不禁东流水，叶上题诗寄与谁。"卢渥舍人应举之岁，偶临御沟，见一红叶，命仆寥来。叶上乃有一绝句，置于巾箱，或呈于同志。①

对于玄宗与虢国夫人的乱情，虽然此前的张祜二诗和《明皇杂录》已有涉及，但其都在暗讽而非明言。范摅则在《题红怨》中，直陈了"明皇代以杨妃、虢国宠盛，宫娥皆颇衰悴，不备掖庭"的事实，点明了虢国夫人与玄宗的私情，而作者对人物的褒贬也尽现于其中。

16.《达奚盈盈传》

此传的作者不明，其文有赖宋人王铚的《默记》收录而得以流传。关于此传，《默记》在传前记曰："晏元献家有之，盖唐人所撰也。"传后亦云："此传晏元献手书，在其甥杨文仲家。"②晏元献即晏珠，谥元献。有学者依据这些文字，而将此传"姑列为中唐之作"③。

此传叙虢国窝藏美少年而为明皇所获事，兹引其文如下：

---

① 〔唐〕范摅撰，唐雯校笺：《云溪友议校笺》卷下《题红怨》，中华书局2017年版，第177页。

② 〔宋〕王铚著，朱杰人点校：《默记》卷下《达奚盈盈传》，中华书局1981年版，第41页。

③ 《唐五代传奇集》第二编卷一八《达奚盈盈传》，第997页。

盈盈者，天宝中贵人之妾，姿艳冠绝一时。会贵人者病，同官之子为千牛备身者，父遣往视之。因是以秘计相亲盈盈，遂匿于其室甚久。千牛父失子，索之甚急。明皇闻之，诏大索京师，无所不至，而莫见其迹。因问近往处，其父言："贵人病，尝往问之。"诏且索贵人之室。盈盈谓千牛曰："今势不能自隐矣，出亦甚无害。"千牛惧得罪，盈盈因教曰："第不可言在此，恐上问何往，但云所见人物如此，所见帝幕屏帏如此，所食物如此，势不由己，则决无患矣。"既出，明皇大怒。问之，对如盈盈言，上笑而不问。后数日，虢国夫人入内，明皇戏谓曰："何久藏少年不出耶？"夫人亦大笑而已。①

文中直记虢国、玄宗二人的"调谑淫荡，无所顾忌"②，故作者于故事后叹曰："又见天宝后，掖庭戚属莫不如此，国何以久安耶！"③一如唐后期的许多文人，此文的作者也意在通过宫中秽事，探寻玄宗朝盛衰的原因。

17.《天宝乱离西幸记》

《天宝乱离西幸记》，也作《天宝乱离记》《天宝西幸记》，唐温畬（一作温畬）撰，一卷，《新唐书·艺文志》和《宋史·艺文志》均有载④。此书的内容为安禄山叛乱、玄宗出奔成都事，已逸，《资治通鉴》有征引。

此书记虢国夫人与杨贵妃、诸王一道，于后宫与安禄山喧笑事：

① 《默记》卷下《达奚盈盈传》，第41页。
② 《张祜诗集校注·论张祜及其诗》，第16页。
③ 《默记》卷下《达奚盈盈传》，第41页。
④ 《新唐书》卷五八《艺文志二》，第1468页；《宋史》卷二〇三《艺文志二》，第5112页。

禄山诇约杨妃，誓为子母；自虢国已下，次及诸王，皆戏禄儿，与之促膝娱宴。上时闻后宫三千合处喧笑，密侦则禄山果在其内。

此书撰写的初衷，或也有取鉴之意。作者在此段记述之后，即总之曰：“贵戚猱杂，未之前闻；凡曰钗鬟，皆啖厚利；或通宵禁掖，昵狎嫔嫱。和士开之出入卧内，方此为疏；蓟城侯之获厕刑余，又奚足尚！”①“和士开出入卧内”，指北齐和士开与武成帝胡后的淫乱事，“世祖时，恒令士开与太后握槊，又出入卧内无复期限，遂与太后为乱”②。故此处作者所议，是在暗指杨贵妃与安禄山的不白关系；同时“戏禄儿”时虢国夫人的在场，也留下了虢国夫人与安禄山之间关系的想象空间。

综括如上，唐代虢国夫人文本呈现了如下特点：一是文本形式多样，既有诗歌，也有笔记小说，还有对国史的引用。二是诸文本对虢国夫人事迹的记载零散，每一文本仅是对个别事例的记载，如有的文本记虢国夫人的宅第及去向，有的则记虢国夫人与玄宗的私情，等等。三是对虢国夫人的记载重点不在她的个人生平经历，而在与政治人物或政治局势的关联上，即玄宗的特殊宠待、奢靡生活、杨家的威势、私生活放荡等几方面，而这些方面也成了其后虢国夫人文本衍变的诸方向。这一时期文本作者对虢国夫人与政治关联的关注，也自在情理之中，因为虢国夫人首先是玄宗天宝时期的重要上层人物之一。其次，文人、政治家对虢国夫人记载的出发点，必然是基于政治上的取鉴需要。再次，此时的文本虽尚未直指虢国夫人为安史之乱的祸首，但视她为“乱阶”的认识，则已可多见。

---

① 《资治通鉴》卷二一六“唐玄宗天宝十载（751）春正月甲辰”条考异，第6903页。

② 〔唐〕李百药：《北齐书》卷五〇《恩幸传·和士开》，中华书局1972年版，第688页。

二、五代时期的虢国夫人文本

五代时期是虢国夫人文本发展的重要时期。除笔记、小说外，后晋时编纂的正史《旧唐书》，将虢国夫人的事迹与评判置于正统的标准之下，而这种正统评判对世人的影响，无疑较笔记小说、诗歌更大、更深远。

1.《开元天宝遗事》

此书的作者王仁裕（880—956），任官始于唐，入五代后为显宦，历任于前蜀、后唐、后晋、后汉、后周等朝，历官翰林学士、户部尚书、兵部尚书、太子少保等，卒赠太子少师，新、旧《五代史》[①] 有传。关于《开元天宝遗事》一书的撰作，晁公武《郡斋读书志》云："蜀亡，仁裕至镐京，采摭民言，得开元、天宝遗事一百五十九条。"[②] 依此，是书当是王仁裕入宋后任官闲暇之作[③]。此书记玄宗时期的宫中琐闻杂事，尤留意宫内外风俗习尚的记载。

此书记虢国夫人事一条，其即虢国夫人的夜明枕：

> 虢国夫人有夜明枕，设于堂中，光照一室，不假灯烛。[④]

"夜明枕"之称，异于《明皇杂录》所记的"照夜玑"与"夜光枕"。

---

① 对《旧五代史·王仁裕传》的相关考证，可参见胡文楷：《薛史〈王仁裕传〉辑补》，载《中华文史论丛》1980 年第 3 辑。

② 《郡斋读书志校证》卷九，第 380 页。关于《开元天宝遗事》一书的真伪，学界有争论，可参见罗宁：《〈开元天宝遗事〉是伪典小说》，载《文学研究》2015 年第 1 期；吴晗：《〈四库全书总目〉之〈开元天宝遗事〉提要辨正》，载《中国典籍与文化》2020 年第 2 期。

③ 罗宁认为此书是一部托名王仁裕的伪书。可参见罗宁：《〈开元天宝遗事〉是伪典小说》，载《文学研究》2015 年第 1 期。

④ 《开元天宝遗事》卷下《天宝下·夜明枕》，第 54 页。

"夜明枕"与"夜光枕"虽只是一字之差，但它却表明了虢国夫人文本在发展过程中，不断有进一步的衍生与变化。

2.《云仙散录》

此书作者旧题冯贽，经宋清间人考证及今人研究，知其为一部伪书①。《四库全书总目》称其为"王铚所作无疑"②，其根据是张邦基《墨庄漫录》的如下记载："近时传一书曰《龙城录》，乃王性之（铚——著者注）伪为之。又作《云仙散录》，尤为怪诞。又有李歜注杜甫诗、注东坡诗，皆性之一手，殊可骇笑。"③但对《四库全书总目》的这一看法，《四库提要辨证》则持保留意见，它认为张邦基的记载或也有误，"王铚生于北宋之末，卒于绍兴中，平生藏书甚富。此书或出于其家，故张邦基以为即铚所作"，故"此事正未易论定也，阙疑焉可矣"④。

此书是一部记录异闻的古小说集，内容驳杂，主要记唐五代名士、隐者和乡绅、显贵之流的逸闻轶事，而对于显贵，则主要是记其奢靡生活。此书对虢国夫人饮食生活的记载有两条：

> 《品物类聚记》曰：吴兴米，炊之甑香；白马豆，食之齿醉。虢国夫人厨吏邓连以此米捣为透花糍，以豆洗去

---

① 可参见曹之：《〈云仙杂记〉真伪考》，载《古籍整理研究学刊》1992年第4期；曹之、郭伟玲：《〈云仙散录〉作伪小考》，载《图书情报知识》2011年第6期；程毅中：《〈云仙杂记〉的版本问题》，载《古籍整理研究学刊》1993年第2期；罗宁：《〈云仙散录〉是伪典小说》，载《古典文学知识》2018年第6期，罗宁提出："在发现此书的伪典气息之后，我们大可怀疑书中的每一则的可靠性。"

② 《四库全书总目》卷一四〇《子部·小说家类一·杂事上·云仙杂记》，第1186页。

③ 《墨庄漫录》卷二《〈龙城录〉乃王性之作》，第69页。

④ 《四库提要辨证》卷一七《子部·小说家类一·云仙杂记》，第1039页。

皮作灵沙膪，以供翠鸳堂。①

《酒中玄》曰：虢国夫人就屋梁上悬鹿肠于半空，筵宴则使人从屋上注酒于肠中，结其端，欲饮则解开，注于杯中，号"洞天圣酒将军"，又号"洞天瓶"。②

《白孔六帖》以"鹿肠注酒"为词名，也记有此第二事，其注亦云出《酒中玄》③。对虢国夫人这两条饮食生活记载的分析，详见下文虢国夫人饮食生活部分。

宴饮图（陕西长安南里王村唐墓出土）

3.《旧唐书》

《旧唐书》成于后晋出帝开运二年（945），是一部官修的唐代正史。关于此书的史料，后晋高祖天福六年（941）诏修唐史时，起居郎贾纬奏称："唐高祖至代宗，已有传纪；德宗至文宗，亦存实录。

---

① 〔后唐〕冯贽编，张力伟点校：《云仙散录》，中华书局2008年版，第13页。

② 《云仙散录》，第71页。

③ 〔唐〕白居易撰，〔宋〕孔傅续撰：《白孔六帖》卷九七《鹿》，清《文渊阁四库全书》本。

武宗至济阴废帝凡六代，唯有《武宗实录》一卷，余皆阙落。"①故此，"《旧唐书》前半全用实录、国史旧本"，"观《旧书》回护之多，可见其全用实录、国史，而不暇订正也"②。如此，《旧唐书》所反映的唐人回护处和所载的唐国史、实录，都在很大程度上反映了唐人的认识。

对于《旧唐书》的编纂思想，首任监修赵莹提出："臣等虔奉纶言，俾令撰述，褒贬或从于新意，纂修须按于旧章。"③故其特点有二，一是注重原始材料的引用，二是注重事情的原委记载。两部《唐书》相较，《旧唐书》以叙事为主，《新唐书》则重褒贬。由于《旧唐书》的这一特点，故顾炎武对它的评价是："《旧唐书》虽颇涉繁芜，然事迹明白，首尾该赡，亦自可观。"④

《旧唐书》是第一部有虢国夫人较详记载的著作，此书所记载的虢国夫人事迹，有如下几方面：

（1）关于虢国夫人等杨氏三姊的封授

对此，《旧唐书》有三处记载，一是卷九《玄宗纪下》之载：

（天宝七载）冬十月庚午，幸华清宫，封贵妃姊二人为韩国、虢国夫人。⑤

二是卷一〇六《杨国忠传》所载：

---

① 《五代会要》卷一八《前代史》，第 230 页。

② 〔清〕赵翼著，王树民校证：《廿二史劄记校证》卷一六，中华书局 2013 年版，第 345 页。

③ 《五代会要》卷一八《前代史》，第 228 页。

④ 〔清〕顾炎武撰，〔清〕黄汝成集释，栾保群校点：《日知录集释》卷二六《旧唐书》，中华书局 2020 年版，第 1305 页。

⑤ 《旧唐书》卷九《玄宗纪下》，第 222 页。

以称职迁度支郎中，不期年，兼领十五余使，转给事中、兼御史中丞，专判度支事。是岁，贵妃姊虢国、韩国、秦国三夫人同日拜命。①

三是《杨贵妃传》记曰：

（开元）二十四年惠妃薨，帝悼惜久之，后庭数千，无可意者。或奏玄琰女姿色冠代，宜蒙召见。时妃衣道士服，号曰太真。既进见，玄宗大悦。不期岁，礼遇如惠妃。……宫中呼为"娘子"，礼数实同皇后。有姊三人，皆有才貌，玄宗并封国夫人之号：长曰大姨，封韩国；三姨，封虢国；八姨，封秦国。……天宝初，进册贵妃。②

关于杨氏三姊的受封，如上三记存在差异。《玄宗纪》记为"封贵妃姊二人为韩国、虢国夫人"，《杨国忠传》记三姊"同日拜命"，但行第居后的三姊虢国位于长姊韩国之先。关于贵妃三姊受封的时间，《杨国忠传》记为在杨国忠"兼领十五余使"的同一年，按《资治通鉴》，杨国忠兼领十五余使发生在天宝七载（748）六月③。依此，贵妃姊拜命的时间，《玄宗纪》与《杨国忠传》所记略同，仅月份有异。而《杨贵妃传》所记三姊封授时间略显含混，以意观之，似在杨贵妃入道后、册封为贵妃前。

关于杨氏入道的时间，学界有不同认识。《新唐书·玄宗纪》载："开元二十八年十月甲子，幸温泉宫。以寿王妃杨氏为道士，号太真。"④

---

① 《旧唐书》卷一○六《杨国忠传》，第 3242 页。
② 《旧唐书》卷五一《后妃传上·杨贵妃》，第 2178—2179 页。
③ 《资治通鉴》卷二一六"唐玄宗天宝七载（748）六月"条，第 6890 页。
④ 《新唐书》卷五《玄宗纪》，第 141 页。

《杨太真外传》所记时间与《新唐书》同："（开元）二十八年十月，玄宗幸温泉宫。自天宝六载十月，复改为华清宫。使高力士取杨氏女于寿邸。度为女道士，号太真，住内太真宫。"[1] 陈寅恪先生据《新唐书》和《外传》的这些记载认为："正史小说中诸纪载，何所依据，今不可知。以事理察之，所记似最为可信。"[2] 所以，他认同开元二十八年（740）十月为杨贵妃的入道时间。另一位学者卞孝萱，则据《度寿王妃为女道士敕》的撰写情况，而以杨氏入道的时间在开元二十六年（738）十月玄宗幸温泉宫时[3]。

不管杨氏入道是在开元二十八年还是在开元二十六年，总之，如按字面理解，《旧唐书·杨贵妃传》所记三姊的封赠时间，当在杨太真受册贵妃之前，即天宝四载（745）之前。而结合《旧唐书·玄宗纪》和《杨国忠传》的相关记载，《杨贵妃传》对三姊封赠的记载应是概言，杨氏三姊的受册时间，当依《旧唐书·玄宗纪》的记载，为天宝七载。

（2）关于玄宗对包括虢国夫人在内的杨家外戚的其他特殊宠待

上面谈到的是唐玄宗对杨贵妃三姊的封授，其为三姊所受的宠待之一。除此之外，玄宗对杨氏三姊还另有特殊宠待。对此，《杨贵妃传》有多条记载：

> 有姊三人，皆有才貌，玄宗并封国夫人之号。……并承恩泽，出入宫掖，势倾天下……
> 五载七月，贵妃以微谴送归杨铦宅，比至亭午，上思之不食。高力士探知上旨……伏奏请迎贵妃归院。是夜，

---

① 《杨太真外传》卷上，见《开元天宝遗事十种》，第 131 页。
② 《元白诗笺证稿》，第 20 页。
③ 卞孝萱：《唐玄宗杨贵妃五题》，载《烟台师范学院学报》（哲学社会科学版）1994 年第 1 期。

开安兴里门入内，妃伏地谢罪，上欢然慰抚。翌日，韩、虢进食，上作乐终日，左右暴有赐与。自是宠遇愈隆。韩、虢、秦三夫人岁给钱千贯，为脂粉之资。……玄宗颁赐及四方献遗，五家如一，中使不绝。开元已来，豪贵雄盛，无如杨氏之比也。……玄宗每年十月幸华清宫，国忠姊妹五家扈从，每家为一队，著一色衣，五家合队，照映如百花之焕发，而遗钿坠舄，瑟瑟珠翠，璀璨芳馥于路。……而十宅诸王百孙院婚嫁，皆因韩、虢为绍介，仍先纳赂千贯，而奏请罔不称旨。

……

虢国男裴徽尚肃宗女延光公主，女嫁让帝男。①

卷一〇六《杨国忠传》也有如下记载：

国忠山第在宫东门之南，与虢国相对，韩国、秦国甍栋相接，天子幸其第，必过五家，赏赐宴乐。每扈从骊山，五家合队，国忠以剑南幢节引于前，出有饯路，还有软脚，远近饷遗，珍玩狗马，阍侍歌儿，相望于道。②

（3）关于包括虢国夫人在内的杨氏外戚的威势

天宝时期，在唐玄宗的宠待下，杨氏外戚风头极盛，不但朝臣对之多有敬畏，就连公主也在与之发生矛盾时处于下风；而生活上的奢靡，更是力压众人。对此，《杨贵妃传》载有府县对杨氏"五家"的逢迎：

---

① 《旧唐书》卷五一《后妃传上·杨贵妃》，第 2178—2181 页。
② 《旧唐书》卷一〇六《杨国忠传》，第 3245 页。

> 韩、虢、秦三夫人与铦、锜等五家,每有请托,府县承迎,峻如诏敕,四方赂遗,其门如市。

杨氏"五家"是各类著作中经常出现的一词,对此的讨论见下文。《旧唐书》是以"韩、虢、秦三夫人与铦、锜"为杨氏"五家"。《杨贵妃传》另载如下诸事:

> 姊妹昆仲五家,甲第洞开,僭拟宫掖,车马仆御,照耀京邑,递相夸尚。每构一堂,费逾千万计,见制度宏壮于己者,即彻而复造,土木之工,不舍昼夜。
>
> (天宝)十载正月望夜,杨家五宅夜游,与广平公主[①]骑从争西市门。杨氏奴挥鞭及公主衣,公主堕马,驸马程昌裔扶公主,因及数挝。公主泣奏之,上令杀杨氏奴,昌裔亦停官。[②]

包括虢国夫人在内的杨氏五家的气焰与威势,至与公主争门时达到顶点。而从玄宗对此事的处理看,明显可见广平公主一方所处下风。所以,这件事很明确地显示了虢国夫人所代表的杨家的跋扈,是有玄宗在背后放纵的。

(4)关于玄宗与虢国夫人的特殊关系

对此,《旧唐书》卷一〇六《陈玄礼传》载:

> 天宝中,玄宗在华清宫,乘马出宫门,欲幸虢国夫人宅,

---

① 《资治通鉴》(第6902页)同此,记为广平公主;《新唐书》(第3494页)、《杨太真外传》(见《开元天宝遗事十种》,第134页)作广宁公主;〔宋〕王若钦等:《册府元龟》,中华书局2003年版,两记为广平公主和广宁公主(分别见第3392、3473页)。下文依《旧唐书》《资治通鉴》而统之为广平公主。

② 《旧唐书》卷五一《后妃传上·杨贵妃》,第2179—2180页。

玄礼曰："未宣敕报臣，天子不可轻去就。"玄宗为之回辔。他年在华清宫，逼正月半，欲夜游，玄礼奏曰："宫外即是旷野，须有备预，若欲夜游，愿归城阙。"玄宗又不能违。①

此段实载陈玄礼阻止玄宗"轻去就"两事，一是玄宗欲私幸虢国夫人宅，二是正月十五上元日玄宗欲夜游。而在其后的文本中，此两事的记载会有变化。作为皇帝的唐玄宗欲私下出幸命妇虢国夫人宅，这在制度上没有依据；而从儒家礼教上讲，玄宗的举动更是严重违背了男女有别、男女授受不亲的性别原则。由此可见，玄宗与虢国夫人此前就应当相当亲密，关系非同一般。

（5）关于虢国夫人与杨国忠的私情与男女无别

对此，《杨贵妃传》载：

> 而国忠私于虢国而不避雄狐之刺，每入朝或联镳方驾，不施帷幔。每三朝庆贺，五鼓待漏，靓妆盈巷，蜡炬如昼。②

"雄狐"，典出《诗经·齐风·南山》："南山崔崔，雄狐绥绥。鲁道有荡，齐子由归。既曰归止，曷又怀止？"毛亨释此诗之旨曰："《南山》，刺襄公也。鸟兽之行，淫乎其妹，大夫遇是恶，作诗而去之。"③以此，《旧唐书》称"国忠私于虢国而不避雄狐之刺"，指斥讽刺的是杨国忠与虢国的兄妹不伦情。

又，《杨国忠传》载：

> 贵妃姊虢国夫人，国忠与之私，于宣义里构连甲第，

---

① 《旧唐书》卷一○六《陈玄礼传》，第 3255 页。
② 《旧唐书》卷五一《后妃传上·杨贵妃》，第 2179 页。
③ 《毛诗正义》，见《十三经注疏》本，第 352 页。

土木被绨绣，栋宇之盛，两都莫比，昼会夜集，无复礼度。有时与虢国并辔入朝，挥鞭走马，以为谐谑，衢路观之，无不骇叹。①

虢国夫人与杨国忠两宅相连，是为方便两人"昼会夜集"的私情；而她与杨国忠两人男女无别并马入朝，更将他们置礼教于不顾的事实置于世人的眼前，世人对此也是"无不骇叹"。

（6）关于杨家外戚与安禄山的结拜与交往

对此，《杨贵妃传》载：

天宝中，范阳节度使安禄山大立边功，上深宠之。禄山来朝，帝令贵妃姊妹与禄山结为兄弟。②

另，卷二〇〇上《安禄山传》：

（安禄山）后请为贵妃养儿，入对皆先拜太真。玄宗怪而问之，对曰："臣是蕃人，蕃人先母而后父。"玄宗大悦，遂命杨铦已下并约为兄弟姊妹。③

对于杨氏外戚与安禄山的结拜，如上两记存在差异。《杨贵妃传》沿《安禄山事迹》，以"贵妃姊妹与安禄山结为兄弟"；而《安禄山传》则更作"杨铦已下"与安禄山结为"兄弟姊妹"。

（7）关于虢国夫人的涉政

第一事是裴敦复纳贿事，其见《裴宽传》：

---

① 《旧唐书》卷一〇六《杨国忠传》，第 3245 页。
② 《旧唐书》卷五一《后妃传上·杨贵妃》，第 2180 页。
③ 《旧唐书》卷二〇〇上《安禄山传》，第 5368 页。

（天宝）三载，以安禄山为范阳节度，宽为户部尚书、兼御史大夫。玄宗素重宽，日加恩顾。刑部尚书裴敦复讨海贼回，颇张贼势，又广叙功以开请托之路，宽尝几微奏之。……李林甫惧其入相，又恶宽与李适之善，乃呼裴敦复……。宽受（敦复部下）其状……敦复大惧，促装待罪，因令子婿以五百金赂于贵妃姊杨三娘。杨氏遽为言之，明日贬宽为睢阳太守。[①]

以杨贵妃诸姊的行第看——"长曰大姨，封韩国；三姨，封虢国；八姨，封秦国"，其应是族中的大排行。此段所称之"贵妃姊杨三娘"，是现有史料中仅见的一个称呼，贵妃姊以"三"称者，其当是虢国夫人。

第二事是阻玄宗"内禅"，《杨贵妃传》载：

及禄山叛，露檄数国忠之罪。河北盗起，玄宗以皇太子为天下兵马元帅，监抚军国事。国忠大惧，诸杨聚哭，贵妃衔土陈请，帝遂不行内禅。[②]

此段文字颇含混，且前后有异，前言"监抚军国事"，是为"监国"；后言"内禅"，是为传位，即"生立其子为君"[③]。

此事也见《杨国忠传》：

由是禄山惶惧，遂举兵以诛国忠为名。玄宗闻河朔变起，欲以皇太子监国，自欲亲征，谋于国忠。国忠大惧，归谓

---

① 《旧唐书》卷一〇〇《裴宽传》，第3130页。
② 《旧唐书》卷五一《后妃传上·杨贵妃》，第2180页。
③ "内禅"始于春秋战国时期，"（晋）景公立州蒲为君，赵武灵王传国于子惠文王、自称主父，此内禅之始"（[日]竹添光鸿著，于景祥、柳海松整理：《左传会笺》，辽海出版社2008年版，第262页）。

姊妹曰："我等死在旦夕。今东宫监国，当与娘子等并命矣。"姊妹哭诉于贵妃，贵妃衔土请命，其事乃止。[①]

此记又明显与《杨贵妃传》有异。《杨贵妃传》记"玄宗以皇太子为天下兵马元帅，监抚军国事"，即玄宗以太子李亨出讨贼；而此段则记玄宗"欲以皇太子监国，自欲亲征"，即玄宗出征而太子守国。故此，《旧唐书》所记，不但未化解《谭宾录》记载的矛盾，反而使问题更为复杂化。

而对虢国夫人的作用，《谭宾录》明确点明"虢国入谋于贵妃"，但《旧唐书·杨忠传》则转作"姊妹哭诉于贵妃"，不再强调是虢国一人入谋于杨贵妃。如此，虢国夫人在此事中的作用就被大大削弱。

（8）关于虢国夫人之死

此见《杨贵妃传》：

马嵬之诛国忠也，虢国夫人闻难作，奔马至陈仓。县令薛景仙率人吏追之，走入竹林。先杀其男裴徽及一女。国忠妻裴柔曰："娘子为我尽命。"即刺杀之。已而自刭，不死，县吏载之，闭于狱中。犹谓吏曰："国家乎？贼乎？"吏曰："互有之。"血凝至喉而卒，遂瘗于郭外。[②]

也见卷一〇六《杨国忠传》：

诸军乃围驿擒国忠，斩首以徇。是日，贵妃既缢，韩国、虢国二夫人亦为乱兵所杀。[③]

---

① 《旧唐书》卷一〇六《杨国忠传》，第3245页。

② 《旧唐书》卷五一《后妃传上·杨贵妃》，第2181页。

③ 《旧唐书》卷一〇六《杨国忠传》，第3246页。

对虢国之死，如上两记明显存在差异。《杨贵妃传》以其自刎未死而被缚，至狱中血凝而死；而《杨国忠传》则认为她被乱兵所杀。

综此，《旧唐书》对虢国夫人的记载有如下特点：首先，此书虽未为虢国夫人立传，但其事迹在书中大致是首尾相接的，这也是《旧唐书》编纂特点——重述事的显现。而所谓"首"，其始于虢国夫人的受封；"尾"则是其之死。此书实并未涉及虢国夫人的任何前史。其次，此书对虢国夫人的记载，当是对唐国史、实录进行整合后的结果。而作为第一部将虢国夫人事迹进行整合的正史著作，它通过虢国夫人事迹的选择性记载，实为虢国夫人做出了定性，那就是她的奢靡、跋扈、违礼及玄宗为宠她而对法度的僭越等，都是致使天宝政治走向昏暗的重要缘由，而这也为后代文本以虢国夫人为祸首做出了重要指向。

五代处于唐、宋两大王朝之间，且存续时间不长、社会动荡，故常被视为乱世。对此，欧阳修即言："五代之际，君君臣臣父父子子之道乖，而宗庙、朝廷，人鬼皆失其序，斯可谓乱世者欤！"[1] 但其实，五代上承唐朝，下开宋治，在表面的兵荒马乱与战祸连年的背后，社会的变迁与制度的更新在悄然进行。在此大背景下的虢国夫人文本衍进，其实也反映了这样的历史脉络。五代时期的虢国夫人文本，有继承唐人的笔记、小说，更有将虢国夫人事迹首尾相接的重要文本《旧唐书》，还有昭素雅之花意象与虢国夫人相关联的诗歌——刘兼的《海棠花》（对此的分析见后文）。这些发展特别是后两项文本的发展，无疑对宋代的虢国夫人文本产生了深远影响。

---

① 〔宋〕欧阳修：《新五代史》卷一六《唐废帝家人传·重美》，中华书局1974年版，第173页。

三、北宋的虢国夫人文本

理学在北宋时期形成，理学家认为对历史起作用的是天理，"理"即封建纲常名分，"父子君臣，天下之定理，无所逃于天地之间"①。在这样一种封建纲常名教的评判下，虢国夫人在北宋最终被历史文本作者贴上了女祸标签。

1.《太平广记》

宋朝初年，太宗下诏大修类书，其成果有史实、典故类书一千卷，名为《太平御览》，野史小说类书五百卷，名为《太平广记》，诗文类书一千卷，名为《文苑英华》；真宗时，再修"历代群臣事迹"一千卷，名为《册府元龟》。此即宋初四大书。

关于修纂野史小说类书《太平广记》的原因，修纂官李昉等在进书《表》中言道："伏以六籍既分，九流并起，皆得圣人之道，以尽万物之情，足以启迪聪明，鉴照今古。伏惟皇帝陛下，体周圣启，德迈文思，博综群言，不遗众善，以为编秩既广，观览难周，故使采摭菁英，裁成类例。"②由此可见，在太宗和李昉等人眼中，小说家与其他诸家一样，也源于圣人之道，足以"启迪聪明，鉴照古今"。

关于虢国夫人，此书也录有几事。第一事取自《续会要》，即"虢国夫人观选事"，已在上文分析；第二事、第三事、第四事则均录自《明皇杂录》，即虢国夫人的夜光枕、强抢韦嗣立宅和以小黄门御事③；

---

① 〔宋〕程颢、〔宋〕程颐撰，〔宋〕李吁、〔宋〕吕大临等辑录，〔宋〕朱熹编定：《程氏遗书》第五《二先生语五》，华东师范大学出版社2010年版，第105页。

② 《太平广记·表》，见〔宋〕李昉：《太平广记》，第1页。

③ 分别见《太平广记》卷二三六《玄宗》《虢国夫人》，第1819页。

第五事、第六事则录自《谭宾录》，即虢国夫人为贵妃琵琶弟子事[①]和玄宗欲禅位事[②]；第七事录自《大唐奇事记》，即虢国夫人与小猿及芝草事[③]。

2.《杨太真外传》

此书作者乐史（930—1007），曾仕南唐为官，入宋后曾担任平原主簿、秘书郎、著作佐郎、职方员外郎等职，赐进士及第，直史馆，其仕途发展并不顺畅。乐史好著述，除此书外，另有名著《太平寰宇记》传世。乐史的史官之任与其不顺的任官经历，也使他的《杨太真外传》具有了更强的取鉴特点与批判性。

《杨太真外传》是历史上第一部以杨贵妃为主的著作，乐史本为史官，此书也作于其任直史馆时，但此书的材料则是正史、稗史兼用。对此，鲁迅先生谈道："至绿珠、太真二传，本荟萃稗史成文。"[④]其他学者也认为，此书"把唐五代正史、杂史、小说中记录明皇杨妃的故事，搜辑殆尽，备录于一书"[⑤]；"读此一文，其他唐末五季之侈谈太真逸事者，皆可废也"[⑥]。

对此书的编纂原则，有学者提出："《外传》与唐人传奇不同，其内容无论真实的历史事件或虚构的情节，几乎全来自于唐五代人

---

① 《太平广记》卷二〇五《杨妃》，第1656页。
② 《太平广记》卷二四〇《杨国忠》，第1855—1856页。
③ 《太平广记》卷三六八《虢国夫人》，第2932页。
④ 《鲁迅全集》第9卷《中国小说史略·宋之志怪及传奇文》，第243页。
⑤ 苏万青：《〈杨太真外传〉考索》，见黄永年主编：《古代文献研究集林》第3集，第143页。对乐史著作时的身份及其书基本情况的考辨，亦可参见李剑国：《宋代志怪传奇叙录》，南开大学出版社1997年版，第27—30页。
⑥ 汪辟疆校录：《唐人小说》，上海古籍出版社1978年版，第124页。

所记所传，乐史只作文字编纂而很少发挥。"① 其实，在此书中，乐史首先对事是有增补的，如增加了杨贵妃第二次出宫的原因②、宫内百人为之掌刺绣织锦等的奢侈生活③、私予安禄山器物④ 等等。其次，在编撰上，乐史更有自己的原则，他在篇后"史臣曰"中即言：

> 夫礼者，定尊卑，理家国。君不君，何以享国？父不父，何以正家？有一于此，未或不亡。……今为《外传》，非徒拾杨妃之故事，且惩祸阶而已。⑤

由此可知，乐史作《外传》，虽以杨贵妃为中心，但实是从男性君主玄宗的治国、理家着眼的，他的写作，贯穿的是宋人强调礼治、注重秩序——正家以为治国的思想。这其实也是宋代较唐代传奇的不同之处，如鲁迅先生所言："唐人大抵描写时事；而宋人则极多讲古事。唐人小说少教训；而宋则多教训。大概唐时讲话自由些，虽写时事，不至于得祸；而宋时则讳忌渐多，所以文人便设法回避，去讲古事。加以宋时理学极盛一时，因之把小说也多理学化了，以为小说非含有教训，便不足道。"⑥

---

① 苏万青《〈杨太真外传〉考索》，见黄永年主编：《古代文献研究集林》第 3 集，第 142 页。

② 苏万青认为，杨贵妃的第二次被逐出宫，是因窃宁王玉笛吹而忤旨，"《外传》取材于《旧书》对此事的记载并且叙述更明确"（《〈杨太真外传〉考索》，见黄永年主编：《古代文献研究集林》第 3 集，第 159 页）。但《旧唐书》实没有对杨贵妃此次被逐出宫原因的记载，《杨贵妃传》仅记："天宝九载，贵妃复忤旨，送归外第。"（第 2180 页）

③ 《杨太真外传》卷上，见《开元天宝遗事十种》，第 133 页。

④ 《杨太真外传》卷上，见《开元天宝遗事十种》，第 140 页。

⑤ 《杨太真外传》卷下，见《开元天宝遗事十种》，第 146 页。

⑥ 鲁迅：《中国小说的历史的变迁》第四讲《宋人之"说话"及其影响》，见洪治纲主编：《鲁迅经典文存》，上海大学出版社 2004 年版，第 61 页。

关于《杨太真外传》所记的虢国夫人事迹，兹也依《旧唐书》所胪列诸方面而叙述之。

（1）关于虢国夫人等杨氏三姊的封授

> （天宝）七载，加钊御史大夫，权京兆尹，赐名国忠。封大姨为韩国夫人，三姨为虢国夫人，八姨为秦国夫人，同日拜命。[①]

较《旧唐书》的三条记载，此记更为明了，其明确记载了杨氏三姊的受封时间在天宝七载。

（2）关于玄宗对包括虢国夫人在内的杨家外戚的其他特殊宠待

第一事是三姊的出入宫掖：

> 有姊三人，皆丰硕修整，工于谑浪，巧会旨趣，每入宫中，移晷方出。[②]

此条对三姊形貌的记载，与《旧唐书》所载略异。《旧唐书》记"有姊三人，皆有才貌"，概言其有"才貌"；而此记细化为外貌"丰硕修整"，强调了三姊的丰满与秀美，交往"工于谑浪"，放浪戏谑、善迎皇帝之趣。而对杨氏三姊的出入宫禁，《旧唐书》概言其出入的自由，"出入宫掖，势倾天下"；而此书则细化为"每入宫中，移晷方出"，强调了入宫时间之长。

第二事是三姊的脂粉之资：

---

① 《杨太真外传》卷上，见《开元天宝遗事十种》，第133页。
② 《杨太真外传》卷上，见《开元天宝遗事十种》，第132页。

七载……（三夫人）同日拜命，皆月给钱十万，为脂粉之资。然虢国不施妆粉，自炫美艳，常素面朝天。当时杜甫有诗云："虢国夫人承主恩，平明上马入宫门。却嫌脂粉涴颜色，淡扫蛾眉朝至尊。"[1]

此条杂糅了《旧唐书》的记载和张祜的《集灵台二首·其二》一诗，但在对《旧唐书》内容的采用上，又与其有差异：首先，是脂粉之资的数量，《杨太真外传》的数字更为细化——"月给钱十万"，《旧唐书》仅概言"岁给钱千贯"；其次，《旧唐书》将给三夫人脂粉之资系于天宝五载（746）杨贵妃被遣出宫事后，而此记则以其为玄宗封授三姊为国夫人之后的又一宠待之举。

第三事是玄宗的颁赐：

上赐御食，及方外进献，皆颁赐五宅。开元已来，豪贵荣盛，未之比也。[2]

此条与《旧唐书·杨贵妃传》之记略同。

第四事是杨家扈从玄宗幸华清宫：

上每年冬十月，幸华清宫，……（五家）扈从之时，每家为一队，队著一色衣。五家合队相映，如百花之焕发。遗钿，坠舄，琴瑟，珠翠，灿于路歧，可掬。曾有人俯身一窥其车，香气数日不绝。驼马千余头匹。以剑南旌节器仗前驱。出有饯饮，还有软脚。远近饷遗珍玩狗马，阉侍

---

① 《杨太真外传》卷上，见《开元天宝遗事十种》，第133页。
② 《杨太真外传》卷上，见《开元天宝遗事十种》，第133页。

歌儿，相望于道。①

此条杂糅了《旧唐书·杨贵妃传》和《杨国忠传》所记，更增加了"曾有人俯身一窥其车，香气数日不绝。驼马千余头匹"的细节。

第五事是韩、虢绍介王室婚姻：

> 十宅诸王男女婚嫁，皆资韩、虢绍介；每一人纳一千贯，上乃许之。②

此条意旨与《旧唐书》略有不同。《旧唐书》意指玄宗对韩、虢二姊的宠待及其盖过皇室的威势，而此记的直感是玄宗助二姊纳赂。

第六事是虢国夫人子与皇室的联姻，"男裴徽尚代宗女延光公主，女为让帝男妻"，其记与《旧唐书》同。

第七事是虢国夫人及其他杨家外戚于华清宫近旁的宅第：

> 国忠赐第在宫东门之南，虢国相对。韩国、秦国，甍栋相接。天子幸其第，必过五家，赏赐燕乐。③

此记与《旧唐书·杨国忠传》略有不同。关于杨国忠之宅，《旧唐书》仅称其为"国忠山第"，而此记为"国忠赐第"，一个"赐"字，更凸显了玄宗对杨家的优宠。

第八事是赐虢国夫人照夜玑：

> 又赐虢国照夜玑，秦国夫人七叶冠，国忠锁子帐，盖

---

① 《杨太真外传》卷下，见《开元天宝遗事十种》，第 140 页。
② 《杨太真外传》卷下，见《开元天宝遗事十种》，第 141 页。
③ 《杨太真外传》卷下，见《开元天宝遗事十种》，第 140 页。

稀代之珍，其恩宠如此。①

此条中的虢国夫人之宝，为杂糅《明皇杂录》照夜玑、夜光枕两条而成。另，此条将《明皇杂录》中的"太平公主玉叶冠"，更为了"秦国夫人七叶冠"。

（3）关于包括虢国夫人在内的杨氏外戚的威势

第一事是府县对杨氏的逢迎：

> 自此杨氏权倾天下，每有嘱请，台省府县，若奉诏敕。
> 四方奇货、僮仆、驼马，日输其门。②

此条将《旧唐书》的"四方赂遗，其门如市"具化为"四方奇货、僮仆、驼马，日输其门"。

第二事是杨氏五家的豪建宅第及其位置：

> 与国忠五家于宣阳里，甲第洞开，僭拟宫掖，车马仆从，
> 照耀京邑。递相夸尚，每造一堂，费逾千万计，见制度宏
> 壮于己者，则毁之复造。土木之工，不舍昼夜。③

关于虢国夫人宅第的位置，《酉阳杂俎》首载其位于宣阳里，而《杨太真外传》此记，又将杨国忠五家之宅的位置同记为宣阳里。

第三事是与广平公主争门事：

> （天宝）十载上元节，杨氏五宅夜游，遂与广宁（平）

---

① 《杨太真外传》卷上，见《开元天宝遗事十种》，第133页。
② 《杨太真外传》卷上，见《开元天宝遗事十种》，第132页。
③ 《杨太真外传》卷上，见《开元天宝遗事十种》，第133页。

公主骑从争西市门。杨氏奴挥鞭误及公主衣，公主堕马。驸马程昌裔扶公主，因及数挝。公主泣奏之，上令决杀杨家奴一人，昌裔停官，不许朝谒。于是杨家转横，出入禁门不问，京师长吏，为之侧目。故当时谣曰："生女勿悲酸，生男勿喜欢。"又曰："男不封侯女作妃，君看女却是门楣。"其天下人心羡慕如此。①

上面引文的前半段出自《旧唐书·杨贵妃传》，后半段中的两首谣诵则出自《长恨歌传》。但较《旧唐书·杨贵妃传》，此记中的"杨氏奴挥鞭误及公主衣"一句，增加了"误"字，此或暗示了杨氏未有公开与公主争门之意。

（4）关于玄宗与虢国夫人的特殊关系

初，上在华清宫日，乘马出宫门，欲幸虢国夫人之宅。玄礼曰："未宣敕报臣，天子不可轻去就。"上为之回辔。他年，在华清宫，逼上元，欲夜游。玄礼奏曰："宫外即是旷野，须有预备。若欲夜游，愿归城阙。"上又不能违谏。②

此记与《旧唐书》同，也以陈玄礼所阻为两事——私幸虢国宅和上元日欲夜游。

（5）关于虢国夫人与杨国忠的私情与男女无别

虢国又与国忠乱焉。略无仪检，每入朝谒，国忠与韩、虢连辔，挥鞭骤马，以为谐谑。从官媵姬百余骑，秉烛如昼，

---

① 《杨太真外传》卷上，见《开元天宝遗事十种》，第134页。
② 《杨太真外传》卷下，见《开元天宝遗事十种》，第142页。

鲜装祛服而行，亦无蒙蔽。衢路观者如堵，无不骇叹。①

此段乃是折中了《旧唐书·杨贵妃传》和《杨国忠传》的相关记载，但亦有若干重要变化。其一是增加了"从官媵姬百余骑"的巨大阵仗；其二，也是最重要的，是将连辔走马的主人公，由《旧唐书》的杨国忠和虢国二人变为了"国忠与韩、虢"三人。《杨太真外传》的如此记载，或也非是轻动，乐史当是关注到了《旧唐书·玄宗纪》的相关记载，即"封贵妃姊二人为韩国、虢国夫人"，所记的封授之人缺漏秦国夫人。于是，乐史在《杨太真外传》中，对秦国夫人的去向也做了交代："及秦国先死，独虢国、韩国、国忠转盛。"②秦国夫人去世后，虢国夫人与韩国夫人自然就成了杨家女性外戚的主要人物。当然，天宝七载（748）封授时，秦国夫人是在世的。

（6）关于杨家外戚与安禄山的结拜与交往

> 时安禄山为范阳节度，恩遇最深，上呼之为儿。尝于便殿与贵妃同宴乐，禄山每就座，不拜上而拜贵妃。上顾而问之："胡不拜我而拜妃子，意者何也？"禄山奏云："胡家不知其父，只知其母。"上笑而赦之。又命杨铦已下，约禄山为兄弟姊妹，往来必相宴饯。③

此段亦折中的是《旧唐书》和《安禄山事迹》的相关记载，但其记之杨家外戚的结拜者，与《旧唐书·安禄山传》同——"杨铦已下并约为兄弟姊妹"，但异于《旧唐书·杨贵妃传》的"帝令贵妃姊妹与禄山结为兄弟"和《安禄山事迹》的"诏杨氏三夫人约为兄弟"。

---

① 《杨太真外传》卷下，见《开元天宝遗事十种》，第140—141页。
② 《杨太真外传》卷下，见《开元天宝遗事十种》，第140页。
③ 《杨太真外传》卷上，见《开元天宝遗事十种》，第132页。

（7）关于虢国夫人的涉政

第一事是杨氏外戚阻玄宗禅位事：

> 上欲以皇太子监国，盖欲传位，自亲征，谋于国忠。国忠大惧，归谓姊妹曰："我等死在旦夕。今东宫监国，当与娘子等并命矣。"姊妹哭诉于贵妃，妃衔士请命，事乃寝。①

此条足见乐史欲努力消弭《谭宾录》和《旧唐书》的矛盾记载。它以玄宗先以太子监国、后再传位而"自亲征"，来解决两书记载的矛盾。另外，关于向杨贵妃哭诉之人，此记同于《旧唐书·杨国忠传》，也以"姊妹哭诉于贵妃"，而非《谭宾录》的"虢国入谋于贵妃"。

第二事，此书将虢国夫人视为安史之乱的三祸首之一，这也是《杨太真外传》异于前书的重要之处：

> 某年十一月，禄山反幽陵，……以诛国忠为名。咸言国忠、虢国、贵妃三罪，莫敢上闻。②
> 所以禄山叛乱，指罪三人。③

此书是直接并明确将虢国夫人记为安史乱因的首部著作。当然，作者也谈到，安史之乱是"以诛国忠为名"，故其首祸还是杨国忠："乘舆迁播，朝廷陷没，百僚系颈，妃王被戮，兵满天下，毒流四海，皆国忠之召祸也。"④

---

① 《杨太真外传》卷下，见《开元天宝遗事十种》，第 141 页。
② 《杨太真外传》卷下，见《开元天宝遗事十种》，第 141 页。
③ 《杨太真外传》卷下，见《开元天宝遗事十种》，第 146 页。
④ 《杨太真外传》卷下，见《开元天宝遗事十种》，第 146 页。

（8）关于虢国夫人之死

> 是时虢国夫人先至陈仓之官店。国忠诛问至，县令薛
> 景仙率吏人追之。走入竹林下，以为贼军至，虢国先杀其
> 男徽，次杀其女。国忠妻裴柔曰："娘子何不借我方便乎？"
> 遂并其女刺杀之。已而自刭，不死。载于狱中，犹问人曰：
> "国家乎？贼乎？"狱吏曰："互有之。"血凝其喉而死。
> 遂并坎于东郭十余步道北杨树下。①

此记的虢国夫人先自刭，后因血凝而死，与《旧唐书·杨贵妃传》
（以下简称《旧传》）同。但此段也有与《旧唐书》不同处：其一，
《旧传》以虢国听闻马嵬之诛国忠，而"奔马至陈仓"；此记则以虢
国在国忠被诛之前，已"先至陈仓之官店"。其二，此记以虢国并杀
国忠妻、女，更为血腥，而《旧传》则未载杀国忠女。其三，此段更
详载了虢国夫人的葬地，《旧传》仅记"瘗于郭外"，而此则详为"坎
于东郭十余步道北杨树下"。

3.《册府元龟》

此书为北宋初年编修的四大书之一，为一部类书。景德二年
（1005），宋真宗"载命群儒，共司缀缉"，令资政殿学士王钦若、
知制诰杨亿等同修此书。关于此书的内容，真宗言："粤自正统，
至于闰位，君臣善迹，邦家美政，礼乐沿革，法令宽猛，官师议论，
多士名行，靡不具载，用存典刑。"②而修书目的则是"欲著前代事实，

---

① 《杨太真外传》卷下，见《开元天宝遗事十种》，第143页。
② 《册府元龟》附录李嗣京《册府元龟考据·景德册府元龟》，第2页。

为将来典法，使开卷者动有资益也"①。故书初名《历代君臣事迹》，后易为《册府元龟》，其取鉴之意更为直白。"元龟"者，大龟也，古时以龟为灵物，有大事则以占卜定吉凶，以求行事的指导。故此，"册府元龟"之意，即是以史为鉴。因有这一取鉴目的，此书对于唐时的材料，多取于国史、实录等官方文档："修此书时实录、国史以及唐令、诏敕奏疏、诸司吏牍等尚在，故这部分除本《旧唐书》《旧五代史》外并可直接采用这些较原始的史料，这些决不是目所常见。……《旧唐书》编纂时有剪裁润色，而此书则直接移录原始史料。"②但此书亦有明显短板，即所收史料未注明出处。

因为此书的修书主旨是史鉴，故它对虢国夫人事迹的收载，主要在与政治相关的方面，而不涉其个人经历与生活。此书所记虢国夫人事迹，有如下几方面：

（1）关于杨氏外戚的威势

对此，《外戚部·谴让门》载杨氏五家与公主争门事：

> 唐程昌裔，尚广平公主。天宝十载正月望夜，杨贵妃家五宅夜游，与公主骑从争西市门，杨氏奴挥鞭及公主衣，公主堕马。昌裔扶公主，因及数挝。公主泣奏之，帝令杀杨氏奴，昌裔亦停官。③

此记同于《旧唐书·杨贵妃传》，以"杨氏奴挥鞭及公主衣"，而非《杨太真外传》的"误及公主衣"。

---

① 〔宋〕李焘撰，上海师范大学古籍整理研究室、华东师范大学古籍整理研究室点校：《续资治通鉴长编》卷六二"宋真宗景德三年（1006）夏四月丙子"条，中华书局2004年版，第1394页。

② 《唐史料学》，第262页。

③ 《册府元龟》卷三〇七《外戚部·谴让门》，第3473页。

（2）关于虢国夫人与杨国忠的私情及男女无别

《外戚部·奢纵门》载：

　　杨国忠……与贵妃娣虢国夫人于宣扬里连构甲第，土木被绨绣，栋宇之盛，两都莫比，昼会夜集，无复礼度。有时与虢国夫人联辔入朝，挥鞭走马，以为谐谑，衢路观者，无不骇叹。[①]

此段与《旧唐书·杨国忠传》所记当出一源，但文字稍有差异。首先，杨国忠与虢国夫人构第的位置，此记为"宣扬里"，"扬"当为"阳"之误；而《旧传》的同一条，则记两人之宅的位置是宣义里，宣阳坊与宣义坊是唐长安城的两坊。其次，《旧传》记"贵妃姊虢国夫人"，此记以虢国夫人为"贵妃娣"，其当为传刻之误。

（3）关于杨家外戚与安禄山的结拜

对此，《帝王部·失政门》载：

　　玄宗天宝四载，册太真妃杨氏为贵妃，范阳节度使安禄山请为贵妃养儿，入对，皆先拜太真，遂命杨铦已下，并约为兄弟。[②]

与《旧唐书·安禄山传》所记比对，此段也当是节略唐国史而成，所记以"杨铦已下"与安禄山结拜，与《旧传》同。

（4）关于虢国夫人及杨氏外戚的涉政

其载有三事。第一事是玄宗禅位事，《册府元龟》中对此有两处记载。一见《帝王部·无断门》：

---

① 《册府元龟》卷三〇六《外戚部·奢纵门》，第 3456 页。
② 《册府元龟》卷一八〇《帝王部·失政门》，第 1993 页。

> 玄宗天宝十四载，时肃宗为皇太子。安禄山至洛阳，有诏以太子监国……。帝往在东宫，恭谨仁孝，日闻于外，百姓思传宝位十余年矣，及下诏之日，国人相贺。杨国忠专宰朝政，禄山反以诛国忠为名，……国忠大惧，聚族而哭，入而号诉于贵妃。妃悲号衔土，请命于玄宗。翼日，有司进仪注，遂寝而不行，天下失望。①

此段所记异于其前诸记，它首先记明了"监国"与"传宝位"的缘起，这是其前诸书所未载者。其次，言明了玄宗所下诏书的内容，即以太子监国。依此记，"传宝位"是百姓所思，而非玄宗所欲做；玄宗所做的是"有诏以太子监国"。但此处对入宫进说杨贵妃之人的记载则十分含混，其或是杨国忠，也可能是杨氏族人。

二见《外戚部·奸邪门》：

> 杨国忠……天宝末，官至司空。玄宗闻河朔变起，欲以皇太子监国，而自亲征，谋于国忠。国忠大惧，归谓姊妹曰："我等死在旦夕，今储宫监国，当与娘子等并命矣。"姊妹哭诉于贵妃，贵妃衔土请命，其事乃止。②

此条所记也是玄宗"欲以皇太子监国，而自亲征"。且在此条中，杨家"哭诉于贵妃"之人，明确为"姊妹"，此与《旧唐书·杨国忠传》和《杨太真外传》同，如此，虢国夫人就只是"姊妹"中的一员了。

第二事是杨氏姊妹围观铨选事。对此，《外戚部·骄慢门》载：

> 国忠既以宰相典选，尝于私第大集选人，令诸女弟垂

---

① 《册府元龟》卷一八一《帝王部·无断门》，第2013页。
② 《册府元龟》卷三〇七《外戚部·奸邪门》，第3467页。

帘观之。国忠注官时，呼左相陈希烈于坐隅，给事中在列，曰："既对注，拟过门下了矣。"吏部侍郎韦见素、张倚皆衣紫，是日，与本曹郎官同咨事，趋走于屏树之间。既退，国忠谓诸妹曰："两员紫袍主事何如人？"相对大噱。[1]

较《太平广记》所录《续会要》和《唐会要》的相关记载，此段文字有删减。此记"垂帘观"者为"诸女弟""诸妹"，略同于《太平广记》的"虢国姊妹"，而非《唐会要》所记之"虢国"。

（5）关于安史之乱的起因和祸首

对此，《册府元龟》有多处记载：

《帝王部·失政门》：

（天宝）十四载十一月，禄山果叛，矫称奉命以兵讨逆人杨国忠。[2]

《总录部·构患门》：

杨国忠为右相，时安禄山，玄宗尤所亲重，又握兵柄。国忠知其跋扈，终不出其下，将图之，屡为玄宗言其悖逆之状。……由是禄山惶惧，遂举兵，以诛国忠为名。[3]

《将帅部·败衄门》：

天宝十四载十一月，安禄山反于范阳，驱幽、并突骑

① 《册府元龟》卷三〇六《外戚部·骄慢门》，第3463—3464页。
② 《册府元龟》卷一八〇《帝王部·失政门》，第1993页。
③ 《册府元龟》卷九三五《总录部·构患门》，第10830—10831页。

十万兵向阙，以诛杨国忠为名。①

《帝王部·无断门》：

> 杨国忠专宰朝政，禄山反以诛国忠为名，盛言国忠、虢国夫人罪恶，六军将士皆切齿，愿除其党，以解国难。②

安禄山起兵"以诛国忠为名"的记载，此前已见于《安禄山事迹》《旧唐书》和《杨太真外传》③，故安史之乱招祸于杨国忠的看法，此书与其前诸书的认识无异。但最后一条中的"盛言国忠、虢国夫人罪恶"，则显示了宋人对虢国夫人的基本认识。关于虢国夫人为安史之乱的祸首之一，唐、五代诸书都未有此认识，像中唐郭湜的《高力士外传》，认为虢国夫人是受杨国忠株连的，"国忠方进，咸即诛夷；虢国、太真，一时连坐"④。至宋人乐史的《杨太真外传》，始言及"禄山反幽陵……以诛国忠为名。咸言国忠、虢国、贵妃三罪"⑤，虢国夫人被视为安史之乱的祸首之一，《册府元龟》承袭了这一观点。

4.《新唐书》

北宋中期，社会问题丛生。因此，君臣向往唐朝的"为国长久"，取鉴于唐的需要凸显出来。但北宋的政治家、文人、史臣认为，《旧唐书》的编修凌乱且缺乏其所需之宗旨，不能满足取唐鉴之要求，如

---

① 《册府元龟》卷四四三《将帅部·败衄门》，第 4995 页。
② 《册府元龟》卷一八一《帝王部·无断门》，第 2013 页。
③ 分别见《安禄山事迹》卷中，第 94 页；《旧唐书》卷九《玄宗纪下》，第 230 页；《旧唐书》卷一○《肃宗纪》，第 240 页；《旧唐书》卷一○四《哥舒翰传》，第 3214 页；《旧唐书》卷一○六《杨国忠传》，第 3245 页；《杨太真外传》卷下，见《开元天宝遗事十种》，第 141 页。
④ 《高力士外传》，见《开元天宝遗事十种》，第 117 页。
⑤ 《杨太真外传》卷下，见《开元天宝遗事十种》，第 141 页。

曾公亮在《进唐书表》中所言，后晋所修《旧唐书》，"纪次无法，详略失中，文采不明，事实零落"。而其因则是，"衰世之士，气力卑弱，言浅意陋，不足以起其文"。因此，此书"使明君贤臣，俊功伟烈，与夫昏虐贼乱，祸根罪首，皆不得暴其善恶以动人耳目，诚不可以垂劝戒，示久远"①。在此背景下，庆历四年（1044），宰相贾昌朝便向宋仁宗建议重修唐书。次年，仁宗下诏开局重修，嘉祐五年（1060）书成。此书的本纪由欧阳修主成，宋祁则专修列传。在两人的统领下，此书着意解决了曾公亮所陈说的《旧唐书》的思想缺憾。编修官们乘着中唐以来重褒贬义例的史风，重新以《春秋》褒贬之法对唐史做出了评判。而在编纂上，《新唐书》也有着自己独特的编撰原则，即"事增于前、文省于旧"②，此法极大地增加了书的内容含量。单从史料上讲，其较《旧唐书》不仅增入了德宗以后的诸多史料、武宗以后诸臣事迹，还杂采了杂史、小说等众多材料。

关于《新唐书》（简称《新书》）所记虢国夫人事迹，我们还依《旧唐书》所列诸项来述之并比较之。

（1）关于虢国夫人等杨氏三姊的封授

其见于如下两处，一是《杨贵妃传》：

> 天宝初，进册贵妃。追赠父玄琰太尉、齐国公。擢叔玄珪光禄卿，宗兄铦鸿胪卿，锜侍御史，尚太华公主。主，惠妃所生，最见宠遇。而铦亦浸显。钊，国忠也。三姊皆美劭，帝呼为姨，封韩、虢、秦三国，为夫人……③

① 曾公亮：《进唐书表》，见〔宋〕欧阳修，〔宋〕宋祁撰：《新唐书》，第 6471 页。

② 《四库全书总目》卷四六《史部二·正史类》，第 410 页。

③ 《新唐书》卷七六《后妃传上·杨贵妃》，第 3493 页。

《旧唐书·杨贵妃传》将三姊的封授置于太真入道之后；此记则置于杨贵妃天宝初的受册之后。新、旧《唐书》的这两记，都易使人对封授的时间产生误解。

二是《杨国忠传》：

> 天宝七载，擢给事中、兼御史中丞，专判度支。会三姊封国夫人……①

此记将三姊的封授时间交代清楚。

（2）关于玄宗对包括虢国夫人在内的杨家外戚的其他特殊宠待

对此《杨贵妃传》记：

> 三姊皆美劲，帝呼为姨，封韩、虢、秦三国，为夫人，出入宫掖，恩宠声焰震天下。②

此略同于《旧唐书·杨贵妃传》。

> 它日，妃以谴还铦第，比中灰，帝尚不御食，笞怒左右。高力士欲验帝意，……是夕，请召妃还，……明日，诸姨上食，乐作，帝骤赐左右不可赀。由是愈见宠，赐诸姨钱岁百万为脂粉费。③

此段所记略同于《旧唐书·杨贵妃传》，也将赐予三姊脂粉费的时间记于杨贵妃第一次被遣出宫后。而脂粉钱的数量，则由《旧唐书·杨

---

① 《新唐书》卷二〇六《外戚传·杨国忠》，第 5847 页。
② 《新唐书》卷七六《后妃传上·杨贵妃》，第 3493 页。
③ 《新唐书》卷七六《后妃传上·杨贵妃》，第 3493—3494 页。

贵妃传》的"千贯"、《杨太真外传》的"月给钱十万",变为了"岁百万"——实即"千贯"。

> 帝所得奇珍及贡献分赐之,使者相衔于道,五家如一。①
>
> 每十月,帝幸华清宫,五宅车骑皆从,家别为队,队一色,俄五家队合,烂若万花,川谷成锦绣,国忠导以剑南旗节。遗钿堕舄,瑟瑟玑琲,狼藉于道,香闻数十里。②
>
> 诸王子孙凡婚聘,必先因韩、虢以请,辄皆遂,至数百千金以谢。③

此处第三条所记之主旨,明显与《杨太真外传》有异。它突出的是虢、韩受贿及她们的威势,而非玄宗的助贿。

关于虢国夫人与皇室的联姻,《新唐书》不记虢国夫人女婿于让帝男,而其子裴徽尚延光公主则载于《诸帝公主传》中④。

另外,《杨国忠传》记:

> 帝常岁十月幸华清宫,春乃还,而诸杨汤沐馆在宫东垣,连蔓相照,帝临幸,必遍五家,赏赉不訾计,出有赐,曰"钱路",返有劳,曰"软脚"。远近馈遗阉稚、歌儿、狗马、金贝,踵迭其门。⑤

关于杨氏于华清宫附近的第宅,《旧唐书》称"山第",《杨太真外传》称"赐第",此处则冠之以"汤沐馆",从宅名上强调了

---

① 《新唐书》卷七六《后妃传上·杨贵妃》,第3494页。
② 《新唐书》卷七六《后妃传上·杨贵妃》,第3494页。
③ 《新唐书》卷七六《后妃传上·杨贵妃》,第3495页。
④ 《新唐书》卷八三《诸帝公主传·肃宗女郜国公主》,第3662页。
⑤ 《新唐书》卷二〇六《外戚传·杨国忠》,第5849页。

此宅的特殊功用。

（3）关于包括虢国夫人在内的杨氏外戚的威势

对此，《杨贵妃传》载：

> 台省、州县奉请托，奔走期会过诏敕。四方献饷结纳，门若市然。[1]

> 铦以上柱国门列戟，与锜、国忠、诸姨五家第舍联亘，拟宪宫禁，率一堂费缗千万。见它第有胜者，辄坏复造，务以瑰侈相夸诩，土木工不息。[2]

此条虽言称"五家"，实包括了杨铦、杨锜、杨国忠及三姨六家，故此记存有疑问。

> 十载正月望夜，妃家与广宁（平）主僮骑争阊门，鞭挺谨竞，主堕马，仅得去。主见帝泣，乃诏杀杨氏奴，贬驸马都尉程昌裔官。[3]

此事在"文省事增"的原则下，略而记之，但"主堕马，仅得去"，又将此事的严重程度进一步扩大。

《新唐书》所记如下两事，不见于他书。第一事：

> 三姊皆美劭……恩宠声焰震天下。每命妇入班，持盈公主等皆让不敢就位。[4]

---

① 《新唐书》卷七六《后妃传上·杨贵妃》，第 3493 页。

② 《新唐书》卷七六《后妃传上·杨贵妃》，第 3494 页。

③ 《新唐书》卷七六《后妃传上·杨贵妃》，第 3494—3495 页。

④ 《新唐书》卷七六《后妃传上·杨贵妃》，第 3493 页。

持盈公主，睿宗女，玄宗同母妹，玄宗时，进为玉真长公主。由于玉真长公主为玄宗胞妹，且玄宗另一胞妹金仙长公主已于开元中去世，故在天宝时，玉真长公主乃是玄宗血缘最近之人。玄宗时期，她的政治地位颇高、权势很大①，但她遇到杨氏三姊时也要礼让三分，足见杨氏三姊彼时的威势之大。她们的威势从另一件事中也有所体现：

> 建平、信成二公主以与妃家忤，至追内封物，驸马都
> 尉独孤明失官。②

建平、信成二公主均是玄宗女，独孤明为信成公主驸马③。此"妃家"不知何人，但信成公主驸马因此而失官并被取消封物，其较广平公主驸马程昌裔的被贬，处罚更重。

（4）关于玄宗与虢国夫人的特殊关系

对此，《陈玄礼传》载：

> 陈玄礼宿卫宫禁，以淳笃自检。帝尝欲幸虢国夫人第，谏曰："未宣敕，不可轻去就。"帝为止。后在华清宫，正月望夜，帝将出游，复谏曰："宫外旷野无备豫，陛下必出游，愿归城阙。"帝不能夺。④

---

① 对玉真公主于玄宗时权势的分析，可参见丁放、袁行霈：《玉真公主考论——以其与盛唐诗坛的关系为归结》，载《北京大学学报》（哲学社会科学版）2004 年第 2 期。

② 《新唐书》卷七六《后妃传上·杨贵妃》，第 3493 页。

③ 见《唐会要》卷六《公主》，第 64 页；《册府元龟》卷三〇〇《外戚部·选尚》，第 3392 页；《新唐书》卷八三《诸帝公主传·玄宗女信成公主》，第 3659 页。

④ 《新唐书》卷一二一《陈玄礼传》，第 4337 页。

此与《旧唐书》《杨太真外传》同，均以陈玄礼阻玄宗为两事。

（5）关于虢国夫人与杨国忠的私情与男女无别

此事见于《杨贵妃传》和《杨国忠传》。《杨贵妃传》记：

> 铦、秦国早死，故韩、虢与国忠贵最久。而虢国素与国忠乱，颇为人知，不耻也。每入谒，并驱道中，从监、侍姆百余骑，炬蜜如昼，靓妆盈里，不施帷障，时人谓为“雄狐”。[1]

此段与《旧唐书》和《杨太真外传》所记略有不同。首先，它交代了杨铦、秦国夫人早卒，此较《杨太真外传》又多交代了杨铦的早亡。其次，此处记“并驱道中”者为杨国忠和虢国二人，与《旧唐书》所记相同，而非是《杨太真外传》的国忠、虢国和韩国三人。

《杨国忠传》则增加了虢国与杨国忠情事的“前史”，此为其前诸书所未载：

> 从父玄琰死蜀州，国忠护视其家，因与妹通，所谓虢国夫人者。……（国忠）至京师，见群女弟，致赠遗。于时虢国新寡，国忠多分略，宣淫不止。[2]

另外，《杨国忠传》还载：

> 虢国居宣阳坊左，国忠在其南，自台禁还，趣虢国第，郎官、御史白事者皆随以至。居同第，出骈骑，相调笑，施施若禽兽然，不以为羞，道路为耻骇。[3]

---

[1] 《新唐书》卷七六《后妃传上·杨贵妃》，第 3495 页。
[2] 《新唐书》卷二〇六《外戚传·杨国忠》，第 5846 页。
[3] 《新唐书》卷二〇六《外戚传·杨国忠》，第 5848—5849 页。

　　此段与《旧传》所记有如下差异：首先，《旧传》记虢国和国忠宅在宣义里，且其"栋宇之盛，两都莫比"，而此传记其宅居宣阳坊，此与《酉阳杂俎》所记同。其次，《旧传》记两人"昼会夜集，无复礼度"，其属个人行为；而《新传》记国忠"自台禁还，趣虢国第，郎官、御史白事者皆随以至"，则突出了杨国忠公私不分、儿戏官事的骄纵。

　　（6）关于杨家外戚与安禄山的结拜与交往

　　关于结拜，《杨贵妃传》记：

　　　　初安禄山有边功，帝宠之，诏与诸姨约为兄弟，而禄
　　山母事妃，来朝，必宴饯结欢。①

《安禄山传》记：

　　　　时杨贵妃有宠，禄山请为妃养儿，帝许之。其拜，必
　　先妃后帝，帝怪之，答曰："蕃人先母后父。"帝大悦，
　　命与杨铦及三夫人约为兄弟。由是禄山有乱天下意。②

　　关于与安禄山结拜之人，《新唐书》的如上两记也存在差异。前者为"诸姨"，后者为"铦及三夫人"。此书《安禄山传》所记与其前诸记也存在差异，其明确以"铦及三夫人"等四人与安禄山约为了兄弟，而非其前诸书的"杨氏三夫人"或"杨铦已下"。

　　关于杨氏外戚与安禄山的交往，《安禄山传》记：

　　　　（天宝）九载……入朝，杨国忠兄弟姊弟迋之新丰。③

---

　　①　《新唐书》卷七六《后妃传上·杨贵妃》，第3495页。
　　②　《新唐书》卷二二五上《逆臣传上·安禄山》，第6412—6413页。
　　③　《新唐书》卷二二五上《逆臣传上·安禄山》，第6414页。

《安禄山事迹》记为"杨国忠兄弟、虢国姊妹并至新丰以来会焉"，突出了杨国忠和虢国在杨家的地位。而《新唐书》的此条记载则不见了虢国夫人，但称"杨国忠兄弟姊弟"。

（7）关于虢国夫人的涉政

第一事是裴敦复纳贿事，《裴宽传》记：

> （天宝）三载，用安禄山守范阳，召宽为户部尚书，兼御史大夫。裴敦复平海贼还，广张功簿，宽密白其妄。……李林甫恐其遂相，又恶宽善李适之，乃漏宽语以激敦复……。而其下禅将程藏曜、曹鉴自以他事系台，宽捕按之，敦复谓宽求致其罪，遽以金五百两赂贵妃姊，因得事闻于帝，由是贬宽睢阳太守。[1]

关于裴敦复贿赂的对象，《旧传》记其为"杨三娘"，其或是虢国夫人，此处则仅言"贵妃姊"而未确指其人。

另一重要事，则是阻玄宗"内禅"。此事见于《杨贵妃传》和《杨国忠传》：

> 禄山反，……帝欲以皇太子抚军，因禅位，诸杨大惧，哭于廷。国忠入白妃，妃衔块请死，帝意沮，乃止。[2]

> 禄山反，以诛国忠为名，帝欲自将而东，使皇太子监国，谓左右曰："我欲行一事。"国忠揣帝且禅太子，归谓女弟等曰："太子监国，吾属诛矣。"因聚泣，入诉于贵妃，妃以死邀帝，遂寝。[3]

---

[1] 《新唐书》卷一三〇《裴宽传》，第 4489—4490 页。
[2] 《新唐书》卷七六《后妃传上·杨贵妃》，第 3495 页。
[3] 《新唐书》卷二〇六《外戚传·杨国忠》，第 5851 页。

在《杨贵妃传》的记载中，明确以"国忠入白妃"。如此，在阻玄宗内禅时就经过了如下的变化：从《谭宾录》的"虢国入谋于贵妃"到《旧唐书》《杨太真外传》的"姊妹哭诉于贵妃"，最终成为"国忠入白妃"，而结果则是虢国夫人在此事中的作用被消除殆尽。

关于虢国夫人的涉政，《新唐书》所载亦有新处：

> 虢国居中用事，帝所好恶，国忠必探知其微，帝以为能，擢兼度支员外郎。迁不淹年，领十五余使，林甫始恶之。①

依此，杨国忠被玄宗重用、出任重职并最后导致了天宝乱政，都与虢国夫人有着密不可分的关系。而在其他诸史中，杨国忠探知玄宗好恶都与虢国夫人无涉，其他诸记如下：

> 上春秋高，意有所爱恶，国忠探知其情，动契所欲。骤迁检校度支员外郎，兼侍御史，监水陆运及司农、出纳钱物、内中市买、召募剑南健儿等使。以称职迁度支郎中，不期年，兼领十五余使，转给事中、兼御史中丞，专判度支事。②

> 杨国忠，贵妃从父之子，玄宗天宝中为监察御史。时帝春秋高，意有所恶，故国忠以此得深探上旨，其摘缺皆以是中。骤迁侍御史、度支员外郎、给事中、御史中丞，兼掌钱谷，出入禁闱，日加亲幸。③

---

① 《新唐书》卷二〇六《外戚传·杨国忠》，第5846页。
② 《旧唐书》卷一〇六《杨国忠传》，第3242页。相关记载见《册府元龟》卷三〇七《外戚部·奸邪》，第3467页；《资治通鉴》卷二一六"唐玄宗天宝七载六月"条，第6890页。
③ 《册府元龟》卷三〇七《外戚部·奸邪门》，第3467页。

度支郎中兼侍御史杨钊善窥上意所爱恶而迎之，以聚敛骤迁，岁中领十五余使。①

这几条记录强调的都是杨国忠善于揣度玄宗的好恶。但因虢国夫人与杨国忠的特殊亲密关系，也因她进宫与玄宗接触的便利，她为杨国忠传递一些玄宗的好恶信息，自在情理之中。所以，《新唐书》所记"虢国居中用事，帝所好恶，国忠必探知其微"②，或在某种意义上是实情。当然，杨国忠善于察言观色，当是他骤得重用的第一前提。

最后是安史之乱的原因和祸首。对此，《新唐书》有三处记载：

禄山反，以诛国忠为名，且指言妃及诸姨罪。③

禄山反，以诛国忠为名。④

（禄山）反范阳，诡言奉密诏讨杨国忠。⑤

在安史的乱因上，除了传统的"以诛国忠为名"外，对于他人的作用，《新唐书》明显未承《杨太真外传》之记——"咸言国忠、虢国、贵妃三罪""禄山叛乱，指罪三人"。在此问题上，《新唐书》

---

① 《资治通鉴》卷二一六"唐玄宗天宝七载六月"条，第 6890 页。
② 《新唐书》卷二〇六《外戚传·杨国忠》，第 5846 页。
③ 《新唐书》卷七六《后妃传上·杨贵妃》，第 3495 页。
④ 《新唐书》卷二〇六《外戚传·杨国忠》，第 5851 页。
⑤ 《新唐书》卷二二五上《逆臣传上·安禄山》，第 6416 页。

不再强调三姊中的虢国夫人的个人作用，而是统之为"诸姨"，也更加强调了三姊的整体负面作用。

（8）关于虢国夫人之死

对此，《杨贵妃传》记：

> 马嵬之难，虢国与国忠妻裴柔等奔陈仓，县令率吏追之，意以为贼，弃马走林。虢国先杀其二子，柔曰："丐我死！"即并其女刺杀之，乃自刭，不殊，吏载置于狱，问曰："国家乎？贼乎？"吏曰："互有之。"乃死，瘗陈仓东郭外。①

另外，《杨国忠传》记：

> 四子：暄、昢、晓、晞。……晞及国忠妻裴柔同奔陈仓，为追兵所斩。②

《杨贵妃传》之记，为撮合《旧唐书·杨贵妃传》和《杨太真外传》而成，但删去了《旧传》的因血凝喉而死之事，增以《杨太真外传》的虢国并杀杨国忠女事；但《杨国忠传》则记裴柔为追兵所斩，而非虢国夫人所刺杀。

综此，《新唐书》对于虢国夫人的记载具有如下特点：首先，在宋人的家国、秩序理念下，《新唐书》更加突出了包括虢国夫人在内的杨氏外戚以下凌上的特点，如增加了"每命妇入班，持盈公主等皆让不敢就位""建平、信成二公主以与妃家忤，至追内封物，驸马都尉独孤明失官"等两事。其次，更加突出虢国夫人与杨国忠的密切

---

① 《新唐书》卷七六《后妃传上·杨贵妃》，第3495—3496页。
② 《新唐书》卷二〇六《外戚传·杨国忠》，第5852页。

关系，为此增加了若干事迹，如虢国夫人与杨国忠不正当关系的"前史"，再如虢国夫人以情人关系，为杨国忠传递"帝所好恶"的信息，因此而"帝以为能"并加以重用，而这也更加突出了包括虢国夫人在内的"诸姨"对安史之乱爆发当有着不可推卸的责任。

5.《资治通鉴》

本书的作者司马光（1019—1086），陕州夏县涑水乡（今山西夏县）人，世称涑水先生，历仕宋仁宗、英宗、神宗、哲宗四朝，官至尚书左仆射兼门下侍郎。元祐元年（1086）去世，追赠太师、温国公，谥曰文正。生平著作甚多，除《资治通鉴》外，另有《稽古录》《涑水纪闻》等。

《资治通鉴》进呈于元丰七年（1084），"神宗皇帝以鉴于往事，有资于治道，赐名曰资治通鉴，且为序其造端立意之由"[1]。此书包括了《目录》三十卷、正文二百九十四卷、《考异》三十卷。特别是《考异》，在司马光"参考群书，评其同异，俾归一途"[2]的指导思想下，保存了大量史料，而这些史料中的大半已逸。宋末元初胡三省为《资治通鉴》作注，胡注亦极富价值。

司马光撰此书的目的，是为皇帝提供鉴戒。对此，他的《进书表》明言："（此书）专取关国家盛衰，系生民休戚，善可为法，恶可为戒者。……伏望陛下……以清闲之宴，时赐省览，监前世之兴衰，考当今之得失，嘉善矜恶，取是舍非。"[3]而《资治通鉴》也是司马光家国秩序思想的重要组成部分。对于家国秩序，司马光提出："先王作为礼以治之，使尊卑有等，长幼有伦，内外有别，亲疏有序，然

---

① 胡三省：《资治通鉴音注序》，见〔宋〕司马光：《资治通鉴》，第 24 页。
② 《进书》，见《资治通鉴》，第 9607—9608 页。
③ 《进书》，见《资治通鉴》，第 9607 页。

后上下各安其分而无觊觎之心。"①

司马光曾作《温公家范》以规范家族人伦关系，他撰《资治通鉴》则用以规范君臣关系。在《资治通鉴》的开篇，他通过对"三家分晋"的议论，指出了君是以礼治天下的出发点，君主自坏礼，则天下必乱无疑。杨贵妃及其家人之宠，实是玄宗自坏礼的结果，责任并不在杨贵妃，更不在包括虢国夫人在内的杨家外戚。

《资治通鉴》是一部编年体的重要史著。我们也依其内容，来分析它对虢国夫人的记载。

（1）关于虢国夫人等杨氏三姊的封授

对此，《资治通鉴》卷二一五"唐玄宗天宝四载八月壬寅"条记：

> 册杨太真为贵妃；赠其父玄琰兵部尚书，以其叔父玄珪为光禄卿，从兄铦为殿中少监，锜为驸马都尉。癸卯，册武惠妃女为太华公主，命锜尚之。及贵妃三姊，皆赐第京师，宠贵赫然。②

依此，天宝四载（745）杨贵妃受册后，杨氏三姊受到的宠待是"皆赐第京师"。

而三姊封授为国夫人，则是在其后的天宝七载（748）。对此，《资治通鉴》卷二一六"唐玄宗天宝七载十一月癸未"条记：

> 以贵妃姊适崔氏者为韩国夫人，适裴氏者为虢国夫人，适柳氏者为秦国夫人。③

---

① 〔宋〕司马光：《温公易说》卷一"履"卦中，上海古籍出版社1989年版，第14页。"

② 《资治通鉴》卷二一五"唐玄宗天宝四载八月壬寅"条，第6866页。

③ 《资治通鉴》卷二一六"唐玄宗天宝七载十一月癸未"条，第6891页。

《资治通鉴》的如上两记，将杨贵妃受册时间在前、杨氏三姊受封时间在后的顺序清晰记载出来。

（2）关于玄宗对杨氏外戚的其他特殊宠待

对此，《资治通鉴》记：

> 三人皆有才色，上呼之为姨，出入宫掖，并承恩泽，势倾天下。[1]
>
> 上所赐与及四方献遗，五家如一。[2]

此两条所记，略同于其前诸记。

> 上幸华清宫。……三夫人将从车驾幸华清宫，会于国忠第；车马仆从，充溢数坊，锦绣珠玉，鲜华夺目。……杨氏五家，队各为一色衣以相别，五家合队，粲若云锦；国忠仍以剑南旌节引于其前。[3]

此记较其前诸书，增加了"三夫人将从车驾幸华清宫，会于国忠第；车马仆从，充溢数坊"，由此，杨氏随行的阵仗、声势被进一步渲染。而三夫人与国忠，其仅四家，而不可称"五家"，故此处所称的"五家"亦存疑问。

> 十宅诸王及百孙院婚嫁，皆先以钱千缗赂韩、虢使请，无不如志。[4]

---

[1] 《资治通鉴》卷二一六"唐玄宗天宝七载十一月癸未"条，第6891页。

[2] 《资治通鉴》卷二一六"唐玄宗天宝七载十一月癸未"条，第6893页。

[3] 《资治通鉴》卷二一六"唐玄宗天宝十二载冬十月戊寅"条，第6919—6920页。

[4] 《资治通鉴》卷二一六"唐玄宗天宝七载十一月癸未"条，第6891—6892页。

此处一如《新唐书》的记载笔法，淡化了玄宗的作用，突出的也是韩、虢的威势及其受贿。

此外，《资治通鉴》未载杨氏三姊的脂粉之资、杨氏于华清宫的山第、虢国子女与皇室的联姻等事。

（3）关于杨氏外戚的威势

《资治通鉴》载：

> （贵妃姊）三人……势倾天下。每命妇入见，玉真公主等皆让不敢就位。①
>
> 三姊与铦、锜五家，凡有请托，府县承迎，峻于制敕。四方赂遗，辐凑其门，惟恐居后，朝夕如市。②

此条点明杨氏"五家"的构成——"三姊与铦、锜五家"。

> 竞开第舍，极其壮丽，一堂之费，动逾千万。既成，见他人有胜己者，辄毁而改为。③
>
> （十载春正月）庚子，杨氏五宅夜游，与广平公主从者争西市门。杨氏奴挥鞭及公主衣，公主坠马，驸马程昌裔下扶之，亦被数鞭。公主泣诉于上，上为之杖杀杨氏奴。明日，免昌裔官，不听朝谒。④

《资治通鉴》所记如下之事，则为两《唐书》所未载：

---

① 《资治通鉴》卷二一六"唐玄宗天宝七载十一月癸未"条，第6891页。
② 《资治通鉴》卷二一六"唐玄宗天宝七载十一月癸未"条，第6891页。
③ 《资治通鉴》卷二一六"唐玄宗天宝七载十一月癸未"条，第6892页。
④ 《资治通鉴》卷二一六"唐玄宗天宝十载春正月庚子"条，第6902页。

虢国尤为豪荡，一旦，帅工徒突入韦嗣立宅，即撤去旧屋，自为新第，但授韦氏以隙地十亩而已。中堂既成，召工圬墁，约钱二百万；复求赏技，虢国以绛罗五百段赏之，嗤而不顾，曰："请取蝼蚁、蜥蜴，记其数置堂中，苟失一物，不敢受直。"①

虢国夫人强抢韦嗣立旧宅事，已见于《明皇杂录》《津阳门诗》等笔记、诗歌中。至此，则被收入了具有正史意义的《资治通鉴》中。

（4）关于虢国夫人与玄宗的特殊关系

《资治通鉴》未载玄宗欲幸虢国宅事，它对玄宗的"轻去就"仅记曰：

上在华清宫，欲夜出游，龙武大将军陈玄礼谏曰："宫外即旷野，安可不备不虞！陛下必欲夜游，请归城阙。"上为之引还。②

前面谈到，在两《唐书》与《杨太真外传》的记载中，陈玄礼所阻玄宗事有两件，一事是欲私幸虢国夫人宅，另一事则是上元日欲夜游。而《资治通鉴》的这条记载发生在天宝十二载十月，故它并非是上元日的夜游；而夜游的目的，也并非是要私幸虢国夫人宅。所以，《资治通鉴》的这一记载，其实是与其他记载都有差异的。但不管怎样，在《资治通鉴》中，玄宗的"轻去就"是与虢国夫人无关的。

（5）关于虢国夫人与杨国忠的私情与男女无别

《资治通鉴》及胡注记：

---

① 《资治通鉴》卷二一六"唐玄宗天宝七载十一月癸未"条，第6892页。
② 《资治通鉴》卷二一六"唐玄宗天宝十二载冬十月"条，第6920页。

杨国忠与虢国夫人居第相邻，虢国居宣阳坊，国忠居第在其西。昼夜往来，无复期度，或并辔走马入朝，不施障幕，（妇人出必有障幕以自蔽。）……道路为之掩目。①

此条为杂糅其前诸书而成。而胡注所记虢国宅第位置，与《新唐书·杨国忠传》所记略有差异，《新唐书》记为"虢国居宣阳坊左，国忠在其南"。另外，此处所记虢国与国忠的私情，也不再如《新唐书》所记，而与公事脱钩。

（6）关于杨家外戚与安禄山的结拜与交往

关于杨氏外戚与安禄山的结拜，《资治通鉴》记：

（玄宗）命杨铦、杨锜、贵妃三姊皆与禄山叙兄弟。②

关于与安禄山结拜的杨家外戚，其前诸书或记为杨氏三夫人（贵妃姊妹、三姨），或记为"杨铦已下"，《新唐书》还作"杨铦与三夫人"。而此记则明确以杨铦、杨锜、贵妃三姊等杨氏"五家"与安禄山结拜。

关于杨氏外戚与安禄山的交往，《资治通鉴》卷二一六"唐玄宗天宝九载冬十月"记：

至是请入朝，……禄山至戏水，杨钊兄弟姊妹皆往迎之，冠盖蔽野。③

《资治通鉴》卷二一六"唐玄宗天宝十载春正月"记：

---

① 《资治通鉴》卷二一六"唐玄宗天宝十二载冬十月戊寅"条，第6919页。
② 《资治通鉴》卷二一五"唐玄宗天宝六载春正月戊寅"条，第6877页。
③ 《资治通鉴》卷二一六"唐玄宗天宝九载冬十月"，第6900页。

> 禄山入新第，……日遣诸杨与之选胜游宴，侑以梨园
> 教坊乐。[①]

此条安禄山入住新第后与诸杨"选胜游宴"，不见他记。

（7）关于虢国夫人的涉政

第一事是关于裴敦复纳贿事：

> 户部尚书裴宽素为上所重，李林甫恐其入相，忌之。
> 刑部尚书裴敦复击海贼还，受请托，广序军功，宽微奏其事。
> 林甫以告敦复，敦复言宽亦尝以亲故属敦复。林甫曰："君
> 速奏之，勿后于人。"敦复乃以五百金赂女官杨太真之姊，
> 使言于上。甲午，宽坐贬睢阳太守。[②]

此处所记受贿之人为"杨太真之姊"，其一如《新唐书》，也
未对其人进行确指。

第二事为阻玄宗"内禅"事：

> （天宝）十四载，安禄山反。冬十二月，上议亲征，
> 辛丑，制太子监国，谓宰相曰："朕在位垂五十载，倦于
> 忧勤，去秋已欲传位太子，值水旱相仍，不欲以余灾遗子
> 孙，淹留俟稍丰。不意逆胡横发，朕当亲征，且使之监国。
> 事平之日，朕将高枕无为矣。"杨国忠大惧，退谓韩、虢、
> 秦三夫人曰："太子素恶吾家专横久矣，若一旦得天下，
> 吾与姊妹并命在旦暮矣。"相与聚哭，使三夫人说贵妃，

---

① 《资治通鉴》卷二一六"唐玄宗天宝十载春正月"，第 6903 页。
② 《资治通鉴》卷二一五"唐玄宗天宝三载十二月"，第 6862 页。

衔土请命于上，事遂寝。^①

《资治通鉴》的这一记载非常清晰，它将玄宗欲禅位之事的原委做了明确交代，但与其前诸书所记也有差异。首先是与《册府元龟·帝王部·无断门》不同，《册府元龟》以"传宝位"为百姓所思而非玄宗所欲做，此记则以玄宗自"去秋已欲传位太子"。如此，两书呈现的主旨已明显存在差异。其次，杨国忠得知玄宗欲传位的途径，《旧唐书》记为玄宗"谋于国忠"，《新唐书》则记玄宗"谓左右曰"，此记为玄宗"谓宰相曰"。再次，进宫入说杨贵妃者，《谭宾录》以其为虢国夫人，《旧唐书·杨国忠传》则为"姊妹哭诉于贵妃"，《新唐书·杨贵妃传》记为"国忠入白妃"，《资治通鉴》则结合两说而记为国忠"使三夫人说贵妃"，对虢国夫人于此事中的作用，从最初的仅是虢国夫人发展为杨氏三夫人，最终变为杨国忠或杨国忠指使三夫人，虢国夫人的作用逐渐被削弱，甚至几近消失。

另外，《资治通鉴》还记有一事，那就是潼关失守后，玄宗召宰相商议对策：

> 壬辰，（玄宗）召宰相谋之。杨国忠自以身领剑南，闻安禄山反，即令副使崔圆阴具储偫，以备有急投之，至是首唱幸蜀之策。上然之。……国忠使韩、虢入宫，劝上入蜀。^②

① 《资治通鉴》卷二一七"唐玄宗天宝十四载十二月辛丑"条，第6940—6941页。

② 《资治通鉴》卷二一八"唐肃宗至德元载六月癸巳"条，第6970页。

此事见载于《安禄山事迹》①和两《唐书》②，但虢国夫人均无涉其中。而在《资治通鉴》中，韩国、虢国两夫人则成了"劝上入蜀"的重要人物。

（8）关于虢国夫人之死

国忠妻裴柔与其幼子晞及虢国夫人、夫人子裴徽皆走，至陈仓，县令薛景仙帅吏士追捕，诛之。③

此记异于两《唐书》《杨太真外传》之处，一是仅记虢国与子裴徽二人逃走，无其女；二是虢国夫人未杀杨国忠妻裴柔及其女——此见《杨太真外传》与《新唐书·杨贵妃传》；三是未采两《唐书》中《杨贵妃传》及《杨太真外传》虢国夫人自刎未死而入狱死的情节。

《资治通鉴》对于虢国夫人的记载，也有着非常突出的特点。那就是虢国夫人的个人事迹与作用被压缩。其首先缘自本书作者的为君者讳，司马光撰作《资治通鉴》的目的，就是供皇帝阅读，"以清闲之宴，时赐省览"④，而为君者讳是君臣之分的笃定内容。所以在《资治通鉴》中，玄宗在虢国、韩国绍介王室婚姻中的作用消失，玄宗亦无欲幸虢国夫人宅事，虢国夫人与皇室的联姻也未见载，也即在《资治通鉴》中，虢国夫人与玄宗的个人关系基本消失。另一原因则是，作为一部以取鉴为主旨的著作，此书重在对杨氏外戚集团的记载，并通过对这一集团的出现及所作所为的展现与揭示，透视出最高统治者玄宗的为政问题。从家国的角度出发，此书措置的重点，就自然不会

---

① 《安禄山事迹》卷下，第104页。
② 分别见《旧唐书》卷一〇《肃宗纪》，第240页；《旧唐书》卷一〇六《杨国忠传》，第3246页；《新唐书》卷二〇六《外戚传·杨国忠》，第5851页。
③ 《资治通鉴》卷二一八"唐肃宗至德元载六月丙午"条，第6974页。
④ 《进书表》，见《资治通鉴》，第3608页。

是渲染虢国夫人个人的胜出之处及与玄宗的特殊关系了。

6.《唐语林》

本书的作者王谠，生平事迹无系统记载，仅知其为宋哲宗元祐朝（1086—1094）宰相吕大防子婿，元祐四年（1089）除国子监丞，改少府监丞，约亡于崇宁、大观年间（1102—1110）。此书原本已逸，目前所见，为"乾隆中馆臣从《永乐大典》录出，以聚珍版印行者也"①。关于此书的内容，《直斋书录解题》云："长安王谠正甫撰。以唐小说五十家，仿《世说》分三十五门，又益十七，为五十二门。"②古今对此书的史、文价值多有肯定，如《四库全书总目》云："是书虽仿《世说》，而所纪典章故实，嘉言懿行，多与正史相发明，视刘义庆之专尚清谈者不同。且所采诸书，存者亦少，其裒集之功，尤不可没。"③由此可知，《唐语林》选取的材料，绝大多数为唐人著作。这些著作的体裁，"近于历史、传记与学术著作，却又不纯，近于小说。这样的著作，生动有趣，才可以编成唐代的一部'新语'"。因此，此书被称"是一部少而精的小说总集"④。

此书的选材与体裁，也决定了在虢国夫人文本上所录并无新意。此书录有虢国夫人两事。一是洞天瓶事：

> 虢国夫人就屋梁悬鹿肠，其中结之，有宴则解开，于梁上注酒，号"洞天圣酒"。本条不知原出何书。《云仙杂记》

---

① 〔清〕陆心源著，冯惠民整理：《仪顾堂书目题跋汇编·仪顾堂题跋》卷九《唐语林跋》，中华书局 2009 年版，第 139 页。

② 〔宋〕陈振孙撰，徐小蛮、顾美华点校：《直斋书录解题》卷一一《小说家类》，上海古籍出版社 2015 年版，第 334 页。

③ 《四库全书总目》卷一四一《子部·小说家类》，第 1196 页。

④ 周勋初校证：《唐语林校证·前言》，中华书局 2008 年版，第 11—12、18 页。

卷六《酒中玄》引此，题作"洞天瓶"。《白孔六帖》卷九七《鹿》
引此，云出《酒中玄》。[1]

王谠注解了此事的出处，并不以《云仙杂记》或《白孔六帖》
为其原始出处。

二是收载了《封氏闻见记》的虢国夫人豪宅去向事[2]，此事记载
无新意。

女扮男装吹箫乐女
（唐李爽墓出土）

女着男装侍女图
（唐房陵大长公主墓出土）

女着男装骑马俑
（唐新城长公主墓出土）

---

[1] 《唐语林校证》卷五《补遗》，第 469 页。
[2] 《唐语林校证》卷五《补遗》，第 498 页。

7.《虢国夫人游春图》

此画的原作者一般被视为张萱。张萱，京兆人，生卒年不详，史载其曾任"开元馆画直"[1]，故其活跃期约在开元时期（713—741）。关于他的绘画技艺，史书记其擅画"贵公子、鞍马屏幛、宫苑士女，名冠于时"[2]。

关于《虢国夫人游春图》一画，学界称其为"流传有绪的唐宋名迹中稀有瑰宝之一"[3]，但对此画的画者、画中人物，特别是虢国夫人的指认，则多存争议[4]。对虢国夫人的指认，依画中人物顺序，其存在第1人、第4人、第5人、第8人的不同看法[5]。基于此，本书在引用这幅画作时，仅引其相关要素，而不涉虢国夫人的确切所指。

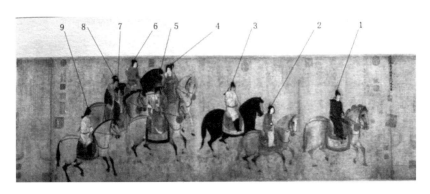

《虢国夫人游春图》人物顺序图

---

① 《新唐书》卷五九《艺文志三》，第1560页。对张萱所任开元馆画直的辨证，见李万康：《唐代画直官考——兼论唐中央官署的空间布局与画直任用的关系》，载《史学月刊》2017年第8期。

② 〔唐〕朱景玄著，吴企明校注：《唐朝名画录校注·妙品中五人》，黄山书社2016年版，第200页。

③ 金维诺主编：《中国美术全集·绘画编2·隋唐五代绘画》图版说明，人民美术出版社1984年版，第11页。

④ 可参见朱萍：《试析〈虢国夫人游春图〉中的主体人物》，载《美术大观》2011年第2期。

⑤ 《张萱〈虢国夫人游春图〉》，第12—14页。

在宋代官方编纂的《宣和画谱》中，与虢国夫人有关的绘画，除《虢国夫人游春图》外，还有《虢国夫人夜游图》《虢国夫人踏青图》等。特别是《虢国夫人夜游图》，因有苏轼等人的赏玩与吟咏更为知名。苏东坡的《虢国夫人夜游图》一诗如下：

> 佳人自鞚玉花骢，翩如惊燕蹋飞龙。金鞭争道宝钗落，何人先入明光宫。宫中羯鼓催花柳，玉奴弦索花奴手。坐中八姨真贵人，走马来看不动尘。明眸皓齿谁复见，只有丹青余泪痕。人间俯仰成今古，吴公台下雷塘路。当时亦笑张丽华，不知门外韩擒虎。①

此诗对虢国夫人的描绘，也是一个骑行且霸道的形象。关于《虢国夫人夜游图》一画的来历，宋人的记载则存矛盾："李端叔《姑溪集》云：'内侍刘有方，蓄名画，乃唐《虢国夫人夜游图》，最为绝笔。东坡馆北客都亭驿，有方请跋其后。'"②此记认为藏画者是内侍刘有方。而袁文的《瓮牖闲评》又云："余尝见《虢国夫人夜游图》，乃晏元献公家物，后归于内府，徽宗亲题其上云：'张萱所作。'苏东坡诸公有诗，皆在其后。"③袁文又以此画早藏于晏殊家，后归于内府。对于这样一些矛盾记载，有学者的解释是："宋代人是否能够准确区分虢国夫人的游春、踏青和夜游，这本身就是一个问题。"④

———————

① 〔宋〕苏轼撰，孔凡礼点校：《苏轼诗集》卷二七《虢国夫人夜游图》，中华书局 1982 年版，第 1462—1464 页。

② 《苏轼诗集》卷二七《虢国夫人夜游图》注，第 1462 页。

③ 〔宋〕袁文撰，李伟国点校：《瓮牖闲评》卷五，中华书局 2007 年版，第 88 页。

④ 《张萱〈虢国夫人游春图〉》，第 30 页。

这些不同题名的画作，或许只是张萱画作（或唐人画作）的不同摹本而已。

自中唐始，儒学开始复兴，至北宋中期，儒学全面复兴，在经学、史学、文学等文化领域，出现众多以理学为指导的学者。他们有一个共同点，那就是关心儒家之道在客观世界的落实。史学家的做法是在史学领域树立起儒家旗帜，通过史学，探讨儒家恒常之道在具体历史条件下的落实。

宋代史家以儒家的男性中心来考察唐史，慨叹唐代的女祸之盛，欧阳修的《新唐书·玄宗本纪·赞》就做如此言：

> 呜呼，女子之祸于人者甚矣！自高祖至于中宗，数十年间，再罹女祸，唐祚既绝而复续，中宗不免其身，韦氏遂以灭族。玄宗亲平其乱，可以鉴矣，而又败以女子。方其励精政事，开元之际，几致太平，何其盛也！及侈心一动，穷天下之欲不足为其乐，而溺其所甚爱，忘其所可戒，至于窜身失国而不悔。考其始终之异，其性习之相远也至于如此。可不慎哉！可不慎哉！①

乐史称其撰作《杨太真外传》，"非徒拾杨妃之故事，且惩祸阶而已"，而他所称之"祸阶"，则是"国忠、虢国、贵妃三罪""禄山叛乱，指罪三人"。在乐史的眼中，虢国夫人是为女祸确当无疑了。

所以，在虢国夫人文本衍变的历史上，北宋是一个重要时期。这一时期不但出现了几部有关虢国夫人的更加完备的著作，如《杨太真外传》《新唐书》和《资治通鉴》等，而且这些著作还在事迹整合

---

① 《新唐书》卷五《玄宗本纪·赞》，第154页。

的基础上，加入了对唐朝历史的反思与现实体认之后的史观，虢国夫人的祸首地位也在此时最终坐实。此外，宋代还出现了若干对未来产生较大影响的虢国夫人文本，如诗歌意象与绘画中的虢国夫人等。在绘画方面，虽然目前仅有《虢国夫人游春图》一画，但此画所引起的议题与讨论，无疑是极为丰富的。

第五章　元明清时期的虢国夫人文本

元明清时期，虢国夫人文本主要有两个走向：一是诗歌意象方面，诗人们将她的"淡扫蛾眉"比之于淡雅之花，以此抒发作者不流于时俗之感。另一走向则是戏曲、小说。明清时期的戏曲、小说将虢国夫人的放荡私生活进一步放大与细化，同时继续以儒家的女祸观审视与品评着虢国夫人。

一、诗歌中的虢国夫人：素雅之花意象

虢国夫人的素颜美，最早被张祜写入了他的《集灵台二首·其二》一诗："却嫌脂粉污颜色，淡扫蛾眉朝至尊。"[1] 其后乐史的《杨太真外传》则将张祜诗中的虢国素颜美做了如下实载："（三夫人）皆月给钱十万，为脂粉之姿。然虢国不施妆粉，自炫美艳，常素面朝天。"虢国夫人追求素颜美，固有她对己之美貌的自信，但更多的则是源自她与贵妃之妹的争宠。清人王尧衢对此的评论是："《外传》载虢国不施脂粉，自有美艳色，素面朝天嫌脂粉为污，则自恃素面之洁矣，隐然有胜过其姊之意。"[2]

无论动机如何，虢国夫人最终确以素颜美得势、留名，明人李攀龙在他的《草堂诗余隽》中，就认为虢国夫人有着倾城素颜：

> 如虢国夫人不施粉黛，而一段天姿，自是倾城。[3]

清人黄生更以虢国夫人为少有的真美人，此见于他对《集灵台》一诗的评论：

① 《张祜诗集校注》卷五《集灵台二首·其二》，第 206 页。

② 〔清〕王尧衢注，单小青、詹福瑞点校：《唐诗合解笺注》卷六，河北大学出版社 2000 年版，第 274 页。

③ 《〈新刻李于麟先生批评注释草堂诗余隽〉词话》，见邓子勉编：《明词话全编》，凤凰出版社 2012 年版，第 1158 页。

具文见意。只言虢国以美自矜，而以蛊惑人主者，自在言外。……真正美人，自不烦脂粉；真正才士，自不买声名；真正文章，自不假枝叶；以此律之，世间之"淡扫蛾眉"者寡矣！①

虽然黄生也强调虢国夫人以素颜"蛊惑"玄宗的初衷，但他还是以虢国夫人的素颜美为世间少见者。由此也见，在明清人笔下，素颜美的虢国夫人是少有的美人。

明清人的这种认识，当然是源自安史之乱政治影响的远去，对于虢国夫人这样一位美人，许多文人不再以祸首或负面影响来对之进行评判，而是回归对美人本身的关注。而虢国夫人独特的素颜美，更使诗人们联想到了一些花卉的素美，并以此来表达自己的淡泊之志。这种诗歌意象表达始于五代、宋初，至明清时达到高潮。

（一）以虢国夫人比海棠花

唐宋时期，特别是宋代，海棠花受到了文人们的广泛关注。海棠花无香或少香，唐人贾耽称其为"花中神仙"②；五代、宋代时期更以其花娇且不艳，而视其为高贵之花，在各类花卉中，给出了较高的位置。南唐人张翊撰《花经》，以九品九命为花排名，其中垂丝海棠受为"三品七命"，海棠则为"六品四命"③。宋人对海棠花的喜爱，也促使海棠诗大量出现。

---

① 〔清〕黄生：《唐诗摘钞》卷四《集灵台》，见黄生著，李媛校点，何庆善审订：《黄生全集》1，安徽大学出版社 2009 年版，第 406 页。

② 〔宋〕陈思撰辑，周膺、吴晶点校：《海棠谱》卷上《叙事》，见《海棠谱、凤仙谱、兰蕙小史》，当代中国出版社 2014 年版，第 11 页。

③ 〔清〕陶穀撰，孔一校点：《清异录》卷上《花经九品九命》，上海古籍出版社 2012 年版，第 37 页。

1. 刘兼《海棠花》

宋代的海棠诗创作，始于五代入宋的刘兼[1]，他有《海棠花》一诗：

淡淡微红色不深，依依偏得似春心。烟轻虢国颦歌黛，露重长门敛泪衿。低傍绣帘人易折，密藏香蕊蝶难寻。良宵更有多情处，月下芬芳伴醉吟。[2]

刘兼，长安（今陕西西安）人，曾受诏修《旧五代史》，宋太祖、太宗年间，任盐铁判官、知贡举、荣州刺史等，存诗一卷，计八十一首。虽然刘兼出仕多年、任官多种，但学人将他定义为"边缘人"，此因"他不属于当时的统治力量"，"在宋初的文人群中，刘兼亦应不属于官位显赫或文才出类拔萃者，他应处于当时文人群的边缘"[3]。生活于五代与宋易代之际的乱世，反映在刘兼的诗歌主题取向上，那就是诗人当时的状态是比较消极、低沉的，但"较之于诗人眼中充斥着衰落之象的历史，其所咏之动植物则往往具有美好的节操，这也许是诗人的一种寄托"[4]。

---

[1] 关于刘兼的生活时代，《全唐诗》以之为唐人（第8687页）；胡震亨、傅璇琮等以之为五代入宋人（〔明〕胡震亨编：《唐音统签》（八）卷八一七，上海古籍出版社2003年版，第82页下；傅璇琮主编：《唐才子传校笺》卷一〇《殷文圭》，第372—373页）；陈尚君、陶敏以之为宋人（陈尚君：《〈全唐诗〉误收诗考》，见陈尚君：《唐代文学丛考》，中国社会科学出版社1997年版，第37—38页；陶敏：《全唐诗人名汇考》，辽海出版社2006年版，第1300页；陶敏：《全唐诗作者小传补正》，辽海出版社2010年版，第1290页）。

[2] 《全唐诗》卷七六六刘兼《海棠花》，第8698页。

[3] 李伟红：《〈刘兼诗集〉研究》，西北大学硕士学位论文，2007年，第28—55页。

[4] 《〈刘兼诗集〉研究》，第39页。

刘兼此诗就当有几分感物寄怀之意。在他的诗中，海棠花的颜色是"淡淡微红色不深"，并由此而联想到了"淡扫蛾眉"的虢国夫人，而海棠低调的芬芳，也契合了其时诗人的"边缘人"心境。

2. 郑允端《白海棠》

元代才女郑允端的《白海棠》一诗，结合两典，将杨贵妃和虢国夫人与白海棠联系起来：

> 被酒玉环睡未醒，起来犹带旧妆痕。不如虢国自风韵，淡扫蛾眉朝至尊。①

郑允端（1327—1356），南宋丞相郑清五世女孙，祖籍鄞县（今属江苏），伯父做吴郡（今江苏苏州）通判时，随之迁居吴郡，家饶资财。郑允端资质秀慧，尤善诗歌，嫁同郡施伯仁，夫妻相敬如宾。终因张士诚占平江，郑允端家为乱兵所掠，她亦受到惊吓，抑郁而卒。郑允端有诗稿一卷，题《肃雍集》。

郑允端此诗中的"被酒玉环睡未醒"，典出宋人惠洪的《冷斋夜话》：

> 事见《太真外传》，曰："上皇登沉香亭，诏太真妃子。妃子时卯醉未醒，命力士从侍儿扶掖而至。妃子醉颜残妆，鬓乱钗横，不能再拜。上皇笑曰：'岂是妃子醉，真海棠睡未足耳。'"②

---

① 杨镰主编：《全元诗》第六十三册郑允端《白海棠》，中华书局2013年版，第115页。

② 〔宋〕惠洪撰，陈新点校：《冷斋夜话》卷一《诗出本处》，中华书局1988年版，第10—11页。

今本《杨太真外传》不载此事，《冷斋夜话》此记或为杜撰。但由此也见，宋人已将海棠与杨贵妃相联系，并演变为诗歌典实"海棠春睡"。此典本以海棠花喻贵妃之娇娆妩媚，但郑允端之诗却以贵妃来喻海棠，以贵妃酒醒睡未足的情态来形容海棠之美。第二典"淡扫蛾眉朝至尊"，出自张祜著名的《集灵台二首·其二》之诗。在如上两典之下，兰心蕙性的郑允端认为杨贵妃的"真海棠"稍逊于虢国夫人"自风韵"的白海棠，所以才会是"不如虢国自风韵"，这也是才女郑允端心性的表达。苏轼有《寓居定惠院之东杂花满山有海棠一株土人不知贵也》一诗①，在此诗中，苏轼明确提出了海棠"幽独"的个性。自此，海棠成了幽独高洁的化身。而白海棠的幽独高洁之感，无疑更胜其他，而这也正符合才女郑允端的自恃与审美。

（二）以虢国夫人比红梅

自古梅花并不为文人所重，至宋词中开始成为最惹人注目的意象之一，其如《四库全书总目》的评论："《离骚》遍撷芳草，独不及梅。六代及唐，渐有赋咏，而偶然寄意，视之亦与诸花等。自林逋诸人递相矜重，'暗香''疏影''半树''横枝'之句，作者始别立品题。南宋以来，遂以咏梅为诗家一大公案。江湖诗人，无论爱梅与否，无不借梅以自重。"②在宋元时期的咏梅诗中，也用梅花与虢国夫人相比。

1. 李曾伯《声声慢·赋红梅》

在宋人词文中，以虢国夫人比红梅者，见李曾伯《声声慢·赋红梅》：

① 《苏轼诗集》卷二〇，第1036—1037页。
② 《四库全书总目》卷一六七《集部》二〇《梅花字字香前集一卷、后集一卷》，第1438页。

红绡剪就，绛蜡镕成，天然一种仙姿。竹外家风，凄
凉俭薄为宜。东君苦怜消瘦，强教伊、傅粉匀脂。较量尽，
胜夭桃轻俗，繁杏粗肥。好是新妆雅态，对疏蟾淡淡，薄
雾霏霏。迥出红尘，轻盈玉骨冰肌。犹嫌污人颜色，谁云似、
虢国蛾眉。香韵别，怕满园、蜂蝶未知。①

李曾伯（1198—1268），历宋宁宗、理宗、度宗三朝，先后任江
东转运判官、右司郎官、太府少卿、两淮制置使兼知扬州、权兵部尚
书、知静江府兼广南西路经略安抚使、京湖安抚制置使、四川宣抚使、
知福州兼福建安抚使、知庆元府兼沿海制置使等职，为南宋后期名臣。
他曾领导过著名的襄阳之捷，此捷是南宋少有的以少胜多的战役。作
为南宋后期的重臣、重要军事将领和词人，李曾伯关心国家战事，希
望驱逐外敌、收复失地，但朝廷黑暗、奸臣陷害，又使他无法施展才能，
最后悲愤离去。在李曾伯的思想中，虽然有着入世之冀，但他对功名
利禄却心存淡泊，他追求精神自由，在他的入仕情怀中，叠加着隐逸
恬淡的出世情怀。

李曾伯的自身境遇与思想追求，都反映在了他的这首《声声慢·赋
红梅》中。在这首词中，李曾伯赋予梅花人的品格，将她的淡雅称为
俭朴，她拥有冰清玉洁的神韵，远胜于鄙俗之物桃花、杏花②。他其
实是在以梅花自比，他的不断仕进，并非是在追逐世俗的名利，而是
以治国平天下为己任。但即便他再努力为官、为将，却仍不能像虢国

---

① 唐圭璋编：《全宋词》李曾伯《声声慢·赋红梅》，中华书局1965年版，
第2806页。
② 虽然杏花、桃花也是中国古代文学中较重要的植物题材与意象，但在实
际生活中，其较海棠、梅花等更常见，故宋人视其为俗物。对此的分析，可参见
古红琼：《宋代海棠诗研究》，西华师范大学硕士学位论文，2016年，第37—40页。

夫人那样，在云淡风轻中就得到了君王的宠幸。李曾伯在此诗的结句中，巧妙运用了虢国之典，以梅花暗指了自己的遭遇[1]。

2. 段克己《梅花十吟·探》

金人段克己也以虢国夫人比梅花，他有《梅花十吟》组诗，其中的《探梅》一诗云：

> 虢国夫人约素身，不教脂粉涴天真。一班曾向春前见，颜色如今更可人。[2]

段克己（1196—1254），绛州授山（今山西稷山县）人，金末元初著名文人、作家，与其弟段成己（1199—1279）并称"二妙"，现存兄弟合集《二妙集》八卷。段克己兄弟二人身处宋、金、元三朝混战及改朝换代的年代。金亡后，他们避居龙门山（今山西河津黄河龙门东侧），与友遨游山水、结社赋诗，一生的大部分光阴都在隐居中度过。这样的一种生活形态，也构成了他们所公认的遗民身份。在段氏兄弟的《二妙集》中，有咏梅之作近二十首。两兄弟喜吟超凡脱俗、典雅冷隽、幽韵暗香的梅花，以梅表现他们孤傲清高、不趋荣利、崇尚典雅的品质，以梅标指他们清空淡远、疏放自适的精神追求。而这首诗，表达的就是段克己清高自洁的精神追求[3]。在段克己的眼

---

① 对这首词的解读，可参见孔凡娜：《李曾伯词研究》，山东师范大学硕士学位论文，2012年，第21—22页。

② 阎凤梧、康金声主编：《全辽金诗·全金诗》段克己《梅花十吟·探》，山西古籍出版社1999年版，第2844页。

③ 对"二妙"梅花诗的分析，可参见刘美琴：《金末河东"二妙"文学研究》，华东师范大学硕士学位论文，2006年，第21—22页。

中，梅花的最大特点是"素身"与"天真"，一如虢国夫人不以"脂粉污颜色"的素面。在段克己的诗中，虢国夫人的不施脂粉变成了一种与他的追求相契合的正面颂扬之词。

3. 释明本《庭梅》

元人释明本有《庭梅》一诗：

> 曲栏干外玉成行，犹似当年虢国妆。不是化工私冷艳，自缘红紫怯冰霜。[①]

他也以虢国夫人的"素身""玉颜"指代梅花的冷艳与超凡。

（三）以虢国夫人比白牡丹

自唐代始，白牡丹就被文人视为幽雅高洁、超凡脱俗之花，一如《裴给事宅白牡丹》之诗所云："长安豪贵惜春残，争赏先开紫牡丹。别有玉杯承露冷，无人起就月中看。"[②] 诗人以夜露冷、月光白、空园寂的清冷气氛烘托白牡丹，此与长安豪贵竞相争赏的紫牡丹形成了鲜明对比，也映衬了白牡丹皓然洁白的颜色和清芳自守的秉性。

1. 侯克中《白牡丹》

元人侯克中有《白牡丹》诗一首，诗将白牡丹比作洛神和虢国夫人：

---

① 《全元诗》第二十册释明本《庭梅》，第 174 页。

② 《全唐诗》二八〇卢纶《裴给事宅白牡丹》，第 3188 页。此诗在《全唐诗》中三出并稍异，三诗分系于卢纶、裴士淹、裴潾名下（卷一二四裴士淹《白牡丹》，第 1231—1232 页；卷五〇七裴潾《白牡丹》，第 5766 页）。对此诗作者的探讨，可参见路成文：《〈裴给事宅白牡丹〉诗作者考辨》，载《古籍研究》2002年第 4 期。

皎皎名花压众芳，剪冰裁雪作衣裳。洛神岂受尘埃染，虢国不烦脂粉妆。非色能专天下色，有香绝异世间香。姚黄魏紫休相妒，从此春风属素王。[①]

侯克中，元前期诗人、散曲家、杂剧家和易学家[②]，"幼丧明，聆群儿诵书，不终日，能悉记其所授。稍长，习辞章。自谓不学可造诣。既而悔曰：'吾明于心，刊华食实，莫首于理。理以载道，原易以求。则为得之。'于是精意读易，旁通曲会，参以己见，而名之曰《通义》"[③]。侯克中虽目盲，但也颇具入世之心。在此诗中，他其实是在以白牡丹自喻，以不染尘埃、不烦脂粉的洛神与虢国自比，虽名贵的牡丹品种"姚黄魏紫"更受人青睐，健康且具功名之人更受人追捧，但他相信自己一定能胜过那些身体健康且具有功名之人，一如洛神、虢国一样，而令"从此春风属素王"。当然，这也表现了侯克中的积极乐观心态[④]。

2. 徐渭《闻人赏给事园白牡丹三首》之一

明人徐渭有诗《闻人赏给事园白牡丹三首》，其一云：

白牡丹殊雅，曾于旧谱闻，扫眉娇虢国，新寡缟文君。黑牯眠云饱，黄蜂夺雪芬，爱憎谁与定，赊酒借花醺。[⑤]

---

① 《全元诗》第九册侯克中《白牡丹》，第 43 页。
② 据冯沅君考证，侯克中约生于 1220—1225 年间，卒于 1315—1320 年间（冯沅君：《记侯正卿》，见《冯沅君古典文学论文集》，山东人民出版社 1980 年版，第 176—193 页）。
③ 〔清〕王梓材，〔清〕冯云濠编撰，沈芝盈、梁运华点校：《宋元学案补遗》卷四九《晦翁学案补遗下·朱学之余》，中华书局 2012 年版，第 2896 页。
④ 对侯克中咏物诗的分析，可参见李展：《侯克中〈艮斋诗集〉研究》，新疆大学硕士学位论文，2019 年，第 17—18 页。
⑤ 〔明〕徐渭：《徐渭集》卷六《闻人赏给事园白牡丹三首·一》，中华书局 1983 年版，第 211 页。

此诗前四句,作者写白牡丹的洁白高雅,并以两位古代美人——淡描蛾眉的虢国夫人和新寡缟衣的卓文君作比;后四句则言黑蚱、黄峰等害虫却可在牡丹花中饱食高卧、夺其芬芳。他是以黑蚱、黄峰比尸位素餐、荼毒人民、戕害善美的达官显贵。如此,天地间何为是非?谁与定夺?诗人在感慨之下,只有借酒自醉了。这首诗表达了诗人对现世社会的不满,对世运无常的感叹。

徐渭(1521—1593),明代三才子之一,为他作传者甚至称他为"有明一人"。他一生坎坷,八次应试不第,晚年只能以卖书画度日,甚至"帱莞破弊,不能再易,至藉藁寝"[1]。他生性孤傲,疏狂放诞,耻与权贵交往,深恶礼法之士,守道固穷,终老此生。结合他的身世遭遇、思想个性,我们更可以看出,这首诗所感叹的是人生的不平,所抒发的是心中的积郁。

徐渭像(南京博物院藏)[2]

(四)以虢国夫人比酴醿

酴醿,亦作"荼蘼",蔷薇科爬藤植物,《广群芳谱》释之曰:"藤身灌生,青茎多刺。……花青跗红萼,及开时变白,带浅碧,大朵

---

① 陶望龄:《徐文长传》,见《徐渭集》,第1339—1341页。
② 此画像是徐渭生存状态的写照,郑旗、陈云海以此画创作于万历年间,他们对此画的解读是:"徐渭眉头深锁,双目凝视前方,充满无奈和凄迷,似乎沉浸在对不确定命运的忧思中,流露出忧郁孤愤的神色。"(郑旗、陈云海:《明人十二像》,载《东方艺术》2006年第14期,第41页)张淼认为,徐渭因在嘉靖四十五年(1566)杀妻入狱,已被革生员学籍,依徐渭个性,恐不可能再穿着生员服画像,故此画应成于嘉靖年间(张淼:《徐渭诗歌研究》,复旦大学博士学位论文,2008年,第89页)。

千瓣，香微而清，盘作高架，二、三月间烂漫可观，盛开时折置书册中，冬取插鬓犹有余香。"① 宋时，酴醾花始为文人广泛关注，人们将酴醾藤蔓形成的清幽空间称作酴醾架、酴醾洞、酴醾轩；他们还将酴醾花的人文意蕴归为"清幽雅澹"，如有宋人"以牡丹为贵客，梅为清客，菊为寿客，……酴醾为雅客"②。在宋人的文学作品中，如冰雪一般纯白的酴醾，以暗香、韵味取胜，在诗人们的眼中地位甚高。清幽的酴醾洞对纷扰于红尘的人来讲，确是规避现实、远离喧嚣的绝好场所。悠游于其间，人们可以获得暂时的宁静，体验嘈杂现实中所无法得到的静暇。因此，在诗人的心中，酴醾也就蕴含着他们悠然、自适的情怀。

元人王恽的《独头木香》一诗，反映的正是作者的如上心境：

> 水晶帘外日初长，一架酴醾雪覆墙。艳冷不争春事晚，香繁还爱独头芳。看来玉蕊唐昌供，幻出天真虢国妆。壶酒风流名字在，醉魂千丈助诗狂。③

王恽（1227—1304），生于金、仕于元，好学善文，是元代著名的学者、诗人兼政治家。金末，北方文士面对中原动荡的局面，积极对自身所学进行调整，以期能够有用于世，推动蒙古统治者实行汉法，拯救生民，保存北方文学传统，同时也为自身谋得出路。王恽正是在这一风潮下成长起来的著名文人。因此，其学术以及文章都以有用于

---

① 〔清〕汪灏等：《广群芳谱》卷四二《花谱》，商务印书馆 1935 年版，第 992 页。

② 〔宋〕龚明之撰，孙菊园校点：《中吴纪闻》第四卷《花客诗》，上海古籍出版社 1986 年版，第 91 页。

③ 〔元〕王恽著，杨亮、钟彦飞点校：《王恽全集汇校》卷二一《独头木香》，中华书局 2013 年版，第 996 页。

当世为主，这也使得他成了元初的北方文宗①。他的著述颇多，谙熟历史，如其所著《玉堂嘉话》就在细节上对正史多有补充。王恽先后任翰林修撰、监察御史，后历任河南、河北、山东、福建等地提刑按察使，后再任翰林学士，以此，朝廷制册多出其手。其卒后赠翰林学士承旨、资善大夫，追封太原郡公，谥文定。虽然王恽深受儒家"达则兼济天下，穷则独善其身"思想的影响，但他身处元代的特殊社会政治环境之中，面对元朝统治者的民族歧视政策，也会对隐士产生仰慕，对自适生活充满向往。

在此诗中，王恽提到的"看来玉蕊唐昌供"，典出唐人康骈的《剧谈录》，"上都安业坊唐昌观旧有玉蕊花。其花每发，若琼林瑶树"，开元中，有真人降临看花，从此，唐昌观玉蕊花下便有游仙之说②。宋人喜将酴醾比作仙子，又在美学意蕴上倾向于酴醾的"幽""淡"，故王恽由他的"一架酴醾雪覆墙"想到了唐昌观的玉蕊花仙女，又由其"雪"色联想到了虢国夫人的素颜。酴醾架的清幽也使作者得以暂遁于世外，以酒助诗。

（五）以虢国夫人比梨花

在中国古代的品花传统中，虽然梨花的地位不算高——《花经》将它列为"五品五命"③，但自南北朝以后，它也开始引起文人墨客的关注，并渐渐以其秀而不媚、香而不腻、雅而不俗的姿态进入了诗人的作品中。唐宋之后，诗人们将它比作洁身自好的君子、

---

① 可参见梁建功：《金末元初学术转向背景下王恽的"有用"与"有为"之学》，载《河南科技学院学报》2017年第3期。

② 〔唐〕康骈撰，萧逸校点：《剧谈录》卷下，见《唐五代笔记小说大观》，第1483—1484页。

③ 《清异录》卷上，第37页。

怀才不遇的文人、淡妆素雅的美人，它的灵动冷艳、孤寂凄凉之意更为诗人所特别关注。

1. 张雨《咏梨花》

元代的文学道士张雨[①]有《咏梨花》诗一首：

> 折得瑶花第一枝，清明时节寄他谁。绝怜天上无真色，虢国夫人淡扫眉。[②]

张雨（1283—1350），钱塘（今杭州）人，自幼好学，后弃家为道士。元末明初著名文人兼军事家、政治家刘基析其入道原因时说："（雨）性耿介，常眇视世俗，悒悒思古，知弗能与人俯仰，遂挺身入普福观，戴黄冠为道士。"[③]元仁宗皇庆二年（1313），开元宫真人王寿衍入觐京师，偕张雨同往。张雨兼通道术与艺术，又风采凝峻，故颇为皇帝所青睐，赵孟頫亦见而异之，授以李北海书法，由是而使张雨名震京师。他还受到皇帝的恩宠，"玺书赐驿传"，号"清容玄一文度法师"，但张雨并不为之动心，固辞而归钱塘[④]。

因着这样的个性与经历，张雨对梨花的纯白真色给予了真切的赞赏。他认为，如此纯净素洁之花，应送给一位素面朝天的真美女，可是，哪里去寻这样的美女？就连人们连连称赞的虢国夫

[①] 孙克宽最早提出了张雨的这一身份定位，见孙克宽：《元代的一个文学道士——张雨》，载《大陆杂志》1973年第4期；孙克宽：《寒原道论》，联经出版事业公司1977年版，第285—311页。

[②]〔元〕张雨撰，彭尤隆点校：《张雨集》卷六，浙江古籍出版社2015年版，第316页。

[③]《句曲外史张伯雨墓志铭》，见《张雨集》，第618页。

[④] 对张雨身世及诗歌的分析，可参见李知文：《张雨其人其诗》，载《贵州社会科学》1992年第7期。

人也还是"淡扫眉",这实也抒发了作者追求极致的淡泊之志。

2. 屈秉筠的雅集以虢国夫人比梨花

虢国夫人尽管还是"淡扫蛾眉",但毕竟较之浓妆艳抹之态更为素雅,故随园女弟子屈秉筠在招集女史十二人作雅集图时,依然将梨花配给了虢国夫人。

关于屈秉筠的这次雅集,袁枚的大弟子孙原湘有《题蕊宫花史图·序》为之记,序云:

> 柔兆执徐之岁百花生日,宛仙夫人招集女史十二人,宴于蕴玉楼。谋作雅集图,以传久远,患其时世妆也。爰选古名姬,按月为花史。以江采蘋爱梅,梅花属焉。兰有谢庭之说,以属道蕴。黎花本杨基"蛾眉淡扫"之句,以虢国当之。牡丹有一捻红,本以太真得名。榴花属潘夫人,为处环榴台也。西子有采香泾,莲花系之。秋海棠名思妇花,开于巧月,采苏蕙若兰故事牵合之。丽华有嫦娥之称,以之司桂。贾佩兰饮菊酒驻颜,宜令主菊。芙蓉称蜀主,锦城最盛,故属花蕊夫人。唯子月山茶绝少典要,以袁宝儿为司花女属焉。水仙则凌波仙子,盈盈微步,其洛神乎?分隶既定,作十二阕,各拈得之,自正月至十二月,为谢翠霞、屈宛仙、言彩凤、鲍遵古、屈宛清、叶茗芳、李餐花、归佩珊、赵若冰、蒋蜀馨、陶菱卿、席佩兰,长幼间出,不以齿也。①

---

① 〔清〕孙原湘:《天真阁外集》卷六《蕊宫花史图并序》,见《清代诗文集汇编》编纂委员会编:《清代诗文集汇编·天真阁外集》,上海古籍出版社2010年版,第605页上。

屈秉筠（1767—1810），字宛仙，江苏常熟人，清代著名才女，著《韫玉楼集》，嫁"虞山四才子"之一赵同珏。夫妇诗词唱酬，时人比之李清照、赵明诚。她诗、画皆工，"词翰靡所不能，最工白描花鸟，毫柔捥劲，神致超逸，于李因、陈书外，别出一奇。顾所专志笃好者，尤在于诗；于唐宋诸名家，瓣香尤在义山"①。屈秉筠为袁枚女弟子，袁枚赞之曰："宛仙之诗能一空依傍，不拾古人牙慧，仍不失唐贤准绳。求之须眉中未易多得，况其为闺阁邪？"②屈秉筠与同邑才女席佩兰交往甚密，唱和颇多，撰《题蕊宫花史图·序》的孙原湘，即是席佩兰志同道合之夫。对屈秉筠多有了解的席佩兰，曾为屈秉筠的诗集题词云："心是玲珑玉镜台，清光何处着尘埃。直疑明月前身化，早带仙风道骨来。"③此诗颇能传达出屈秉筠的人品与诗品。

依孙原湘之《序》，这次雅集中，屈秉筠等以虢国夫人比配梨花，乃起自于号称"吴中四杰"之一的杨基（1326—1378）。杨基有诗《北山梨花》："北山梨花千树栽，年年清明花正开。……皓腕轻笼素练衣，蛾眉淡扫春风面。"④故此，参加雅集的十二位才女，将素洁之梨花与虢国夫人的淡妆做了匹对。而此次雅集主题中的诸位"古名姬"，早已与政治剥离，雅集才女们关注的只是这些"古名姬"的美。

---

① 〔清〕屈秉筠著，李雷点校：《韫玉楼集·传》，见李雷主编：《清代闺阁诗集萃编》，中华书局 2015 年版，第 2746 页。

② 《韫玉楼集·题识》，见李雷主编：《清代闺阁诗集萃编》，第 2810 页。

③ 《韫玉楼集·女史题辞》，见李雷主编：《清代闺阁诗集萃编》，第 2811 页。

④ 〔明〕杨基撰，杨世明、杨隽校点：《眉庵集》卷二《北山梨花》，巴蜀书社 2005 年版，第 70—71 页。

（六）以虢国夫人比木芙蓉

木芙蓉又称地芙蓉或木莲①，因其花期在晚秋至初冬，故又别称拒霜花。芙蓉为名贵之花，木芙蓉即今所谓之芙蓉，其花大而艳丽。由于木芙蓉花开之时别有一番情韵，因此深得历代文人的青睐，如在清康熙年间编写的具有植物志性质的大型类书《广群芳谱》中，就这样描述木芙蓉："清姿雅质，独殿众芳；秋江寂寞，不怨东风，可称俟命之君子矣。"②中国古代文人多将木芙蓉喻为美人，亦有人以芙蓉的孤高品格来喻指自己的高洁情怀③。

宋元之际的林景熙有诗《白拒霜》，其中涉及虢国夫人。诗云：

> 美人潇洒江水东，玉为肌骨冰为容。岂无嫣红闹别浦，
> 自性淡伫羞迎逢。燕脂百斛斗宫饰，白帝有令毋纤秾。霜
> 纨雾縠许在列，其敢诲冶女不共？阿环羽衣曾按舞，睡棠
> 何事分春浓。不如淡扫粉亦却，诸姨合避虢国封。当时亲
> 承香露渥，峡梦回首云无踪。空闻天王守太白，朝元阁下
> 悲秋螀。我来殷勤为花寿，铅霜赠尔瑶兔春。却向花间酌
> 清气，叱御勿进琉璃钟。④

林景熙（1242—1310），温州平阳（今属浙江）人，生值宋元换代之际。宋亡，隐居不仕，漫游吴越，是宋末著名的遗民作家。作为一位具有气节的诗人，林景熙生当陵谷之变，"忠愤之气，无所于托，

---

① 芙蓉有两指，一指睡莲科的草本水生花卉荷花，一指锦葵科的陆生木本花卉，后者即是木芙蓉。

② 《广群芳谱》卷三九《花谱一八·木芙蓉》，第 930 页。

③ 关于芙蓉在中国诗歌史上的寓意，可参见赵娟：《〈长恨歌〉中的"芙蓉"与"梨花"意象探析》，载《学术探索》2014 年第 6 期。

④ 〔宋〕林景熙著，陈增杰校注：《林景熙诗集校注》卷一，浙江古籍出版社 1995 年版，第 78—79 页。

而即物比兴，以泄其胸中之蕴"，因而其诗歌的核心主题是深沉的故国情思。对故国的怀念、对亡国的悲哀、对复国的期待、对为国献身者的仰慕以及对误国者的愤慨等种种情感，在林景熙的诗中交织成了一股浓郁的爱国主义情感①。

而对于此诗，元人章祖程的评价是："此诗全篇不离一'白'字。"②校注林景熙诗集的陈增杰释此诗："全诗分三段，开头八句，以'美人'为喻，写白拒霜淡然伫立，具风霜之操。阿环以下八句，举杨贵妃诸姨事衬比，言富贵无常，冶容不足贵。结尾四句，以花相励，借表志向。"③此诗中的虢国夫人，是为排比风头无限的杨贵妃及其诸姊事，但作者还是将她为争宠、为出风头的不施脂粉单独提出，如此，虢国夫人所尚之"白"，自与白拒霜的风操之"白"形成对照。

（七）以虢国夫人比白芍药、杏花、白莲花

在明清的才女诗中，还可见将虢国夫人比作白莲花、白芍药、杏花。如才女吴绡有《白芍药》一诗，其也言及虢国夫人的"素面"：

> 素面不须夸虢国，浓熏何用窃胡香。玄晖阶下当春见，从此令人薄艳妆。④

吴绡（1615—1695），字素公，一字冰仙，苏州才女，有《啸雪庵集》。她嫁常熟许瑶为妻，婚后夫妻颇有唱酬之乐。其夫为清顺治

---

① 对林景熙诗歌特点的分析，可参见钱国莲：《林景熙其人其诗》，载《浙江广播电视高等专科学校学报》1999 年第 4 期。

② 〔宋〕林景熙撰，〔元〕章祖程注：《霁山先生白石樵唱卷》之六，明嘉靖十年刊本。

③ 《林景熙诗集校注》卷一，第 80 页。

④ 〔清〕吴绡著，李雷点校：《啸雪庵集·啸雪庵题咏二集》，见李雷主编：《清代闺阁诗集萃编》，第 216 页。

九年（1652）进士，官至川北道参政，吴绡也依夫而身份显贵，但她居身清素，为诗亦清新圆净，不着一尘。吴绡敏慧超群，幼研经史，诗文书画不教而能，音律琴棋动诣殊妙，诗名著称一时，如李滢为《啸雪庵集》作序即曰："夫人工诗，善属文，五七言清丽芊绵，匠心独造。"①在为诗与居身都无一尘的吴绡眼中，月光之下的白芍药，其素淡之美已然超过了素颜美人虢国夫人。

另一位清代才女陈皖永则将杏花与虢国夫人相联，她的《杏花二首·其二》云：

> 粉薄红轻香露丛，一时清艳许谁同？多因有恨啼朝雨，何事无言立晚风。虢国妆成眉淡扫，西施舞罢颊微红。一般幽韵横斜景，翠效寒梅不似东。②

陈皖永（1657—1726以后），浙江海宁人，才女，有集《素赏楼稿》。"陈皖永生于族望，为举人陈之暹女，相国陈之遴从女，司空文和公之女弟。她幼承姆教，娴习风诗，甫事声律，便擅闺房之秀。嫁副贡杨语可（中默）为妻，夫妇眉案相庄，俨如宾友。侍奉翁姑，相夫教子，澣瀹之余，寄情吟咏。其夫杨语可负隽才，意气豪迈，不屑问家人、生产。尝招四方宾客至家中，文酒流连无虚日。陈皖永出奁具佐之，犹不给，以故家道日益衰落。而杨语可寻病郁郁，赍志以殁。从此门庭冷落，生活拮据。陈皖永鞠育诸孤，茹蘗饮冰几三十年，妇道而兼

---

① 〔清〕李滢：《啸雪庵集·小叙》，见李雷主编：《清代闺阁诗集萃编》，第151页。

② 〔清〕陈皖永著，李雷点校：《素赏楼集·素赏楼稿》卷八，见李雷主编：《清代闺阁诗集萃编》，第944页。

子道，慈母而兼严父。"①

她的诗作丰富。关于其诗的特点，宗人杨瑄在《素赏楼稿·序》中云："孺人之诗，原本性情，止乎礼义，音节悲壮，含蕴深长，天愍人伦之故，缠绵肫笃，斯固追踪《骚》《雅》而有功名教者也。"②

杏花因其常见，在《花经》中地位仅居中流③，但自唐宋以后，其亦为文人所普遍关注与吟咏。陈皖永在此诗中也咏颂了杏花的颜色美，日夜及季节变换下的杏花意象，特别是"虢国妆成眉淡扫，西施舞罢颊微红"两句，形象地道出了杏花烂漫开放时的"粉薄红轻"之色，也表现了作者对生活的细致观察与乐观心态。

而另一位才女徐德音，则在其诗《月下白莲花》中引用了虢国夫人淡扫蛾眉之典：

> 蟾影花光乱浅深，恍疑积雪卷清浔。羿妻奔月妆逾淡，虢国朝天态不任。缟袂已怜呈皓质，玉环肯许系芳心。踌躇把玩浑忘寐，研露濡毫赠短吟。④

徐德音（1681—？），字淑则，浙江钱塘人，祖籍昆山，清初著名才女，有《绿净轩集》。父官至漕运总督，母楼氏亦善诗能文。嫁康熙朝进士、江都许迎年，伉俪相得，时相唱和。但夫婿早卒，她独自抚养二子成才。徐德音早年即以诗才闻名，林以宁等建蕉园诗社时，徐德音未能参与。但她出嫁时，林以宁有诗相赠，后两人成为知交，

---

① 李雷：《素赏楼集·整理说明》，见李雷主编：《清代闺阁诗集萃编》，第 861 页。

② 〔清〕杨瑄：《素赏楼集·序》，见李雷主编：《清代闺阁诗集萃编》，第 872 页。

③ 《花经》将杏花定为"四品六命"。见《清异录》卷上，第 37 页。

④ 〔清〕徐德音著，杜珣点校：《绿净轩集·绿净轩诗钞》卷三，见李雷主编：《清代闺阁诗集萃编》，第 1113 页。

清才女书香生活图景

林以宁赞她："得子之诗，正复后来居上。"① 袁枚在《随园诗话》中也说："比来闺秀能诗者，以许太夫人为第一。"② 在徐德音的这首诗中，作者由月下的白莲花想到了虢国夫人的"朝天态不任"，并提及她以此而与杨贵妃争宠。从诗之"羿妻奔月妆逾淡，虢国朝天态不任"两句看，徐德音的思想是颇纵驰与奔放的。

在宋元明清时期的诗歌中，虢国夫人对应的花之意象为素淡之美，但在男女诗人的笔下，素淡美的指向又呈现出了一些不同。男性诗人常以花之素淡美、以虢国夫人的淡扫蛾眉来抒发自己的政治情怀，如孤高的品格或淡泊的志向；而女诗人则从己身出发，或以之喻比自己的静洁，或以其表现自己的情趣与审美。在欣赏花之素洁美与

---

① 〔清〕恽珠编：《国朝闺秀正始集》卷六《徐德音·传》，道光辛卯年（1831）红香馆本。

② 〔清〕袁枚著，顾学颉校点：《随园诗话》卷三《许太夫人诗》，人民文学出版社1982年版，第78页。

抒发相应的情感视角上，儒家男主外、女主内的性别规范的影响还是比较显见的。虽然如此，在对虢国夫人的看法上，无论是男诗人还是女诗人，都已抛却了对她的政治评价。

二、戏曲、小说中的虢国夫人

在清代的戏曲、小说中，虢国夫人的淫乱对象继续扩大，她被设定为李杨关系中的强大"第三者"，她与安禄山也有着不明不白的关系，这些内容反映在《长生殿》和《隋唐演义》中。因此，她被褚人获视为唐朝的著名女祸之一。

1.《长生殿》

作者洪昇（1645—1704），生于钱塘县的名门之家，其门累业清华，家藏万卷之书。他与表妹黄兰次成婚，生活美满和谐。康熙七年（1668），他肄业于北京国子监，后历经二十年，科举不第，终其一生无缘官场。他还遭逢"天伦之变"——其父被诬惨遭遣戍。在穷困潦倒的日子里，他终在康熙二十七年（1688）完成了这部闻名于世的著作。

这是一部由两个主题构成的剧作，洪昇借着安史之乱大背景下的李杨——帝妃之事，对李杨的情缘做了浓墨重彩的表达，同时也希望借其作"垂戒来世"[1]。在"爱情"与"祸国"的交织点上，作者一方面通过李杨故事表达了爱情理想；另一方面，则批判了李杨的恣意享乐，从而招致了安史之乱的历史过错[2]。

---

[1] 〔清〕洪昇著，翁敏华、陈劲松评注：《长生殿·自序》，中华书局2016年版，第1页。

[2] 关于《长生殿》的主题，历来争论颇多，对此的综论，可参见陈宛希：《建国以来的〈长生殿〉研究：回顾与反思》，中央艺术研究院硕士学位论文，2013年。

爱情是排他的，故为烘托李杨爱情冲突的戏剧效果，洪昇在《长生殿》中增加了虢国夫人介入李杨情感的细节，其见《幸恩》一出：

瑶池陪从，何意承新宠！怪青鸾把人和哄，寻思万种。这其间无端噘动，奈谣诼蛾眉未容。

……不想前日驾幸曲江，敕陪游赏。诸姊妹俱赐宴于外，独召奴家到望春宫侍宴。遂蒙天眷，勉尔承恩。圣意虽浓，人言可畏。昨日要奴同进大内，再四辞归，仔细想来，好倖人也。

杨妃献发 （稗畦草堂刊《长生殿》第八出《献发》插图）

面对玄宗与虢国夫人的偷情，杨贵妃醋意大发，结果是龙颜大怒，贵妃被谪出宫。其后，高力士牵线、杨贵妃献发、唐玄宗拒膳，贵妃最终复被召入宫，并且"从今识破愁滋味，这恩情更添十倍"①。

《长生殿》描述的杨贵妃被遣出宫事，史书中确有记载，并且杨贵妃的被遣出宫有两次，但均未言其缘于虢国夫人的介入。关于杨

①《长生殿》第七出《幸恩》至第九出《复召》，第58—75页。

贵妃的被遣出宫，较早见于郑綮的《开天传信记》[①]：

> 太真妃常因妒媚，有语侵上，上怒甚，召高力士以辎
> 辂送其家。妃悔恨号泣，抽刀剪发授力士，曰："珠玉珍异，
> 皆上所赐，不足充献，唯发父母所生，可达妾意，望持此
> 伸妾万一慕恋之诚。"上得发，挥涕悯然，遽命力士召归。[②]

此记中，仅记"太真妃常因妒媚，有语侵上"，但妒媚为何人则无载。

两《唐书》也都记杨贵妃有两次出宫。按《旧唐书》，第一次，"（天宝）五载七月，贵妃以微谴送归杨铦宅"，"是夜"即被召回。第二次，"天宝九载，贵妃复忤旨，送归外第"，在此次风波中，"（杨贵妃）引刀翦发一缭附献。玄宗见之惊惋，即使力士召还"[③]。《开天传信记》记载的或就是此次出宫事。但对第一次"微谴"和第二次"复忤旨"的缘由，两《唐书》都未有记载。

《杨太真外传》对杨贵妃第二次出宫的缘由，则记为因宁王而起，"妃子无何窃宁王紫玉笛吹，……因此又忤旨，放出"[④]。

由此可见，《长生殿》对杨贵妃出宫风波的描述，远溢出了前代史记、笔记与小说之外，它将两次出宫合而为一，集中写出了李杨两人的冲突，而在此中，虢国夫人与唐玄宗的情事被明白写出，虢国夫人也因此而坐实了李杨爱情中的第三者身份。

---

① 此书成于唐文宗即位（826）之前，对此的分析，可参见周勋初：《唐代笔记小说叙录》，见周勋初：《周勋初文集》第5卷，第364页。

② 〔唐〕郑綮撰，吴企明点校：《开天传信记》，中华书局2012年版，第100页。

③ 《旧唐书》卷五一《后妃传上·杨贵妃》，第2179—2180页。《新唐书》的相关记载，见卷七六《后妃传上·杨贵妃》，第3493—3494页。

④ 《杨太真外传》卷上，见《开元天宝遗事十种》，第133—134页。

2.《隋唐演义》

此书为褚人获"缀集成帙"①。褚人获（1635—？），江苏长洲（今江苏苏州）人，生于明末动荡年代，长于才子书香之家，"一门之内，少长皆有文端雅之士"②，父、叔、兄均有文集传世。在这样的环境下，褚人获也"少而好学，至老弥笃"③。他虽自负才志，但终与功名不遇。为摆脱这种困境，他便以"覃思撰述"④来实现自身价值，一如毛宗岗对他的形容："虽学优不仕，疑于瓠系，然儒者自命即不见用于世，要当立言以垂不朽。"⑤褚氏一生勤于著述，可谓著作等身。其中最重要的便是历史小说《隋唐演义》。

《隋唐演义》的思想认识和文化内涵丰富且复杂，但在女性观上，其女祸认识还是比较突出的⑥，并且在明清时期妇女贞节观强化的思想氛围下，作者对女子的贞洁也是相当看重。《隋唐演义》中的女子形象，"可以分为贤德、忠勇、孝义、才情、淫乱等五个类型"，"褚氏对作品中的每类女性形象都表现出鲜明的爱憎观，对贤德类尊重，对忠勇类赞叹，对孝义类怜惜，对才情类肯定，对淫乱类则深恶痛

---

① 对此的讨论，见欧阳健：《〈隋唐演义〉"缀集成帙"考》，载《文献》1988年第2期；雷勇：《近三十年〈隋唐演义〉研究的回顾与展望》，载《陕西理工大学学报》（社会科学版）2017年第4期。关于《隋唐演义》的成书时间与讨论，可参见于盛庭：《褚人获的生平及〈隋唐演义〉自序问题》，载《明清小说研究》1988年第4期。

② 〔清〕朱陵撰，李梦生校点：《坚瓠广集序》，上海古籍出版社编：《清代笔记小说大观》，上海古籍出版社2007年版，第1622页。

③ 〔清〕尤侗：《坚瓠秘集序》，上海古籍出版社编：《清代笔记小说大观》，第1892页。

④ 〔清〕毛际可：《坚瓠丁集序》，上海古籍出版社编：《清代笔记小说大观》，第901页。

⑤ 〔清〕毛宗岗：《坚瓠丙集序》，上海古籍出版社编：《清代笔记小说大观》，第810页。

⑥ 可参见蔡美云：《〈隋唐演义〉的女性观》，载《明清小说研究》2007年第3期。

绝"①。

因作者这样的女性观，本就在其前诸书中有着若干私情的虢国夫人，在此书中更淫行迭出，如：

> 诸姨每因贵妃宣召入宫，即与玄宗谐谑调笑，无所不至。其中唯虢国夫人，更风流倜傥，玄宗常与相狎，凡宫中的服食器用，时蒙赐赉。又另赐第宅一所于集庆坊。这夫人却甚多情，常勾引少年子弟，到宅中取乐。

在《隋唐演义》中，对于虢国夫人的放荡，作者增加了她与安禄山的乱情，而两人的乱情又导致了杨国忠与安禄山的对立。这也成了安史之乱爆发的一个重要原因：

> 三个夫人中，虢国夫人尤为淫荡奢靡，……其所居宅院，与杨国忠宅院相连，往来最近，便当得很，遂与国忠通奸。……安禄山亦乘间与虢国夫人往来甚密，夫人私赠以生平所最爱的玉连环一枚。禄山喜极，佩带身旁，不意于宴会之中，更衣时为国忠所见。国忠只因禄山近日待他简傲，心甚不平，今见此玉连环，认得是虢国夫人之物，知他两下有私，遂恨安禄山切骨。
>
> ……禄山亦晓得国忠嗔怪他，恐为他所算。又想国忠还不足惧，那李林甫最能窥察人之隐微，这不是个好惹的，今杨李之交方合，倘二人合算我一人，老大不便，不如讨个外差暂避，且可徐图远大之业。但恐贵妃与虢国夫人不舍他，因此踌躇未决。

---

① 余黎明：《〈隋唐演义〉女性形象及其文化内涵》，南昌大学硕士学位论文，2010年，第66—67页。

那边杨国忠暗想："安禄山将来必与我争权，我必当
翦除之；但他方为天子所宠幸，又有贵妃与虢国夫人等助之，
急切难以摇动。只不可留他在京，须设个法儿，弄他到边
上去了，慢慢的算计他便是。"正在筹量，却好李林甫上
奏一疏，请用番人为边镇节度使。

……那边安禄山在范阳，也常想着杨妃与虢国夫人辈，
奈为杨国忠所忌，难续旧好。他想若非夺国篡位，怎能再
与欢聚，因此日夜欲提兵造反，只为玄宗待之甚厚，要俟
其晏驾，方才起事。叵耐那杨国忠时时寻事来撩拨他，意
欲激他反了，正欲以实己之言。①

在《隋唐演义》中，虢国夫人挑动了大唐帝国的几大政治人物，
从而致使大唐江山几近被安史之乱所倾覆，故虢国夫人也与武则天、
中宗韦后、太平公主、安乐公主、韩国夫人、秦国夫人等一道，被褚
人获视为"狂淫无度"之人，"都堕入阿鼻地狱，永不超身"②。

元明清时期的虢国夫人文本，由唐宋时期的主体写实倾向走向
了审美与戏剧冲突的方向。意象是中国诗歌创作的重要手法与元素，
诗人以主观情感投射到物象上，物象被赋予意义，由此产生了情景交
融、寓情于景、借物抒怀等作用，此种用法的中心即在于作者之"情"
与"境"。故自五代、宋初始以虢国夫人比之诸花，其后隐露的实是
作者淡泊名利与目下无尘的追求与心境。

在清代的戏剧、小说中，"情"也是贯穿其中的最重要的主题。
《长生殿》的主题有显隐两面，言"情"是显的一面，治乱兴亡之感
则是隐的一面。洪昇崇"情"。他认为，那些被赋予真情的人，能够"感

---

① 〔清〕褚人获：《隋唐演义》第八十三回、八十七回，中华书局2019年版，
第607、608、635页。

② 《隋唐演义》第一百回，第725页。

金石，回天地。昭白日，垂青史"，他更在《长生殿》的第一出就道出了"看臣忠子孝，总由情至"的看法。而他对"情"的描写更是至深，此剧"表现出对至真之情的崇尚，重新弘扬晚明尚情的思想"[1]。而《隋唐演义》对"情"——无论是真情还是淫情，也予以了特别关注，"他在刻画武后、杨妃等反面形象时，主要突出她们的不贞与淫乱，并加以严厉批判，然而对于史传中她们采用极端狠毒的手段赚得独宠的描写并不是很多"[2]。在这样一种尚情理念的观照下，描写虢国夫人的"第三者"之旨，无疑在陪衬鲜明的主体人物冲突，而这也正是戏曲、小说创作所要达到的最理想的效果。当然，褚人获以儒者自命而欲表经世之志的想法，也通过他对虢国夫人等的评论充分表现出来。

---

① 袁行霈主编：《中国文学史》第 4 卷，高等教育出版社 2003 年版，第 311 页。其对明末清初妇女影响的分析，可参见高彦颐：《闺塾师——明末清初江南的才女文化》上卷第二章。

② 余黎明：《〈隋唐演义〉女性形象及其文化内涵》，第 64 页。

下 编

虢国夫人的日常生活

虢国夫人的文本是在唐宋间逐渐出现与整合的，而文本中所记事迹又主要集中在她的日常生活上，即她的日常交往与日常消费等衣食住行事务上，因此为我们留下了一个难得的、相对完整的案例。通过这些文本，我们可以基本知悉唐时贵族特别是顶级贵妇的生活状态与水准。

第六章　虢国夫人的日常交往

虢国夫人的日常交往大致有三个层面。一是她与其他杨氏外戚的交往和共同活动，这是她日常交往的重要内容；二是她与其时几位重要人物的交往，如杨国忠、唐玄宗、杨贵妃、安禄山等，而这几人又都与她的情感生活有关联；三是她与其他人的一般交往。

一、虢国夫人与其他杨氏外戚的交往

在虢国夫人的生活中，与其他杨氏外戚往来、一起行动，是其日常交往的重心。

（一）虢国夫人与杨氏"五家"的交往

杨氏外戚是虢国夫人的家人，虢国夫人与他们的交往，是她日常生活中最重要的内容。虢国夫人与其他杨氏外戚的关系是非常亲密的，他们的宅第相连，宅第的建造也互相攀比。在华清宫，他们的山第建在一处，"国忠山第在宫东门之南，与虢国相对，韩国、秦国甍栋相接"[1]；城内的豪宅也竞为奢华，"姊妹昆弟五家，甲第洞开，僭拟宫掖，车马仆御，照耀京邑，递相夸尚。每构一堂，费逾千万计，见制度宏壮于己者，即彻而复造，土木之工，不舍昼夜"[2]。

虢国夫人也与其他杨氏外戚一起共度节日，如正月十五上元节，他们一起夜游，"（天宝）十载正月望夜，杨家五宅夜游"[3]；三月三上巳节，他们一起外出踏青、修禊，"三月三日天气新，长安水边多丽人"，"就中云幕椒房亲，赐名大国虢与秦"，"炙手可热势绝伦，慎莫近前丞相嗔"[4]。

---

① 《旧唐书》卷一〇六《杨国忠传》，第 3245 页。
② 《旧唐书》卷五一《后妃传上·杨贵妃》，第 2179 页。
③ 《旧唐书》卷五一《后妃传上·杨贵妃》，第 2180 页。
④ 《杜甫全集校注》卷一《丽人行》，第 342 页。

虢国夫人还同诸杨一道，随玄宗出幸华清宫，"玄宗每年十月幸华清宫，国忠姊妹五家扈从，每家为一队，著一色衣，五家合队，照映如百花之焕发"[1]；"每扈从骊山，五家合队，国忠以剑南幢节引于前"[2]。诸杨还在华清宫一道与安禄山相会，如天宝九载（750）安禄山入朝，"将及戏水，杨国忠兄弟、虢国姊妹并至新丰以来会焉"[3]。

虢国夫人更与诸杨一道，共同应对影响杨氏家族利益的政治事件。如面对玄宗的意欲禅位，杨国忠最先与杨氏姊妹商量，并由虢国夫人出面，进宫向杨贵妃陈说利害，"及制出，国忠大惧，言语失次，归语杨氏姊妹。……相聚而哭，虢国入谋于贵妃。妃衔土以请，其事遂止"[4]。再如，安史之乱爆发，杨氏诸人又共同进劝玄宗入蜀，"（玄宗）召宰相谋之。杨国忠……首唱幸蜀之策。……国忠使韩、虢入宫，劝上入蜀"[5]。

由于杨氏诸外戚的关系密切且来往频繁，故玄宗及其他官员也都将他们视为一体。如玄宗同赐五家，"玄宗颁赐及四方献遗，五家如一，中使不绝"[6]；玄宗还同幸五家，诸杨随幸华清宫时，"天子幸其第，必过五家，赏赐宴乐"[7]；府县更是承迎五家如一，"韩、虢、秦三夫人与铦、锜等五家，每有请托，府县承迎，峻如诏敕，四方赂遗，其门如市"[8]。

然而，在此也涉及一个问题，那就是杨氏"五家"的内涵。上

① 《旧唐书》卷五一《后妃传上·杨贵妃》，第2179页。
② 《旧唐书》卷一〇六《杨国忠传》，第3245页。
③ 《安禄山事迹》卷上，第80页。
④ 《太平广记》卷二四〇《杨国忠》，第1855—1856页。
⑤ 《资治通鉴》卷二一八"唐肃宗至德元载六月癸巳"条，第6970页。
⑥ 《旧唐书》卷五一《后妃传上·杨贵妃》，第2179页。
⑦ 《旧唐书》卷一〇六《杨国忠传》，第3245页。
⑧ 《旧唐书》卷五一《后妃传上·杨贵妃》，第2179页。

章对虢国夫人文本进行探讨时，已涉及诸文本对"五家"的歧义记载。那么，杨氏"五家"到底为谁？对此，各史的记载相当含混；《旧唐书》更是有前后矛盾的记载，如《杨贵妃传》前记"韩、虢、秦三夫人与铦、锜等五家"①，后文又作"玄宗每年十月幸华清宫，国忠姊妹五家扈从"②。在以考据著称的《资治通鉴》中，则以《旧唐书·杨贵妃传》中的前一种说法——"三姊与铦、锜"为杨氏五家③。对于史书中关于"杨氏五家"的矛盾记载，清人赵翼给出了如下解释："五家者，其始则铦、锜、韩、虢、秦也。其后则锜与国忠及韩、虢、秦也。"④依赵翼所释，因杨铦的亡故，后期便以骤贵的国忠填入其数，其仍为"五家"，这也就化解了《旧唐书·杨贵妃传》记载的前后矛盾。

从现有杨氏外戚交往的材料看，杨氏外戚之间是相当团结的⑤。尽管杨氏外戚的每个个体在很多方面存在差异，如在参政程度上，铦、锜没有多少参政本领，而杨国忠则被称"委政妃宗"⑥，但他们在保住杨家地位并获得最大利益上，拥有高度共识，相互之间关系也非常亲密。如此，他们在享受生活、追求利益、面对不利时，都能勠力同心、一致对外，从这一层面而言，杨氏外戚是可被视作一个利益共同体的；而在情感方面，家庭成员之间的融洽，也反过来使这个外戚集团结合得更为紧密。

① 《旧唐书》卷五一《后妃传上·杨贵妃》，第 2179 页。
② 《旧唐书》卷五一《后妃传上·杨贵妃》，第 2179 页。
③ 《资治通鉴》卷二一六"唐玄宗天宝七载十一月癸未"条，第 6891 页。
④ 〔清〕赵翼：《陔余丛考》卷二〇《杨氏五家合队》，中华书局 1963 年版，第 381 页。
⑤ 对杨氏外戚势力特点的分析，参见许道勋、赵克尧：《唐玄宗传》，第 357—358 页。
⑥ 《新唐书》卷二〇六《外戚传序》，第 5833 页。

（二）虢国夫人三姊妹之间的交往

除与杨氏"五家"的共同交往外，虢国夫人与韩、秦二夫人则有更多往来，玄宗也常将三姊妹视为"一体"。作为姊妹，她们的性格相近、趣味相投，在皇帝与皇室成员面前，她们充分发挥了自己的性别优势。

虢国夫人曾与韩国夫人一道，弥合过李杨这对帝妃的矛盾，"（天宝）五载七月，贵妃以微谴送归杨铦宅，……力士伏奏请迎贵妃归院。……翌日，韩、虢进食，上作乐终日，左右暴有赐与"。她还与韩国夫人一道，当起了皇室成员的"红娘"，"而十宅诸王百孙院婚嫁，皆因韩、虢为绍介"[1]。这些也都是虢国夫人等三姊妹的女性特征——细腻、擅长情感的表达。

虢国夫人性格张扬虚荣，韩国、秦国二夫人虽不及她，但也有与她相似之处。故三姊妹之间便互竞奢华，"上将幸华清宫，贵妃姊妹竞车服"[2]。当然，三姊妹也同样不可一世、不知进止，如三姊妹同入宫朝参，其声势甚至盖过了大长公主，"三姊皆美劭，……恩宠声焰震天下。每命妇入班，持盈公主等皆让不敢就位"[3]；再如杨氏姊妹垂帘观选，"大噱"掌选的高官[4]，于女性而言，杨氏诸姊的这一行为，无疑是违背了儒家的"女无外事"的性别理念。

关于玄宗以杨氏三姊为"一体"，如他同封三姊为国夫人，同给三姊岁资千贯的脂粉钱，同许不依制入宫，"有姊三人，……每入

---

① 《旧唐书》卷五一《后妃传上·杨贵妃》，第 2179—2180 页。

② 《明皇杂录》卷下，第 29 页。

③ 《新唐书》卷七六《后妃传上·杨贵妃》，第 3493 页。

④ 见《唐会要》卷七四《选部上·掌选善恶》，第 1346 页；《太平广记》卷一八六《杨国忠》，第 1393 页；《册府元龟》卷三〇六《外戚部·骄慢门》，第 3463 页。

宫中，移暑方出"①，等等。而在笼络安禄山时，玄宗也充分发挥了三姊的女性"一体"优势，"禄山恩宠浸深，上前应对，杂以谐谑，而贵妃常在座，诏杨氏三夫人约为兄弟"②。前文谈到，关于杨氏外戚与安禄山的结拜，诸文本如《安禄山事迹》等以"诏杨氏三夫人约为兄弟"③，同时也有以"杨铦已下并约为兄弟"者④，但以前者，即《安禄山事迹》等记，似更能体现玄宗的本意。玄宗此举的用意，极有可能在昭示他对安禄山胡人血统与习俗的尊重，中原儒家性别文化强调"男女有别"，而胡俗于此则并无禁忌，故杨氏三姊与安禄山的结拜，不仅显示了玄宗对杨家外戚的宠溺，更是他以此笼络安禄山的手段。

在韩、虢、秦等三夫人的交往中，我们更多看到的是虢国与韩国的往来，而秦国的参与则相对较少。对此，《杨太真外传》《新唐书》都做出了解释，那就是秦国夫人早亡，"及秦国先死，独虢国、韩国、国忠转盛"⑤"铦、秦国早死，故韩、虢与国忠贵最久"⑥。但《资治通鉴》并未采用这个说法，它以秦、虢、韩三夫人并被杀于马嵬之变，"国忠走至西门内，军士追杀之，……并杀其子户部侍郎暄及韩国、秦国夫人"⑦。时至今日，秦国夫人是否早亡已不可考。当然，其早亡与否与本书主旨关系不大。我们知道的是，在诸姊中，虢国与韩国

① 《杨太真外传》卷上，见《开元天宝遗事十种》，第132页。

② 《安禄山事迹》卷上，第76页。

③ 《安禄山事迹》卷上，第76页；《旧唐书》卷五一《后妃传上·杨贵妃》，第2180页；《新唐书》卷七六《后妃传上·杨贵妃》，第3495页。

④ 《旧唐书》卷二〇〇上《安禄山传》，第5368页；《杨太真外传》卷上，见《开元天宝遗事十种》，第132页；《册府元龟》卷一八〇《帝王部·失政门》，第1993页；《新唐书》卷二二五上《逆臣传上·安禄山》，第6412—6413页。

⑤ 《杨太真外传》卷下，见《开元天宝遗事十种》，第140页。

⑥ 《新唐书》卷七六《后妃传上·杨贵妃》，第3495页。

⑦ 《资治通鉴》卷二一八"唐肃宗至德元载六月丙午"条，第6973—6974页。

的交往更多，这或是因为秦国夫人的早亡，或是因为韩、虢两姊妹更加趣味相投。

二、虢国夫人与其时几位重要人物的交往

在虢国夫人的日常交往中，杨国忠、唐玄宗与她有着情感关联；而虢国夫人与杨贵妃是姊妹且受其荫庇，但又与其夫唐玄宗有着暧昧关系。所以，在虢国夫人的日常交往中，杨贵妃也就成了一个无可回避的重要人物；安禄山是天宝政坛上的一位风云人物，为玄宗重点笼络的对象，虢国夫人成为笼络行为的一颗重要棋子。

（一）虢国夫人与杨国忠的交往

对于虢国夫人与杨国忠的关系及往来，《资治通鉴》的记载简明而切中要害：

> 杨国忠与虢国夫人居第相邻，（虢国居宣阳坊，国忠居第在其西。）昼夜往来，无复期度，或并辔走马入朝，不施障幕，（妇人出必有障幕以自蔽。）……道路为之掩目。[①]

"居第相邻"，表明了两人的亲近关系，在杨氏外戚中，杨国忠与虢国夫人关系最密切；"昼夜往来，无复期度"，暗示了两人关系的不明与生活的放荡；"并辔走马""不施障幕"，则讽讥了杨、虢二人特别是虢国夫人的不守礼教。

虢国夫人与杨国忠亲密的关系，首先从他们的居第建造就可看到。两人在长安城、华清宫的宅第都是相邻而建，如他们在城南的宣

---

① 《资治通鉴》卷二一六"唐玄宗天宝十二载冬十月戊寅"条，第6919页。

义里宅第，"贵妃姊虢国夫人，国忠与之私，于宣义里构连甲第"①；他们在东近兴庆宫的宣阳里宅第，"虢国居宣阳坊，国忠居第在其西""虢国居宣阳坊左，国忠在其南"②；他们的华清宫宅第，"国忠山第在宫东门之南，与虢国相对"③。而这样的居第相邻，无疑是更便利于两人的日常往来。

虢国夫人与杨国忠产生私情的时间，是在两人及诸杨尚在蜀地，未到长安之前。此时，虢国夫人之夫仍健在，"（国忠）从父玄琰死蜀州，国忠护视其家，因与妹通，所谓虢国夫人者"。天宝初，太真受宠，杨氏外戚铦、锜及三姊因此而来到长安，而杨国忠也于其后至于长安，"（国忠）调扶风尉，不得志。复入蜀，剑南节度使章仇兼琼与宰相李林甫不平，闻杨氏新有宠，思有以结纳之为奥助，……表为推官，使部春贡长安"，"至京师，见群女弟，致赠遗"④，"时中女（虢国夫人）新寡，钊遂馆于其室"⑤，"国忠多分略，宣淫不止"⑥。杨国忠来长安后，虢国夫人与其开始了新的情事，此时虢国夫人之夫刚亡。此后，虢国夫人与杨国忠的情事未断，像在宣义坊里就"昼会夜集，无复礼度"⑦。

关于虢国夫人与杨国忠之间情事的性质，就虢国夫人而言，其在丧夫前与杨国忠私通，是属婚外情无疑，但其是否属"雄狐"之恋

---

① 《旧唐书》卷一〇六《杨国忠传》，第3245页。
② 《新唐书》卷二〇六《外戚传·杨国忠》，第5848页。对于宣阳坊中虢国夫人宅与杨国忠宅的位置，《资治通鉴》的记载与《新唐书》此记存在差异，《资治通鉴》记两宅一东（虢国夫人宅）一西（杨国忠宅），《新唐书》记虢国夫人宅居坊之西，杨国忠宅则居其南。
③ 《旧唐书》卷一〇六《杨国忠传》，第3245页。
④ 《新唐书》卷二〇六《外戚传·杨国忠》，第5846页。
⑤ 《资治通鉴》卷二一五"唐玄宗天宝四载八月"条，第6867页。
⑥ 《新唐书》卷二〇六《外戚传·杨国忠》，第5846页。
⑦ 《旧唐书》卷一〇六《杨国忠传》，第3245页。

的不伦情，则取决于两人是否存在亲缘关系。

杨国忠为杨贵妃的从祖兄，其初并无争议，但至郑审撰《天宝故事》，这一问题便开始变得复杂。郑审，盛、中唐诗人，特别是天宝时，诗名颇振①。关于杨国忠，此书记："杨国忠本张易之之子。天授中，张易之恩幸莫比，每归私第，诏令居楼上，仍去其梯。母恐张氏绝嗣，乃密令女奴批珠上楼，遂有娠而生国忠。"②至此，杨国忠的出身出现了变数，其为张易之子之说出现。

此后，《杨太真外传》承《天宝故事》，也记杨国忠为张易之子③；但《新唐书》《旧唐书》《资治通鉴》则未采此说。《旧唐书》将杨国忠与张易之、杨贵妃的关系记为："则天朝幸臣张易之，即国忠之舅也。……太真妃，即国忠从祖妹也。"④《新唐书》"文省事增"，但其意也大略如此，两书都以杨国忠与张易之为母系亲属，而与杨贵妃为父系亲属——仍为从祖兄妹。《通鉴考异》载有杨国忠的出身，且这一故事也正因此而流传，但司马光并未采取郑审书中的说法，而认为"其说暧昧无稽"⑤。对于杨国忠的身世，《资治通鉴》的记载与《旧唐书》同："杨钊，贵妃之从祖兄也"，"杨钊，张易之之甥也"⑥。而对这一问题，多取材于唐国史、实录的《册府元龟》则持两端："杨国忠，玄宗贵妃从父之子。或云张易之子，冒外氏姓，本名钊。"⑦

---

① 对郑审生平的考证，参见陶敏：《全唐诗作者小传补正》卷三一一《郑审》，第581—582页；胡可先：《出土碑志与杜甫研究》，载《文史哲》2012年第6期。

②《资治通鉴》卷二一六"唐玄宗天宝九载冬十月"条考异，第6900—6901页。

③《杨太真外传》卷下，见《开元天宝遗事十种》，第142页；《新唐书》卷二〇六《外戚传·杨国忠》，第5846页。

④《旧唐书》卷一〇六《杨国忠传》，第3241—3242页。

⑤《资治通鉴》卷二一六"唐玄宗天宝九载冬十月"条，第6901页。

⑥《资治通鉴》卷二一五"唐玄宗天宝四载八月"条，第6866页；卷二一六"唐玄宗天宝九载冬十月"条，第6900页。

⑦《册府元龟》卷八二五《总录部·名字》，第9592页。

因《天宝故事》的这则记载，后代也多有以杨国忠为张易之之子者，以此之故，他们也就视虢国夫人与杨国忠的情事并非不伦之情，如明人冯梦龙的《情史类编》即云："或言国忠乱其妹，非也。国忠乃张易之之子，非杨氏子也。"① 另外，关于虢国夫人与杨国忠之情事，历来有以杜甫《丽人行》的"杨花雪落覆白蘋，青鸟飞去衔红巾"二句为暗指其事者，如清人张溍所言："盖国忠实张易之之子，冒姓杨，与虢国通，是无根之杨花，落而覆水上之浮萍也。又'杨白花飘荡落谁家'为北魏淫词，用来甚切。青鸟，西王母使者。飞去衔红巾，则几于感悦矣。曰覆、曰衔，总见恩乱之状，绸缪之态。"② 由此可见，张溍也认为杨国忠是张易之之子。

在虢国夫人与杨国忠的交往中，除两人的情事外，还有他们对礼教无所顾忌的僭越，"而国忠私于虢国而不避雄狐之刺，每入朝或联镳方驾，不施帷幔。每三朝庆贺，五鼓待漏，靓妆盈巷，蜡炬如昼"③；"（国忠）有时与虢国并辔入朝，挥鞭走马，以为谐谑，衢路观之，无不骇叹"④。在儒家性别理论中，男女有别是其两大支柱理论之一，它除要求女子"出门必拥蔽其面"外，还要求"（男女）非祭非丧，不相授器""男女不杂坐"⑤。唐代女教也强调，"内外各处，男女

① 《冯梦龙著辑词话》，见邓子勉编：《明词话全编》，凤凰出版社 2012年版，第 3056 页。

② 《读书堂杜工部诗文集注解》卷二《丽人行》，第 86 页。今人持此观点的代表学者是萧涤非，见氏著：《杜甫诗选注》，上海古籍出版社 1983 年版，第 31 页；《杜甫全集校注》，第 346 页。也有学者对此持异议，如靳极苍：《〈长恨歌〉及同题材诗详解》，中州古籍出版社 1989 年版，第 83—84 页；康保成：《说"青鸟飞去衔红巾"》，载《文学遗产》1996 年第 5 期。

③ 《旧唐书》卷五一《后妃传上·杨贵妃》，第 2179—2180 页。

④ 《旧唐书》卷一〇六《杨国忠传》，第 3245 页。

⑤ 分别见《礼记正义》卷二七《内则》、卷二《曲礼上》，见《十三经注疏》本，第 3168、2686 页。

异群"①。虽然"唐源流出于夷狄，故闺门失礼之事，不以为异"②，但像虢国夫人和杨国忠这般公然、公开地僭越礼教，在其时也是不多见的。

因与杨国忠的这种特殊亲密关系，虢国夫人也利用自己的优势，为杨国忠的政治生涯提供帮助，"虢国居中用事，帝所好恶，国忠必探知其微"③。以此而言，虢国夫人与杨国忠的交往与关系，并不止于情事，它还有着对杨国忠政治生涯的推助，更有着杨氏外戚利益共同体下的行动指向，而杨国忠的发迹与腾达与天宝政局的走向则有着莫大关联。

关于虢国夫人私生活的放恣，各类文本多有记载，但她的情事对象，在唐宋间是稍有变化的。在唐代诗文中，主要记虢国夫人受玄宗的特殊宠待，以及两人的暧昧关系；五代北宋时，则转向了虢国夫人与杨国忠的"雄狐"之事，如《新唐书》即记："而虢国素与国忠乱，颇为人知，不耻也。"④ 这一变化的出现，则是唐宋间礼教渐兴、言论由松渐严的结果，如洪迈《容斋随笔》的总括："唐人歌诗，其于先世及当时事，直辞咏寄，略无避隐。至宫禁嬖昵，非外间所应知者，皆反复极言，而上之人亦不以为罪。……今之诗人不敢尔也。"⑤ "为君讳"是儒家一贯倡扬的宗旨理论，玄宗在这一情事中的逐渐黯化，正是宋代理学思想发展的结果与体现。

---

① 《女论语·立身章》，见〔明〕陶宗仪等编：《说郛三种·一百二十卷本》卷七〇，上海古籍出版社1988年版，第3291页。
② 《朱子语类》卷一三六《历代三》，第3245页。
③ 《新唐书》卷二〇六《外戚传·杨国忠》，第5846页。
④ 《新唐书》卷七六《后妃传上·杨贵妃》，第3495页。
⑤ 《容斋随笔·续笔》卷二《唐诗无讳避》，第239—240页。

唐玄宗像

（二）虢国夫人与唐玄宗的交往

虢国夫人与唐玄宗的交往在三个层面进行：一是作为杨氏外戚的一员，二是作为杨家女性外戚的一员，三是作为个体的人。

作为杨氏外戚的一员，虢国夫人与其他杨氏外戚一道，充分享受着皇恩雨露。如他们接受皇帝的赏赐，"黄门飞鞚不动尘，御厨络绎送八珍"[1]，"又赐虢国照夜玑，秦国夫人七叶冠，国忠锁子帐，盖稀代之珍，其恩宠如此"[2]；他们风光地伴随皇帝出游华清宫，"玄宗每年十月幸华清宫，国忠姊妹五家扈从，每家为一队"；他们还与皇室联姻，"锜，侍御史，尚武惠妃女太华公主，以母爱，礼遇过于诸公主，赐甲第，连于宫禁"，"韩国夫人……女为代宗妃。虢国男裴徽尚肃宗女延光公主，女嫁让帝男。秦国夫人婿柳澄先死，男钧尚长清县主，澄弟潭尚肃宗女和政公主"[3]，"国忠子：暄、昢、晓、晞。暄为太常卿兼户部侍郎，尚延和郡主；昢为鸿胪卿，尚万春公主"[4]。

作为杨氏女性外戚的一员，虢国夫人与韩、秦二夫人"并承恩泽，出入宫掖"[5]，她们常可与玄宗和杨贵妃晤见。

作为个体的虢国夫人，较其他杨氏二姊，她无疑与玄宗有着更近的关系，玄宗对她的特殊宠待也极为彰明，如玄宗以禁中黄门为

---

① 《杜甫全集校注》卷一《丽人行》，第 342 页。

② 《杨太真外传》卷上，见《开元天宝遗事十种》，第 133 页。

③ 《旧唐书》卷五一《后妃传上·杨贵妃》，第 2179—2181 页。

④ 《旧唐书》卷一〇六《杨国忠传》，第 3247 页。

⑤ 《旧唐书》卷五一《后妃传上·杨贵妃》，第 2178 页。

之御骑，"虢国每入禁中，常乘骢马，使小黄门御"①。但虢国与玄宗的关系又极暧昧，而此暧昧实源自唐人文本所记的含糊，虽然洪迈言"唐人歌诗，其于先世及当时事，直辞咏寄，略无避隐"，但唐人其实并未确载两人的具体情事。张祜的《邠王小管》和《集灵台二首·其二》两诗，较早涉及描写虢国夫人与玄宗关系，前诗暗示了玄宗与虢国、韩国两姊妹的鬼混，"虢国潜行韩国随，宜春深院映花枝。金舆远幸无人见，偷把邠王小管吹"②；后诗则有对玄宗与虢国乱情的暗示，"虢国夫人承主恩，平明骑马入宫门。却嫌脂粉污颜色，淡扫蛾眉朝至尊"③。但这一暗示并不明朗，也还须释解，其如仇兆鳌的解说：

> 乍读此诗，语似称扬，及细玩其旨，却讽刺委婉。曰虢国，滥封号也；曰承恩，宠女谒也；曰平明上马，不避人目也；曰淡扫蛾眉，妖姿取媚也；曰入门朝尊，出入无度也。当时浊乱宫闱如此，已兆陈仓之祸矣。④

再如《达奚盈盈传》，"虢国夫人入内，明皇戏谓曰：'何久藏少年不出耶？'夫人亦大笑而已"⑤。此处所记也仅是虢国与玄宗的"调谑淫荡，无所顾忌"⑥。还有玄宗的欲幸虢国夫人宅，"天宝中，玄宗在华清宫，乘马出宫门，欲幸虢国夫人宅"⑦，此也暗示了

---

① 《明皇杂录》卷下，第 29—30 页。
② 《张祜诗集校注》卷三《邠王小管》，第 160 页。
③ 《张祜诗集校注》卷五《集灵台二首·其二》，第 206 页。
④ 〔唐〕杜甫著，〔清〕仇兆鳌注：《杜诗详注》卷二，中华书局 1979 年版，第 162 页。另，仇兆鳌以此诗的作者为杜甫。
⑤ 《默记》卷下《达奚盈盈传》，第 41 页。
⑥ 《张祜诗集校注·论张祜及其诗》，第 16 页。
⑦ 《旧唐书》卷一〇六《陈玄礼传》，第 3255 页。

玄宗与虢国的亲密关系。即使是最直接的描述如《云溪友议》，也仅统言了杨贵妃、虢国的"宠盛"所致的宫女愁怨，"明皇代以杨妃、虢国宠盛，宫娥皆颇衰悴，不备掖庭"①。

虢国夫人与玄宗情事具体情节的出现已晚至明清时期，如洪昇的《长生殿》记，"诸姊妹俱赐宴于外，独召奴家到望春宫侍宴。遂蒙天眷，勉尔承恩"②，但这也仅是作者依据唐人的暧昧记载而在戏剧中的敷演。

在虢国夫人与玄宗的暧昧关系中，则又牵涉到了杨贵妃的存在，如此，我们再来看看虢国夫人与杨贵妃的交往与关系。

（三）虢国夫人与杨贵妃的交往

虢国夫人与杨贵妃是姊妹，更是上下等级关系，还是皇帝最宠幸的两位女子。

作为姊妹的虢国夫人与杨贵妃，两人之间也是有着日常交往的。如"杨贵妃遗夫人芝草"③。按，"芝，神草也"④，古时道家服以成仙、长生之物，故又称灵芝、神芝、仙草、还魂草。唐时，慕道之人常以此为食，如"萧复亲弟，少慕道不仕，服食芝桂"⑤。杨贵妃曾入道为女冠，服食道家仙物，是她入宫后的日常生活内容之一，如"平生服杏丹"⑥，故赠予诸姊道家仙物服食以求延年，也在情理之中。而由杨贵妃的赠芝草以及虢国夫人在诸事上对杨贵妃的追随推测，

---

① 《云溪友议校笺》卷下《题红怨》，第177页。

② 《长生殿》第七出《幸恩》，第58—75页。

③ 《太平广记》卷三六八《虢国夫人》，第2932页。

④ 〔汉〕许慎：《说文解字·艹部》，中华书局1963年版，第15页。

⑤ 《太平广记》卷三〇五《萧复弟》，第2417页。

⑥ 〔唐〕刘禹锡著，《刘禹锡集》整理组点校，卞孝萱校订：《刘禹锡集》卷二六《马嵬行》，中华书局1990年版，第338页。

虢国夫人或也信奉了道教，服食道家之物可能也是她日常活动中的重要内容。

作为上下等级关系，虢国夫人对贵妃无疑是奉迎的，如她与诸王贵主"竞为贵妃琵琶弟子，每授曲毕，广有进献"[①]；再如杨贵妃"好服黄裙"[②]，她也追随之而"衣黄罗帔衫"[③]。

但在争夺皇宠上，虢国夫人与杨贵妃两姊妹又是暗相较量的。比如，杨贵妃以"资质丰艳"[④]著称，故李白将之拟为浓烈的牡丹，"开元中，禁中初重木芍药，即今牡丹也。……会花方繁开，上乘月夜召太真妃以步辇从。诏特选梨园弟子中尤者，得乐十六色。……上曰：'赏名花，对妃子，焉用旧乐词为？'遂命龟年持金花笺宣赐翰林学士李白，进《清平调》词三章"[⑤]。针对杨贵妃的这一美貌特点，虢国夫人则反其道而行，"却嫌脂粉污颜色，淡扫蛾眉朝至尊"[⑥]，可能是在与杨贵妃争胜。

两人的争锋是否引起过冲突？杨贵妃的出宫是否与此有关？史书对此未有明确记载。杨贵妃曾有两次被遣出宫，第一次在天宝五载（746），第二次在天宝九载（750）。在虢国夫人文本的发展过程中，有人将此两次出宫与虢国夫人联系起来，如洪昇在《长生殿》中就将杨贵妃的"忤旨""命高公公送归丞相府中"，归于了虢国夫人的"独承恩幸"[⑦]；许道勋、赵克尧在《唐玄宗传》中也详细分析了杨贵妃的两次出宫缘由，其以第一次出宫与虢国夫人无涉，第二次出宫则是

① 《明皇杂录·逸文》，第 37 页。
② 《新唐书》卷三四《五行志一》，第 879 页。
③ 《明皇杂录》卷下，第 29 页。
④ 《旧唐书》卷五一《后妃传上·杨贵妃》，第 2178 页。
⑤ 《松窗杂录》，见《唐五代笔记小说大观》，第 1213 页。
⑥ 《张祜诗集校注》卷五《集灵台二首·其二》，第 206 页。
⑦ 《长生殿》第七出《幸恩》，第 58—59 页。

乐舞图（唐苏思勖墓出土）

乐舞图局部（陕西富平朱家道村唐墓出土，现藏于陕西历史博物馆）

由于虢国夫人的夺爱。

依许道勋、赵克尧的分析，杨贵妃的第一次出宫与虢国夫人无涉，是因"此时此地，唐玄宗若和虢国夫人调情，客观的条件倒是具备的。然而，这时杨氏家族还未飞黄腾达，诸杨才第一次随游骊宫，杨钊刚刚冒头，裴氏尚未就封虢国夫人。按理，裴氏是不敢放肆的。

总而言之，还不可能具备调情的主观条件"①。还有，"翌日，韩、虢进食，上作乐终日"②的记载，也透露了虢国夫人未涉其中。但第二次的情况与第一次有异，"可以推测，暧昧关系似发生在天宝八载、九载之交，地点在骊山华清宫。从八载十月至次年正月，玄宗、贵妃及贵妃诸姐在华清宫中住了九十五天。紧接着，二月，返回兴庆宫，就爆发了贵妃'忤旨'而被'送归'杨铦的风波。'忤旨'的原因，自然在于华清宫里发生了不愉快的事"③。而此次弥合帝妃关系的，则由虢、韩二夫人变成了杨国忠和秦国夫人，"遂召入（贵妃），礼遇如初。因又幸秦国及国忠第，赐两家巨万"④，可见其对虢国夫人的有意避开，"这样做，是为了照顾杨贵妃的情绪，消除'虢国夫人承主恩'的影响"⑤。另

杨贵妃与虢国夫人
（稗畦草堂刊《长生殿》第七出《幸恩》插图）

① 《唐玄宗传》，第364页。
② 《旧唐书》卷五一《后妃传上·杨贵妃》，第2179页。
③ 《唐玄宗传》，第374—375页。
④ 《新唐书》卷七六《后妃传上·杨贵妃》，第3494页。
⑤ 《唐玄宗传》，第375页。

外，此次杨贵妃出宫之时，或也正是虢国夫人与玄宗浓情蜜意之际，陈玄礼所阻玄宗欲幸虢国宅，或就发生在此事前的华清宫。

学者对虢国夫人与唐玄宗"调谑淫荡，无所顾忌"的评价是"置道德于不顾"①；史家、文人对此的评说也是，"又见天宝后，掖庭戚属莫不如此，国何以久安耶"②，"当时浊乱宫闱如此，已兆陈仓之祸矣"③。其实，类似虢国夫人与杨贵妃的爱恨情仇，在武则天时就已上演过，"（则天姊）韩国出入禁中，一女国姝，帝皆宠之。韩国卒，女封魏国夫人，欲以备嫔职，难于后"④。而韩国夫人与高宗的暧昧关系也被其后的流言所证，"宫人潜议云，'贤是后姊韩国夫人所生'"⑤。幸而韩国卒，方未演成姊妹情杀；但韩国之女魏国夫人就很不幸了，她很快就被姨母武则天毒杀。

相较之下，杨贵妃的权势不似武则天之大，唐玄宗对杨贵妃的宠爱亦较专一，故在虢国夫人与杨贵妃似有若无的情事争斗中，最终并未酿成大祸。所以，在虢国夫人与杨贵妃的交往中，既有亲情、等级，也有着情感争锋，但总体上看，两人的交往或关系尚属正常。

（四）虢国夫人与安禄山的交往

在清人笔下，虢国夫人与安禄山之间也演绎出了情事，但这在唐宋文本中并无记载。

---

① 《张祜诗集校注·论张祜及其诗》，第 16 页。
② 《默记》卷下《达奚盈盈传》，第 41 页。
③ 《杜诗详注》卷二《虢国夫人》，第 162 页。
④ 《新唐书》卷七六《后妃传上·武则天》，第 3476 页。
⑤ 《旧唐书》卷八六《高宗中宗诸子传·章怀太子》，第 2832 页。关于李贤生母是韩国夫人还是武则天，学界存在争论，如胡戟即认为韩国夫人为李贤母的可能性是存在的（胡戟：《武则天本传》，三秦出版社 1986 年版，第 73 页）。此问题非本书探讨的重点，兹举此例，仅证在时人眼中，高宗与韩国夫人的关系确实暧昧。

虢国夫人与安禄山发生交往，一般都是以杨氏外戚的身份出现。如她在玄宗之令下，与其他杨氏外戚一道，"与禄山结为兄弟"；"禄山入新第，……日遣诸杨与之选胜游宴"①。

当然，在贯彻玄宗笼络安禄山的策略，也即诸杨与安禄山的交往中，虢国夫人无疑是最活跃的"领军"人物之一，如安禄山入朝，"将及戏水，杨国忠兄弟、虢国姊妹并至新丰以来会焉"②；再如，"禄山诡约杨妃，誓为子母；自虢国已下，次及诸王，皆戏禄儿，与之促膝娱宴"③。

但讽刺的是，正因为虢国夫人在杨氏外戚中的这一"领军"地位，安禄山窥到了她的违背礼教与奢靡生活，故安禄山在起兵时，"以诛国忠为名，盛言国忠、虢国夫人罪恶"④，而将矛头直指虢国夫人。

三、虢国夫人与其他人的一般交往

在虢国夫人的日常交往中，还有与诸王、公主的交往，也有若干与其他官民的交集。

（一）与公主、诸王的交往

作为命妇，公主和国夫人都须参加朝廷举办的朝参活动，如元日、冬至、四立等重大节日，都须入宫朝参皇后或太后。每逢皇室成员如皇后、皇太后、皇太子、公主的册立大典，内外命妇也须依制入宫朝参。如此，作为命妇的虢国夫人就会在朝参之典时与诸公主产生交集。

在唐代的命妇之制中，公主的地位高于国夫人，而大长公主更

---

① 《资治通鉴》卷二一六"唐玄宗天宝十载春正月"条，第 6903 页。
② 《安禄山事迹》卷上，第 80 页。
③ 《资治通鉴》卷二一六"唐玄宗天宝十载春正月甲辰"条考异，第 6903 页。
④ 《册府元龟》卷一八一《帝王部·无断门》，第 2013 页。

为外命妇之首，地位最尊。唐代命妇制规定：

> 皇姑封大长公主，皇姊妹封长公主，皇女封公主，皆
> 视正一品；皇太子之女封郡主，视从一品；王之女封县主，
> 视正二品。……王母、妻为妃；一品及国公母、妻为国夫人。[1]

命妇入班的顺序，其大体原则是，"司赞设外命妇班位于殿庭：大长公主以下在东，太夫人以下在西，诸亲妇女位于外命妇之下，宗亲在东，异姓在西。俱重行北面，相对为首"[2]。如此的入班位置与顺序，充分显示了公主等宗亲命妇与一般外命妇的等级差别。

但碍于虢国夫人等杨氏诸姊的声势，即使贵为玄宗之妹的持盈长公主（玉真长公主），在命妇入班时也要让杨氏三分，"三姊皆美劭，……恩宠声焰震天下。每命妇入班，持盈公主等皆让不敢就位"[3]。

而如下两事更显示了在与公主交往时，包括虢国夫人在内的杨氏外戚的威势。"（天宝）十载正月望夜，杨家五宅夜游，与广平公主骑从争西市门。杨氏奴挥鞭及公主衣，公主堕马，驸马程昌裔扶公主，因及数抷。公主泣奏之。"[4]在玄宗的偏袒下，杨氏一方仅家奴被杀，但公主方面，驸马程昌裔遭停官。另一事，"建平、信成二公主以与妃家忤，至追内封物，驸马都尉独孤明失官"[5]。此次，玄宗对两公主与杨氏外戚发生矛盾的处罚更重，不但除驸马之官，还追其食封之物。按，唐有公主食封之制，"旧制。……公主三百户，长公

---

① 《大唐六典》卷二"尚书吏部司封郎中员外郎"条，第41页。
② 《大唐开元礼》卷九八《嘉礼·皇后正至受外命妇朝贺并会》，第458页。
③ 《新唐书》卷七六《后妃传上·杨贵妃》，第3493页。
④ 《旧唐书》卷五一一《后妃传上·杨贵妃》，第2178—2180页。
⑤ 《新唐书》卷七六《后妃传上·杨贵妃》，第3493页。

主加三百户。……开元中……诸皇女为公主者例加一千户。其封自开元以后，约以三千户为限"①。而其食封之物，则是向封户征收的租调，"凡诸王及公主以下所食封邑皆以课户充"②。建平、信成二公主被"追内封物"，就是指其食邑封户租调被追缴。

虢国夫人等在与诸王交往时，同样因为玄宗的特殊宠待而致诸王也让其三分，"十宅诸王男女婚嫁，皆资韩、虢绍介；每一人纳一千贯，上乃许之"③。

（二）与一般官民的交往

在虢国夫人与一般官民的交往中，一方面是当朝各级官员对她及其他杨氏外戚的逢迎与奉承，另一方面则是她面对臣民时的跋扈与倨傲。

当朝各级官员对杨氏外戚及虢国夫人的逢迎，如"韩、虢、秦三夫人与铦、锜等五家，每有请托，府县承迎，峻如诏敕，四方赂遗，其门如市"④。再如，刑部尚书裴敦复因政争，而"令子婿以五百金赂于贵妃姊杨三娘。杨氏遽为言之"⑤。

关于虢国夫人与官民交往时的跋扈，其最重要的事例，就是强抢韦嗣立旧宅。韦嗣立，武周、中宗时的重臣，官至宰相，其父思谦、兄承庆亦均至宰相，"嗣立、承庆俱以学行齐名。长寿中，嗣立代承庆为凤阁舍人；长安三年，承庆代嗣立为天官侍郎，顷之又代嗣立知政事；及承庆卒，嗣立又代为黄门侍郎，前后四职相代。又父子三人，皆至宰相。有唐已来，莫与为比"。韦嗣立还奉诏附入中宗韦后属籍，

---

① 《唐会要》卷五《诸王》，第 51 页。
② 《通典》卷三一《职官·历代王侯封爵公主并官属附》，第 871 页。
③ 《杨太真外传》卷下，见《开元天宝遗事十种》，第 141 页。
④ 《旧唐书》卷五一《后妃传上·杨贵妃》，第 2179 页。
⑤ 《旧唐书》卷一〇〇《裴宽传》，第 3131 页。

"嗣立与韦庶人宗属疏远，中宗特令编入属籍，由是顾赏尤"。嗣立三子，长子孚，累迁至左司员外郎；次子恒，"（开元）二十九年，为陇右道河西黜陟使"，不久出为陈留太守；三子济，"天宝七载，又为河南尹，迁尚书左丞。三代为省辖，衣冠荣之"。①

面对这样一位"父子三人"为相且与前朝皇后为疏属的重臣之后——这些后人也为朝中之官，虢国夫人也是毫不留情，跋扈之势丝毫不减。在她与韦嗣立诸子交谈尚未完毕时，她所统领的诸工就已开拆韦宅的东西厢，"语未毕，有工数百人，登东西厢，撤其瓦木"，并且最终仅"授韦氏隙地十数亩，其宅一无所酬"②。

而对为她豪装大宅的工人，虢国夫人的倨傲之态尽现："虢国中堂既成，召匠圬墁，授二百万偿其值，而复以金盏瑟瑟三斗为赏。"③面对工人的邀赏，虢国夫人自然是逞其豪奢的，"堂成，工人偿价之外，更邀赏伎之直。复授绛罗五千匹，工者嗤而不顾。虢国异之，问其由。工曰：'某生平之能，殚于此矣。苟不知信，愿得蝼蚁、蜥蜴、蜂虿之类，去其目而投于堂中，使有隙、失一物，即不论工直也。'于是又以缯彩珍贝与之"④。

其实，在杨家外戚中，不仅虢国夫人跋扈如此，其他人亦不遑多让，如秦国夫人的强抢史敬忠婢：

> 唐杨慎矜，隋室之后。其父崇礼，太府少卿，葬少陵原。封域之内，草木皆流血。守者以告，慎矜大惧，问史敬忠。忠有术，谓慎矜可以禳之免祸。乃于慎矜后园大陈法事……。如是者数旬，而流血亦止……。慎矜愧之，遗侍婢明珠。

---

① 《旧唐书》卷八八《韦嗣立传》，第2873—2874页。
② 《明皇杂录》卷下，第29页。
③ 《明皇杂录》卷下，第29页。
④ 《全唐诗》卷五六七郑嵎《津阳门诗并序》，第6562页。

明珠有美色，路由八姨门，（贵妃妹也。）姨方登楼，临大道，姨与敬忠相识，使人谓曰："何得从车乎？"敬忠未答，使人去帘观之。姨于是固留邀敬忠坐楼，乃曰："后车美人，请以见遗。"因驾其车以入，敬忠不敢拒。明日入宫，以侍婢从。帝见而异之。①

杨慎矜，"隋炀帝玄孙也。曾祖隋齐王暕……。父隆礼……擢拜太府卿，加银青光禄大夫，进封弘农郡公。在职二十年，公清如一。年九十余，授户部尚书致仕"，玄宗颇为赏识隆礼之才与德，故"崇礼罢太府，玄宗访其子堪委其父任者。宰臣以慎余、慎矜、慎名三人皆勤恪清白有父风，而慎矜为其最，因拜监察御史，知太府出纳"②。即使是这样一位累世名家的大臣赠遗史敬忠的婢女，秦国夫人同样毫不手软，此亦显示了杨家外戚固有的跋扈之风。

关于虢国夫人的日常交往，我们从其时段与交往的性质上看到了其所具有的特点。首先，关于它的时段，依目前所有的材料，我们可知的虢国夫人最早的交往活动，是她在蜀地与杨国忠的婚外情，而对此前她的交往，如她与裴氏夫如何定亲，与夫及夫家关系如何，等等，则都一无所知。其次是她的日常交往性质。按照日常生活理论，依据交往的性质和活动图式，日常交往可分为自在的交往、异化的交往和自由的交往等各种类型，"自在的交往指主体间凭借天然情感、文化习俗、传统习惯等等而自发地进行的交往，它往往呈现为一种缄默共存的交往关系；异化的交往是指主体间不平等的交往活动，是把交往对象从主体降低为客体、从目的降低为手段，把'主体—主体'

---

① 《明皇杂录·逸文》，第52页。
② 《旧唐书》卷一〇五《杨慎矜传》，第3225—3226页。

结构降格为'主体—客体'结构的交往；自由的交往则是主体间平等的、自觉的、自主的交往活动"[①]。依据这一分类，我们看到，在虢国夫人的日常交往中，自由的交往是比较少的；她与杨贵妃、与杨氏诸外戚的交往，或更多表现了自在交往的一面，但与杨贵妃、杨国忠的交往，也隐含了争锋与利用的因素，存在着异化的交往成分；而她与唐玄宗、安禄山及其他官民的交往，则更多表现出了异化的交往特质，明显存在着利用与被利用的关系。

---

① 《现代化与日常生活批判——人自身现代化的文化透视》，第136页。

第七章 虢国夫人的衣食住行

在虢国夫人的日常生活中，她的日常消费——极奢的衣食住行——是史家特别关注，也是予以最多批评的方面[①]。虽然如此，关于她的衣食住行的奢靡程度、具体细节、僭制情况等，目前的研究都尚显不足。

关于杨贵妃三姊的生活，陈鸿《长恨歌传》记，杨贵妃"姊妹封国夫人，富埒王宫，车服邸第与大长公主侔"[②]。所谓"与大长公主侔"，其意明显在谴责杨氏三姊的僭制。在唐代礼律给予外命妇的待遇中，以大长公主为首的公主、王妃等宗亲命妇是要优于其他外命妇的，这在车、服等制度上都有体现。如唐时车制规定，"外命妇、公主、王妃乘厌翟车，驾二马。自余一品乘白铜饰犊车，青通幰，朱里油缦，朱丝络网，驾以牛"，在车的种类及拉驾的牲畜上，公主与命妇都有等级差别；再如服制，"诸公主、王妃佩绶同，诸王县主、内命妇准品。外命妇五品已上，皆准夫、子，即非因夫、子别加邑号者，亦准品"[③]，公主、王妃的佩绶也明显有别于其他外命妇。

虽然唐制如此，特别是大长公主的尊崇如此，但在现实的衣食住行中，虢国夫人却有着许多大长公主都望尘莫及的消费水准与特权，其超高的生活水准，举朝少见。

一、虢国夫人的衣生活

唐代贵妇的服饰一般有常服和礼服两大类，常服为日常所着，礼服则为礼仪场合所穿。虢国夫人衣生活的特点，主要表现在其常服的豪奢上。

[①] 如阎守诚、吴宗国：《唐玄宗》，第187—188页；许道勋、赵克尧：《唐玄宗传》，第353—355页。

[②] 《白居易集》卷一二陈鸿《长恨歌传》，第236页。

[③] 《旧唐书》卷四五《舆服制》，第1935、1956—1957页。

（一）常服

唐代妇女常服的款式，可大概
分为上衫下裙的女装、胡服和男装
等三大类。其中，又以上衫下裙的
女装为主要款式，此类女装一般由
裙、衫、帔（或加之半臂）等三件
套（或四件套）构成。

虢国夫人在日常生活中，也常
穿着上衫下裙加帔的女装。如她在
强夺韦嗣立宅时就是这样的着装，
"韦氏诸子方偃息于堂庑间。忽见
妇人衣黄罗帔衫，降自步辇"①。
在《虢国夫人游春图》中，也有几
人穿着此类服装。

泥头木身女俑
（新疆吐鲁番阿斯塔那唐墓出土）

在强夺韦嗣立宅时，虢国夫人所着的帔衫颜色——黄色，是其
时的流行色。天宝时期，杨贵妃宠盛至极，连皇室贵戚都对她趋奉有
加，"诸王贵主洎虢国以下，竞为贵妃琵琶弟子"②；时人更是对她
羡慕不已，"故当时谣咏有云：'生女勿悲酸，生儿勿喜欢。'又曰：
'男不封侯女作妃，看女却为门上楣。'其人心羡慕如此"③。因她
受到了万人瞩目，故她的穿着也成为当时的时尚风向标。如玄宗为她
亲插的步摇，或可反推天宝时期的时世妆④，玄宗"自执丽水镇紫

---

① 《明皇杂录》卷下，第 29 页。
② 《明皇杂录·逸文》，第 37 页。
③ 《白居易集》卷一二陈鸿《长恨歌传》，第 236 页。
④ 杨贵妃戴步摇或是受当下时尚的影响，但她戴步摇无疑会反推时尚潮流
的发展。

库磨金琢成步摇，至妆阁，亲与插鬓"①，而其时的妇女也是"簪步摇钗，衫袖窄小"。再如，杨贵妃曾入道，故其"好服黄裙"②。唐时女冠的法服为黄，约成书于隋末的道教戒律仪范《洞玄灵宝三洞奉道科戒营始》③规定："凡常女冠法服：玄冠，上下黄裙帔十八条。"④在杨贵妃的带动下，天宝女装也掀起了一股黄色潮，其影响力甚至远及益州（今四川成都），像益州士曹柳某妻李氏在赴节帅章仇兼琼夫人之宴时，穿的就是黄罗银泥裙⑤，而虢国夫人的"衣黄罗帔衫"，更显示了她是这一潮流的热切追随者。

虢国夫人的衫裙面料多以罗为之，此除见于她在强夺韦嗣立宅时的"黄罗帔衫"外，还有杜甫《丽人行》一诗对杨氏诸姊之衣的描述——"绣罗衣裳"。以罗为裙衫，其实是虢国夫人身份与财力的显现。唐代丝织品中，罗属精贵之品、奢侈之物。唐人根据精美程度对诸纺织品进行排序，"锦、罗、纱、縠、绫、绌、绝、绢、布"⑥，罗高居前列。因此，罗也成为五品以上官员的服装面料，"三品已上，大科䌷绫及罗"，"五品已上，小科䌷绫及罗"。同时，唐令亦规定，"妇人宴服，准令各依夫色，上得兼下，下不得僭上"，也即五品以上官夫人的常服，也可以罗为之。至于像虢国夫人这种非依夫而来的命妇，唐令对她们的礼服规定是，"外命妇五品已上，皆准夫、子，即非因

---

① 《杨太真外传》卷上，见《开元天宝遗事十种》，第 132 页。

② 《新唐书》卷三四《五行志一》，第 879 页。

③ 对《洞玄灵宝三洞奉道科戒营始》成书年代的探讨，参见大渊忍尔：《道教とその经典》，创文社 1997 年版，第 206—217 页；Livia Kohn（孔力维），*The Daoist Monastic Manual: A Translation of Fengdao Keji,* New York: Oxford University Press, 2004, pp.23-49。

④ 《洞玄灵宝三洞奉道科戒营始》卷五《法服图仪》，见《道藏》第 24 册，文物出版社、上海书店、天津古籍出版社 1988 年版，第 761 页。

⑤ 《太平广记》卷三一《许老翁》，第 198 页。

⑥ 《新唐书》卷四八《百官志三》，第 1271 页。

夫、子别加邑号者，亦准品"，其常服（宴服）等级亦遵循的是礼服
这一规定。如此，身为一品国夫人且极得皇宠的虢国夫人，以罗为面
料，当属制度之内和情理之中。当然，开元、天宝时期，奢靡之风盛行，
妇女违制穿罗的情况并不鲜见，"妇人……既不在公庭，而风俗奢靡，
不依格令，绮罗锦绣，随所好尚。上自宫掖，下至匹庶，递相仿效，
贵贱无别"①。像上文所言的益州士曹妻，其赴宴穿着罗裙就属僭制，
依《大唐六典》所载唐令，大都督府下的士曹参军仅为正七品下②，
其妻本无资格穿着罗衣。

织花罗
（新疆吐鲁番阿斯塔那唐墓出土）

---

① 《旧唐书》卷四五《舆服志》，第1952—1957页。
② 参见《大唐六典》卷三〇"大都督府官"之职条，第518页。按《元和
郡县图志》，"成都府益州……龙朔三年，复为大都督府。……天宝元年，改蜀
郡大都督府"（卷三一《剑南道上·成都府》，第765页）。章仇兼琼出任剑南
节度使的时间是开元二十七年（739）至天宝五载（746），见吴廷燮：《唐方镇
年表》卷六《剑南西川》，中华书局1980年版，第960—961页。

由于如上原因，虢国夫人穿着罗装并未引起特别关注，但作为奢侈品的罗，其价格自然不低。唐时，罗主要供给上层，流通不多，故对其价格的记载鲜少。如此，《朝野金载》的一条记载就显得尤为珍贵："汴州刺史王志愔……令买单丝罗，匹至三千。"[1] 王志愔任汴州刺史的时间，在景云二年（711）至太极元年（712）之间[2]。在各色罗中，单丝罗的织造稍显简单[3]，故其价格当非罗中最高。但我们暂依此价——"匹至三千"来看一下罗与其他民间丝织品的价格对比，以及它的购买力。

在吐鲁番文书《唐天宝二年交河郡市估案》[4] 中，有多种民间流通丝织品的价格。其中价格最高的是细绵绸，其一尺的次估价（中价）为 45 文。按唐令，"布帛皆阔尺八寸，长四丈为匹，布五丈为端"[5]，也即一匹细绵绸的价格为 1800 文。与单丝罗相比，民间流通的高档丝织品的价格也要低其近一半。

再以《唐天宝二年交河郡市估案》中的一些衣食价格来估算一下一匹单丝罗的购买力。衣方面，绳鞋（棉布鞋）的次估价为 27 文，驼靴为 35 文，益州半臂为 400 文，帛高布衫为 900 文。依此，一匹单丝罗售价 3000 文，分别可以购买约 111 双绳鞋、约 86 双驼靴、约 8 件益州半臂和约 3 件帛高布衫。食方面，1 斗白面或乌豆的次估价分别为 37 文和 40 文[6]，3000 文可购约 81 斗白面或 75 斗乌豆，唐代

---

① 〔唐〕张鷟撰，赵守俨点校，《朝野金载》卷三，中华书局 1979 年版，第 76—77 页。

② 《旧唐书》卷一〇〇《王志愔传》，第 3123 页；《新唐书》卷一二八《王志愔传》，第 4464 页。

③ 参见赵丰：《唐代丝绸与丝绸之路》，三秦出版社 1992 年版，第 113 页。

④ 〔日〕池田温著，龚泽铣译：《中国古代籍帐研究》，中华书局 2007 年版，第 303—318 页。

⑤ 《通典》卷六《食货·赋税下》，第 107—108 页。

⑥ 现存吐鲁番文书《唐天宝二年交河郡市估案》中，乌豆的次估价残缺，此依"上直钱伍拾文"推算，见《中国古代籍帐研究》，第 304 页。

成丁男子年均食量约在 7.2 石[1]，所以，一匹罗的价格，约可购买一个成丁男子一年的口粮。

除面料的精贵，虢国夫人裙衫上的刺绣更是耗工、华奢的蹙金绣——"蹙金孔雀银麒麟"[2]。蹙金绣以其原材料的昂贵和加工的费工费时而闻名，此绣之线为金线，而金线的制作，则须先将金银捶打成金箔，再以金箔制成捻金线[3]。法门寺出土的唐紫红罗地蹙金绣半臂，就是很好地展示唐代蹙金绣的实物。

虢国夫人等以孔雀、麒麟为服饰图案，也颇涉浮华。麒麟为古时的圣灵、瑞应之兽，"麟凤龟龙，谓之四灵"[4]，"骐麟[5]，兽之圣者也"，故常与圣王、太平联系在一起，"凤皇骐䮡，太平之瑞也"[6]；

---

[1] 关于唐人的年均食量，学者的研究结果在 6—8 石之间。参见黄正建：《敦煌文书与唐五代北方地区的饮食生活》，见武汉大学中国三至九世纪研究所编：《魏晋南北朝隋唐史资料》第 11 辑，武汉大学出版社 1998 年版，第 271 页；毛汉光：《敦煌吐鲁番居民生存权之个案研究》，见项楚、郑阿财主编：《新世纪敦煌学论集》，巴蜀书社 2003 年版，第 310 页；张国刚：《唐代家庭与社会》，第 102—103 页。本书以 7.2 石为标准，主要的依据是如下唐令规定："凡反逆相坐，没其家为官奴婢"，"其粮：丁口日给二升"；"给公粮者"，"丁男日给米二升"（《大唐六典》卷六"都官郎中员外郎"之职条，第 151 页；卷一九"司农寺太仓署令"之职条，第 375 页），年计 7.2 斛。关于唐开元年间的给粮标准，亦请参见李锦绣：《唐开元二十五年〈仓库令〉所载给粮标准考——兼论唐代的年龄划分》，见上海社会科学院《传统中国研究集刊》编辑委员会编：《传统中国研究集刊》第 4 辑，上海人民出版社 2008 年版，第 304—313 页。

[2] 《杜甫全集校注》卷一《丽人行》，第 342 页。

[3] 参见黄能馥主编：《中国美术全集·工艺美术编 6·印染织绣（上）》，文物出版社 1985 年版，第 9—10 页。法门寺出土丝织品中的捻金线，直径为 125—550 微米，制作金线所用为金银合金（见杨军昌等：《法门寺地宫出土唐代捻金线的制作工艺》，载《文物》2013 年第 2 期，第 97—104 页）。

[4] 《礼记正义》卷二二《礼运》，见《十三经注疏》本，第 3085 页。

[5] 麒麟，也作骐麟、骐䮡。宋人程大昌认为，麒麟之作骐䮡，与唐时以麟名马厩有关："古有麒麟，非马也。其字亦不从马。……唐厩遂以祥麟院为名。老杜诗：'近闻下诏宣都邑，肯使麒麟地上行。'是用天上石麒麟为事，正以骐䮡为麒麟矣。"〔宋〕程大昌撰，许逸民校证：《演繁露校证》卷一六《麒麟》，中华书局 2018 年版，第 1095 页。

[6] 〔汉〕王充著，黄晖撰：《论衡校释》卷一六《讲瑞篇》，中华书局 1990 年版，第 728 页。

孔雀虽非灵兽，但因出自南方僻远之地，且毛、尾光翠夺目，唐人也视其为珍禽，入于其时的土贡名录①。代宗即位后，对包括孔雀、麒麟在内的"异彩奇文"都予以禁断："其绫锦花文，所织盘龙、对凤、骐骥、狮子、天马、辟邪、孔雀、仙鹤、芝草、万字、双胜及诸织造差样文字，亦宜禁断。"②

捻金线样品（唐李倕墓出土）

唐紫红罗地蹙金绣半臂（法门寺出土）

另外，在虢国夫人的头饰、服饰上，还缀有周身的珠宝。对此，《丽人行》有诗句："头上何所有？翠为匎叶垂鬓唇。背后何所见？珠压腰衱稳称身。"③对于这几句诗的含义，有人总之曰："盖举头与腰之饰，而一身之服备矣。"④关于头饰，"翠微（为）匎叶，则翡翠微布于匎彩之叶"，而所谓匎彩，即花钿。关于腰饰，其所谓腰衱，即裙腰，"以珠缀之，故言珠压腰衱"⑤。虢国夫人的这一通身珠玉，也见于她与诸杨随幸华清宫时，"玄宗每年十月幸华清宫，国忠姊妹五家扈从，……而遗钿坠舄，瑟瑟珠翠，璀璨芳馥于路"⑥，诸杨周身的珠宝，甚至遗落在了路上。

---

① 开元时期，淮南道、岭南道的土贡中都有孔雀，见《大唐六典》卷三"户部郎中员外郎"之职条，第60、63页。

② 《唐大诏令集》卷一〇九《政事·禁约下·禁大花绫锦等敕》，第566页。

③ 《杜甫全集校注》卷一《丽人行》，第342页。

④ 李书春等编纂：《杜诗引得》上《九家集注杜诗》，上海古籍出版社1985年版，第25页。

⑤ 《钱注杜诗》卷一《丽人行》，第25页。

⑥ 《旧唐书》卷五一《后妃传上·杨贵妃》，第2179页。

虢国夫人的这一身珠宝价值几何？我们依唐人的一首诗《富贵曲》，来忖度一下："美人梳洗时，满头间珠翠。岂知两片云，戴却数乡税。"[1] 虢国夫人的一身珠翠，其当远不止"数乡税"了。

（二）礼服

在正式的礼仪场合，唐代命妇须穿着礼服。依唐制，五品以上外命妇有礼服两等，即花钗翟衣和钿钗礼衣。

唐《武德令》对这两等礼服的规定是：

> 内外命妇服花钗，（施两博鬓，宝钿饰也。）翟衣青质，（罗为之，绣为雉，编次于衣及裳，重为九等而下。）第一品花钿九树，（宝钿准花数，以下准此也。）翟九等。第二品花钿八树，翟八等。……并素纱中单，黼领，朱襈、褾，……蔽膝，……大带，青衣，革带，青袜、舃，佩，绶。……其外命妇嫁及受册、从蚕、大朝会亦准此。钿钗礼衣，通用杂色，制与上同，唯无雉及佩绶。（去舃，加履。）第一品九钿，第二品八钿，……外命妇朝参辞见及礼会则服之。[2]

据此，唐代命妇礼服的等差，主要表现在花钿、宝钿、翟饰的数量等方面。大长公主、长公主、公主、王妃与国夫人均为一品，故其礼服的花钿、宝钿、翟饰数量应当相同。

实际上，公主、王妃与国夫人的礼服差别，主要表现在绶上。依制："诸公主、王妃佩绶同，诸王县主、内命妇准品。外命妇五品已上，皆准夫、子，即非因夫、子别加邑号者，亦准品。"[3] 依"大唐外命妇之制"，文武官一品及国公母、妻为国夫人，虢国夫人虽非因夫、

---

① 《全唐诗》卷八五四杜光庭（一作郑遨）《富贵曲》，第 9666、9671 页。
② 《旧唐书》卷四五《舆服志》，第 1956 页。
③ 《旧唐书》卷四五《舆服志》，第 1956—1957 页。

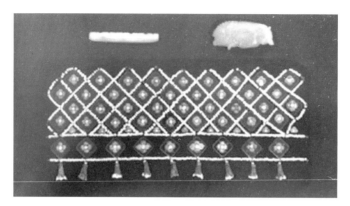

裙腰佩饰（唐李倕墓出土）

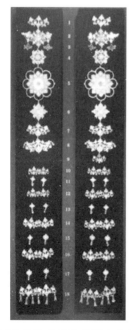

下身佩饰（唐李倕墓出土）

金银宝头饰
（西安咸阳机场贺若氏墓出土）

因子而受封，但其国夫人之制应同于文武官一品及国公母、妻。另，关于公主、王妃的佩绶，唐史仅载"诸公主、王妃佩绶同"，而未载其制的具体内容，参考如下隋制，"诸王太妃、妃、长公主、公主、三公夫人、一品命妇……绶同夫色"①，则王妃的绶制同于诸王。唐《武德令》对诸王、一品官绶的规定是，"亲王缥朱绶，四彩，赤、黄、缥、绀，纯朱质，缥文织，长一丈八尺、二百四十首，广九寸。一品绿綟绶，四彩，紫、黄、赤，纯绿质，长一丈八尺，二百四十首，广九寸"②。综此，兹将公主、王妃与国夫人的花钗礼衣之制列表对比如下：

表4　公主、王妃、国夫人花钗礼衣之制对比表

礼服	身份	头服	身服		足服	佩	绶
			衣翟饰	蔽膝翟饰			
花钗礼衣	王妃公主	花钿、宝钿各九，两博鬓	绣雉，九等	雉二事	舄	山玄玉	缥朱绶
	一品官妻	花钿、宝钿各九，两博鬓	绣雉，九等	雉二事		山玄玉	绿綟绶

关于外命妇穿着礼服的场合，我们也依上引武德衣服令，将其列表显示如下：

表5　《武德令》规定的外命妇礼服及穿着场合表

身份	礼服	场合
外命妇	花钗翟衣	嫁，受册，从蚕，大朝会
	钿钗礼衣	朝参，辞见，礼会

从蚕，其是内外命妇于季春吉巳日，跟随皇后祭享先蚕与亲桑。入宫朝参和朝会则均有朝贺参拜之仪。朝会一般在元正、冬至或纳后、临轩册后、册皇太子时举行。朝参则于朔望或固定时间举行，如每

① 《隋书》卷一二《礼仪志七》，第728页。
② 《旧唐书》卷四五《舆服志》，第1944页。

月的二十六及元正、冬至、寒食、五月五日等。另外，外命妇出嫁、受册时，也应按品级穿着花钗翟衣。辞见，其属"因事得入宫殿者"①，外命妇的辞见，其奏请和礼服均须合乎制度规定。礼会，是为亲王、公主和百官婚礼中的一种仪式，仅限女子参加，其与男子参加的婚会之仪相对，如亲王纳妃时，礼会是指在王妃本家举办的婚礼宴会活动，款待女宾，"女宾乘车入，至下车所，内傧者引入，主人迎送于门内。相称之辞，各准其夫，余如丈夫之礼"②。

由如上分析的外命妇穿着礼服的场合看，因天宝时的宫中特点，虢国夫人穿着礼服的机会应不会太多。如从蚕、朝参和朝会，在她受封国夫人的天宝时期，皇后阙位，皇太后亦不健在，故这些朝仪活动都无从举行。再如出嫁和受册，虢国夫人自丧夫后，未见再嫁；而她一封即为国夫人，故册封穿着礼衣也当仅发生过一次。还有辞行，从目前的材料看，自杨贵妃受宠而随之进入长安后，虢国夫人未见离开过长安——除随玄宗游幸华清宫外，故辞见穿着礼服的情况也当不存在。而礼会或是虢国夫人穿着礼服最多的场合，史载"十宅诸王百孙院婚嫁，皆因韩、虢为绍介"③，作为媒人的虢国夫人，出席新人婚礼，自是顺理成章之事。由目前的史料看，虢国夫人的穿着礼服，似未有僭礼越制的情况。

二、虢国夫人的食生活

"紫驼之峰出翠釜，水精之盘行素鳞。犀箸厌饫久未下，鸾刀缕切空纷纶。黄门飞鞚不动尘，御厨络绎送八珍。"④ 这是《丽人行》

---

① 《唐律疏议》卷七《卫禁律》，第 154 页。
② 《大唐开元礼》卷一一五《嘉礼·亲王纳妃》，第 545 页。
③ 《旧唐书》卷五一《后妃传上·杨贵妃》，第 2180 页。
④ 《杜甫全集校注》卷一《丽人行》，第 342 页。

对杨家外戚游春时的饮馔的描述。杜甫以几种典型的珍馔——紫驼之峰、素鳞、八珍，几种华奢的食器——翠釜、水精盘、犀箸，暗喻了包括虢国夫人在内的杨家外戚食生活的极奢。除此而外，唐代史籍对虢国夫人的其他食生活则鲜少记载。基于此，我们就重点来看一下虢国夫人食生活的奢侈情况。

（一）珍馔：紫驼之峰、素鳞、八珍

这几类食馔或以其食材的稀有，或以其烹饪的考究，而入围唐时顶级珍馔行列。

1. 紫驼之峰

顾名思义，此道珍馔的食材为驼峰。中国人开始食用驼肉的时间并不早，其在南北朝之后。唐时，驼峰入馔开始见诸史料，《丽人行》中的紫驼之峰是对此较早的记载。至晚唐，驼峰炙已成了"衣冠家名食"，并有"将军曲良翰，能为……驼峰炙"[1]。

驼峰炙，是以炭火烧烤的驼峰，紫驼之峰或是其别称。此道食馔珍贵的原因，主要在于食材的稀有和菜肴的美味。唐时，骆驼是重要的驮畜，被视为沙漠中的圣物，主要来自西域及其他政权的礼赠和贡献，在内陆的长安较为稀有[2]。而驼峰又是驼肉中的精华，其由胶质脂肪构成，少杂质，柔嫩腴润，是为烹饪原料中的珍品。所以，宋代时，驼峰就从唐衣冠家流行的名食跻身为顶级美馔，"驼峰之隽，列于八珍"[3]。

而驼峰的炙烤，或也极为讲究，兹以唐朝的如下故事以证之。《太平广记》录唐康骈《剧谈录》：

---

① 《酉阳杂俎校笺》前集卷七《酒食》，第607页。
② ［美］谢弗著，吴玉贵译：《唐代的外来文明》，中国社会科学出版社1995年版，第153—156页。
③ 〔宋〕周密撰，吴企明点校：《癸辛杂识·续集上》，中华书局1988年版，第160页。

乾符中，有李使君出牧罢归，居在东洛，深感一贵家旧恩，欲召诸子从容。……于是广求珍异，俾妻孥亲为调鼎，备陈绮席雕盘。选日邀致，弟兄列坐，矜持俨若冰玉，肴羞每至，曾不入口。……诸子曰："燔炙煎和未得法。"……凡以炭炊馔，先烧令熟，谓之炼炭，方可入爨，不然犹有烟气，李使君宅炭不经炼，是以难食。①

彩绘釉陶载物骆驼②
（唐郑仁泰墓出土）

唐骆驼载乐图
（陕西历史博物馆藏）

唐末的乾符时期，社会上奢靡之风盛行，僖宗对此也颇为忧虑，其制即言："如闻卿大夫庶士，近者竞崇侈靡，莫辨等威，服玩车舆，皆越制度，蠹于教化，朕甚悯焉。"③在上引故事中，任州郡长官的李使君，其深感旧恩的贵家兄弟身份不明，但其至少当入于"卿大夫庶士"的行列，而其日常生活的奢靡，不但使李使君甚为震惊，且也应验了僖宗制文所说的内容。以虢国夫人等杨氏外戚在食生活上

---

① 《太平广记》卷二三七《李使君》，第1828—1829页。
② 张志攀、李浪涛主编：《昭陵博物馆陶俑珍品集》（2），北京联合出版公司2016年版，第108页。
③ 《全唐文》卷八九僖宗《车驾还京师德音》，第925页。

的考究，其对炭火的要求自当不在这些"贵家"子弟之下。

2. 素鳞

对于素鳞的食材，学界未有定论，有学者以其为白鳞鱼[1]，但笔者更倾向于是白鱼。白鳞鱼生长于沿海地区，在历史上从未被视为珍馔。但白鱼不同，自南朝以来，它就被视为高级食材，像"侈于味"的何胤，"食必方丈，后稍欲去其甚者，犹食白鱼、鮾脯、糖蟹，以为非见生物"[2]。隋时，白鱼更入围了太湖地区的土贡名录，"白鱼，出太湖者为胜。……民得采之，随时贡入洛阳"[3]。因隋炀帝的喜爱，白鱼鱼种甚至被引入了洛阳禁中，"白鱼种子。隋大业六年，吴郡贡入洛京，敕付西苑内海中"[4]。唐时，白鱼依然是一些地方的土贡，如江陵府江陵郡[5]，而颍州汝阴郡也贡有糟白鱼[6]。白鱼因其珍贵，也成为皇帝赏赐臣下之物，如李林甫在谢玄宗赐物状中就称，"又赐白鱼两个"[7]。

3. 八珍

八珍在历史上出现得很早，《周礼》就称"珍用八物"，但关于八物的内容，此书缺载[2]。汉人郑玄对"八物"的注释是：

珍谓淳熬、淳母、炮豚、炮牂、捣珍、渍、熬、肝膋也。[8]

---

① 参见萧涤非：《杜甫诗选注》，第 20 页。

② 〔唐〕李延寿：《南史》卷三〇《何胤传》，中华书局 1975 年版，第793 页。

③ 〔宋〕范成大撰，陆振岳校点：《吴郡志》卷二九《土物上》，江苏古籍出版社 1999 年版，第 436 页。

④ 《吴郡志》卷三〇《土物下》，第 441 页。

⑤ 《新唐书》卷四〇《地理志四》，第 1027 页。

⑥ 《新唐书》卷三八《地理志二》，第 987 页。

⑦ 《全唐文》卷三三三苑咸《为李林甫谢赐物食状》，第 3373 页。

⑧ 《周礼注疏》卷四《膳夫》及郑注，见《十三经注疏》本，第 1420 页。

另一部经典《礼记》则详载了八珍的内容，但其与《周礼》郑注所记略异，它不含炮牂而有糁[1]。由此可见，"在文献上，周代的八珍究竟是哪八道菜，由于郑玄为《周礼》所写的注文，与《礼记》之《内则》篇的正文，既有炮牂与糁的差别，是没有定说的"[2]。

下面就依《礼记·内则》所记，将周之八珍的食材和烹饪、食用方法简述如下：

淳熬："煎醢加于陆稻上，沃之以膏，曰淳熬。"即将煎熟与煎热的酱（或肉酱）放到米饭上，再将猪油浇到酱上。

淳母："煎醢加于黍食上，沃之以膏，曰淳母。"即将煎熟与煎热的酱（或肉酱）放到黏黄米饭上，再将猪油浇到酱上。

炮豚："取豚若将，刲之，刳之，实枣于其腹中。编萑以苴之，涂之以谨（瑾）涂。炮之。涂皆干，擘之，濯手以摩之。去其皽，为稻粉，糔溲之以为酏，以付豚。煎诸膏；膏必灭之。巨镬汤，以小鼎芗脯于其中，使其汤毋灭鼎。三日三夜毋绝火。而后调之以醯、醢。"此道珍馐的烹制过程烦琐，先烤、再炸、再炖，最后蘸醋或酱食用。另外，"炮牂"是将原材料由猪换为羊，两者的烹饪方法相同。

捣珍："取牛、羊、麋、鹿、麕之肉，必脄。每物与牛若一，捶反侧之，去其饵，孰出之，去其皽，柔其肉。"即将牛、羊、麋、鹿、麕的里脊肉放在一起，先反复捶打，去筋，做熟后再去肉表的薄膜，最后或以调味汁泡肉使之软滑，然后食用。

渍："取牛肉，必新杀者。薄切之；必绝其理。湛诸美酒，期朝而食之，以醢若醯、醢。"即以酒浸泡牛肉片，次日凌晨直接食之，或佐以调料食之。

---

[1]《礼记正义》卷二八《内则》，见《十三经注疏》本，第3180—3181页。

[2] 庄申：《从"八珍"的演变看中国饮食文化的演变》，载《中央研究院历史语言研究所集刊》1990年第2期。此下对《礼记》所记八珍的解释，亦参考了此文。

熬："捶之；去其皽，编萑布牛肉焉，屑桂与姜以洒诸上而盐之，干而食之。施羊亦如之，施麋、施鹿、施麕皆如牛羊。欲濡肉则释而煎之以醢，欲干肉则捶而食之。"即调味、煎、以苇类植物萑草包牛肉风干，其后有两种吃法，一浇以多汁之酱，再以火煎，二食干肉之味，捶软以食。

糁："取牛羊豕之肉，三如一，小切之，与稻米。稻米二、肉一，合以为饵。煎之。"即取牛、羊、猪肉各三分之一，切碎，与米混合，肉三分之一，米三分之二，做成肉饼，煎熟。

肝膋："取狗肝一，幪之以其膋。濡炙之，举燋其膋，不蓼。"即先用狗网油，也就是狗肠脂肪将狗肝包起，将之在水里浸泡一下，再置于火架上烤至焦，不需用蓼叶为调料，而以原味进食。

以此看，周时八珍的食材，主要有米、猪、牛、羊、鹿、麕、狗肝等；而烹制、食用方法，则有烤、炸、炖、捶、浇、蘸酱汁等，这也是早期农牧业和饮食发展水平的反映。

随着社会经济的发展，唐代的农牧业生产水平有了很大提高。像稻米，在南朝早期，即使地处南方，其也被视为珍物，如刘宋的何子平任官扬州，"月俸得白米，辄货市粟麦。人或问曰：'所利无几，何足为烦？'子平曰：'尊老在东，不办常得生米，何心独飧白粲。'"[①]而在唐时，虽总体上稻米仍比较珍贵，其市场价通常也较粟米、小麦高两成，但上层社会和富裕人家以米为食已非难事[②]。猪牛羊等肉类特别是羊肉，更已成为上层或富裕人家食物中的常见之物[③]。所以，

---

① 〔梁〕沈约：《宋书》卷九一《孝义传·何子平》，中华书局1974年版，第2257页。

② 参见王利华：《中古华北饮食文化的变迁》第二章，生活·读书·新知三联书店2018年版，特别是第103—104页。

③ 《大唐六典》卷四膳部郎中员外郎之职条载，五品已上官，每天供羊肉，亲王更是"月给羊二十口、猪肉六十斤"（第107页）。20口羊约产羊肉260斤（唐制430余斤）。对此的分析，参见王利华：《中古华北饮食文化的变迁》，第139—141页。

对唐人特别是唐代上层之人来说，周时的八珍仅可称为美食，而绝非珍馐了。

那么，唐八珍是由哪些珍馐构成的？史书对此无载，而辽、元两代的八珍是见于史册的，这也为探讨唐八珍提供了线索。下面，我们就借助元八珍，来对唐时珍馐做一个初步分析。

元八珍的构成见于元人所撰的《馔史》：

龙肝，凤髓，豹胎，鲤尾，鸮（鹑）炙，猩唇，熊掌，酥酪蝉（羊脂为之）。[1]

唐时也颇有与这些珍馐相类的食物。

龙肝：汉晋时期的龙肝，或以狗肝、鸟肝为之[2]。但在唐人张篪的笔下，它的食材或为肉，如在他的《游仙窟》中，就有"肉则龙肝凤髓"之食[3]；或为水产，如其记，蜀县令妻因病须食生龙肝，"须臾有龙下，入瓮水中，剔取食之而差"[4]。而玄宗也曾食龙肝，对此，其有故事如下："玄宗倾心好道，专意求仙，露胆披肝，思望长生。又贪采符録（箓）之妙。皇帝又夜梦见一神人送龙肝来，……其味甚美。"[5]此事无疑是传说，但玄宗在日常中食以肉或水产为原料的龙肝，或许也是有可能的。

凤髓：关于此馔的食材、烹制方法，史籍均无载，唐人也未见食

---

① 《馔史》，见〔清〕曹溶辑：《学海类编·集余七·保摄》，广陵书社2007年版，第5393页。

② 参见庄申：《从"八珍"的演变看中国饮食文化的演变》。

③ 〔唐〕张文成撰，李时人、詹绪左校注：《游仙窟校注》，中华书局2010年版，第17页。张文成名篪，字文成。

④ 《朝野佥载》卷三，第65页。

⑤ 王重民等编：《敦煌变文集》卷二《叶净能诗》，人民文学出版社1957年版，第222页。

用。在唐代珍馔中，另有以"凤"相称的凤脯、凤腊。凤脯，为传说中神仙享用的食物，西王母即有言："仙之上药有九色凤脑，次药有蒙山白凤之脯。"① 此珍馔也出现在了张鷟所撰的《游仙窟》中，在其笔下，女主人铺设的酒菜中就有"东海鲻条，西山凤脯"②。凤腊也为唐代珍味之一，在珍羞令③ 赵庆所掌中，就有"凤腊猩唇"④。凤脯、凤腊的食材或为孔雀肉⑤，唐人视孔雀为珍禽，这已在上文述及。

唐三彩牛角形孔雀杯
（河南郑州西郊后王庄出土）

豹胎：至迟在战国末年之前，豹胎就已被视为珍馔了，《韩非子》中就有"象箸玉杯，必不羹菽藿，则必旄象豹胎"⑥ 的说法。唐宋时，

---

① 〔宋〕李昉等编：《太平御览》卷九一五《羽族部·凤》引《汉武内传》，中华书局 1969 年版，第 4057 页。

② 《游仙窟校注》，第 14 页。

③ 按《大唐六典》，光禄寺下设珍羞署，"珍羞令掌供庶羞之事，丞为之贰，以实笾、豆。陆产之品曰榛、栗、脯、修，水物之类曰鱼、盐、菱、芡，辨其名数，会其出入，以供祭祀、朝会、宾客之礼"（《大唐六典》卷一五"光禄寺珍羞令"之职条，第 322 页）。

④ 〔唐〕张鷟撰，田涛、郭成伟校注：《〈龙筋凤髓判〉校注》卷四，中国政法大学出版社 1996 年版，第 168 页。

⑤ 冯玉涛对"凤凰或为孔雀"进行了论证，参见氏文：《凤凰崇拜之谜》，载《人文杂志》1991 年第 5 期。

⑥ 〔战国〕韩非：《韩非子》卷七《喻老》，上海书店 1986 年版，第 119 页。

豹胎则或进入了八珍，宋人王楙的《野客丛书》记"八珍"曰："今俗言八珍之味，有猩猩唇、鲤鱼尾与夫熊掌之类，观李贺曲曰：'郎食鲤鱼尾，妾食猩猩唇。'其说旧矣。又观《吕氏春秋》，伊说曰，'肉之美者。猩猩之唇'。纣作象箸，必为玉杯，玉杯必盛熊蹯豹胎。"①唐代文献中也可见此道珍馔，在《游仙窟》女主人的美食中，有"麟脯豹胎"②；杜牧诗中也称宫人杜秋娘"归来煮豹胎"③。

鲤尾：此馔当是唐时的珍味之一，宋人王楙所记"今俗言八珍之味"中也有鲤尾。又，李贺诗曰"郎食鲤鱼尾，妾食猩猩唇"，但因鲤尾属珍馔，故人以李贺所言为"自状痴騃"④。鲤尾珍贵，其因是鲤与李同音，而李为唐朝国姓，故食鲤在唐朝是被禁断的，"国朝律：取得鲤鱼，即宜放，仍不得吃。号赤鯶公，卖者杖六十，言鲤为李也"⑤。开元三年（715）和开元十九年（731），玄宗更两次下诏禁断天下采捕鲤鱼⑥。如此，在开元、天宝时期上层的食馔中，应当无以鲤为食材的馔品。

但唐人喜食鲤鱼，故有不顾朝廷禁令者，像《酉阳杂俎》的作者段成式就对鲤味进行了公开品评："句容赤沙湖食朱砂鲤，带微红，味极美。"⑦唐人还喜以鲤制生鱼片，以为美味，具体的做法有相关记载，"鲤一尺，鲫八寸，去排泥之羽。鲫员天肉腮后鬐前。用腹腴拭刀，亦用鱼脑，皆能令鲙缕不着刀"⑧。唐人也记述了上至高官、

① 《野客丛书》卷三○《八珍》，第 374 页。
② 《游仙窟校注》，第 17 页。
③ 〔唐〕杜牧撰，何锡光校注：《樊川文集校注》卷一《杜秋娘诗》，巴蜀书社 2007 年版，第 35 页。
④ 〔唐〕李贺撰，吴企明笺注：《李长吉歌诗编年笺注》卷五《大堤曲》，中华书局 2012 年版，第 680 页。
⑤ 《酉阳杂俎校笺》前集卷一七《鳞介》，第 1216 页。
⑥ 《旧唐书》卷八《玄宗纪上》，第 175、196 页。
⑦ 《酉阳杂俎校笺》续集卷八《支动》，第 2015 页。
⑧ 《酉阳杂俎校笺》前集卷七《酒食》，第 606 页。

下至小僮的擅鲙鱼，"小僮能脍鲤"[1]；"有进生鱼于建成者，将召飨人作鲙。时唐俭、赵元楷在座，各自赞能为鲙"[2]。

鲤鱼虽美味，但它毕竟是一种普通水产，且以鲤尾为珍，更令人费解，"鱼的尾部，除了鲨鱼的尾，是珍贵的鱼翅的主要来源，因而可吃以外，由于没有肉，绝对不是好吃的"，故"怀疑鲤尾会不会是别的动物之尾的误写呢？"[3]

鸮炙：鸮，古时对猫头鹰一类鸟的统称。这一食法的出现也颇早，《庄子》中就有长梧子语，"见弹而求鸮炙"[4]。但唐、五代时人认为，鸮炙虽味美，而此馔的含义并不仅在此："鸮大如鸠，恶声鸟，入人家凶，其肉甚美，堪为炙。汉供御物，各随其时，唯鸮冬夏施之，以美也。《礼·内则》曰：鸮胖。《庄子》云：见弹求鸮炙。……又按《说文》曰：枭不孝鸟，至日捕枭磔之。如淳曰：汉使东郡送枭，五月五日作枭羹，赐百官，以其恶鸟，故食之。愚谓古人尚鸮炙，是意欲灭其族，非为其美也。"[5] 所以，唐人以鸮炙为不入流的另类美食，像段成式在《酉阳杂俎序》中，以各类食物、调味品来喻比诸类书籍："无若《诗》《书》之味大羹，史为折俎，子为醯醢也。炙鸮羞鳖，岂容下箸乎？固役而不耻者，抑志怪小说之书也。"[6] 他就以炙鸮和小鳖来比喻其所著的志怪小说。由此可见，唐人或并不视鸮炙为珍馔，并且在唐代史籍中，也未见有人食用鸮炙。

猩唇：此食至迟在战国末年就已被视为美味了，如《吕氏春秋》

---

① 《全唐诗》卷一二九丘为《湖中寄王侍御》，第1318页。
② 《旧唐书》卷六二《李纲传》，第2376页。
③ 庄申：《从"八珍"的演变看中国饮食文化的演变》。
④ 〔清〕王先谦撰，沈啸寰点校：《庄子集解》卷一《齐物论》，中华书局1987年版，第24页。
⑤ 〔唐〕段公路纂，〔唐〕崔龟图：《北户录》卷一，中华书局1985年版，第3页。此记也见〔唐〕刘恂：《岭表录异》卷中，中华书局1985年版，第14页。
⑥ 《酉阳杂俎序》，见〔唐〕段成式撰，许逸民校笺：《酉阳杂俎校笺》，第1页。

有"肉之美者，猩猩之唇"①的说法。唐人依然以其为上等美味，《北户录》的作者段公路即言："广之属城循州、雷州皆产黑象，……土人捕之，争食其鼻，云肥脆，偏堪为炙，滋味小类猪而含消，今之炙也。亦不如一割牛心、猩猩唇之美也。"②但此美味并不易得，如"深感一贵家旧恩"的李使君，在宴请贵家子弟时就说，"若朱象髓白猩唇，恐未能致"③。另外，猩猩属灵长目人科，与人类十分相近，故唐时已有人开始提倡禁止食用猩肉，如杜佑即以猩猩灵异，而以其"不可容易而为庖膳也"④。当然，这也反证了唐人是有食猩肉或猩唇的。

熊掌：春秋中期，人们已知食熊掌，《孟子》著名的鱼和熊掌之说，就是其证。唐人仍视熊掌为珍品，如陆龟蒙言"熊掌称珍"⑤，白居易也说"陆珍熊掌烂"⑥。

酥酪蝉：有学者推测，元代此食当是以奶酥或奶酪制成的蝉形食品，"酪是用牛奶制成的食品，酥又是由酪制成的食品"⑦。唐时，也有一种雕刻花纹的奶制品，称"玉露团"或"雕酥"，其见于尚书令韦巨源的烧尾食单中⑧。玉露团为奶酥雕花，其或就是元代酥酪蝉的前身⑨。

综此，我们看到，元八珍的构成，已从周时的以稻米、畜产为主要食材转变为以珍禽异味为原材料；同时，周时八珍主要强调烹饪方法，而元八珍则以食材为重。另外，通过元八珍与唐代珍馔的对比，

---

① 〔秦〕吕不韦编，许维遹集释，梁运华整理：《吕氏春秋集释》卷一四《孝行览·本味》，中华书局 2009 年版，第 315 页。

② 《北户录》卷二，第 24 页。

③ 《太平广记》卷二三七《李使君》，第 1828 页。

④ 《通典》卷一八七《边防·南蛮上·哀牢》注，第 5062 页。

⑤ 〔唐〕陆龟蒙撰，何锡光校注：《唐甫里先生文集》卷一四《中酒》，凤凰出版社 2015 年版，第 833 页。

⑥ 《白居易集》卷二四《奉和汴州令狐相公二十二韵》，第 529 页。

⑦ 庄申：《从"八珍"的演变看中国饮食文化的演变》。

⑧ 《清异录》卷下，第 105 页。

⑨ 参见庄申：《从"八珍"的演变看中国饮食文化的演变》。

我们也看到，元八珍中的龙肝、凤髓、豹胎、猩唇、熊掌，在唐时同样被视为食中珍品；酥酪蝉的前身，或也可追溯到唐代上层食用的玉露团。以此推测，唐八珍或是元八珍的重要开启。

盛唐时，八珍的稀有、珍贵也可从其食用的人群看到。玄宗之前，八珍的享用一般仅与皇帝和太子联系在一起。关于皇帝食八珍，陈子昂的《为武奉御谢官表》言，武奉御之职为"玉食礼尊，实总八珍之贵"①。奉御，指殿中省下辖的尚食奉御，"掌供天子之常膳"②。玄宗的舅父窦希瑊曾担任此职，在李堪然为他撰写的墓志中，也称他是"荐八珍于帝膳"③。太子食八珍，其见于杨炯的笔下，永隆二年（681），杨炯被荐为东宫属下的崇文馆学士，其后，太子在崇文馆举行宴会，杨炯也"预群公之末坐"，而其宴则是"八珍方馔，寒温取适于四时；一献雕觞，宾主交欢于百拜"④。

玄宗即位后，则开始将八珍赐予宠臣，并将这一赐予视为一种礼遇。如玄宗赐李林甫八珍，李林甫就深感皇恩而曰："伏以九天之使，频过衡门；八珍之羞，屡沾御膳。"⑤《丽人行》也显示，玄宗对其所极宠的杨家外戚，同样赐予八珍。玄宗之后，帝王赏赐八珍、宰相和其他官员食用八珍的情况都更为多见。

关于唐时八珍的价格，史书无载，但《明皇杂录》记，"天宝中，诸公主相效进食，……一盘之贵，盖中人十家之产"⑥。以此推论，唐时八珍的价格，当远高于"中人十家之产"了。当然，唐时中人之产的价值几何，也并无确论。如此，我们不妨以另一个例子来看看唐

---

① 〔唐〕陈子昂撰，徐鹏校点：《陈子昂集》卷四《为武奉御谢官表》，中华书局 1962 年版，第 75 页。
② 《大唐六典》卷一一"殿中省尚食奉御"之职条，第 233 页。
③ 《文苑英华》卷九〇一《太子少傅窦希瑊神道碑》，第 4742 页。
④ 〔唐〕杨炯撰，祝尚书笺注：《杨炯集笺注》卷三《崇文馆宴集诗序》，中华书局 2016 年版，第 320 页。
⑤ 《全唐文》卷三三三苑咸《为李林甫谢赐鱼状》，第 3373 页。
⑥ 《明皇杂录·补遗》，第 47 页。

人眼中的"奢侈"。史载，"武宗朝，宰相李德裕奢侈，每食一杯羹，其费约三万。为杂以珠玉宝贝、雄黄朱砂，煎汁为之，过三煎则弃其柤"①。此事发生在唐武宗时，较盛唐时期，此时的物价已有提高，虽然如此，三万钱一杯的食羹已经是时人眼中的奢侈之物了，但相较于"中人十家之产"，这三万钱肯定是微不足道的。

虢国夫人的其他日常饮食也十分考究，如厨工为她制作的透花糍。透花糍是虢国夫人府内的一种糕点，由其厨吏邓连发明。此食的做法是将熟豆泥中的豆皮滤掉，制成豆沙，名之曰"灵沙臛"。另将上好的吴兴糯米蒸熟，捣打成糍糕，夹入灵沙臛做馅。糍糕的糕体呈半透明状，豆沙的花形隐现于外，故美其名为"透花糍"②。

糍，也作餈，《说文解字》释"餈"为"稻饼也"③；郑玄《周礼注》则云："茨字或作餈，谓干饵饼之也。"④对于许慎、郑玄的解释，段玉裁《说文解字注》曰："按许说与郑不同，谓以糯米蒸孰，饼之如面饼曰餈。"⑤但无论是根据许慎还是郑玄的解释，"透花糍"都应是一种以豆为馅的米糕，这应是明确无误的。再以虢国夫人的豪侈程度，其家所出的透花糍自应是上等材质制成，而这上等材质应是来自吴兴。吴兴，唐时也称湖州，在《元和郡县志》所载的湖州开元赋中有"糙粳米"⑥，"粳，其（稻）不粘者也"⑦，以此，吴兴米或就是湖州（吴兴）所出的"糙粳米"，其非糯米，粳米煮后黏性、油性均大，柔软可口。虢国夫人家的透花糍就当是以吴兴米这样的上等材质，加之以烦琐的制作工艺而传名于世的。

---

① 《太平广记》卷二三七《李德裕》，第1824页。
② 《云仙散录》，第13页。
③ 《说文解字》第五《食部》，第128页。
④ 《周礼注疏》卷五《笾人》，《十三经注疏》本，第1446页。
⑤ 〔汉〕许慎撰，〔清〕段玉裁注：《说文解字注》第五篇下，上海古籍出版社1981年版，第219页。
⑥ 《元和郡县志》卷二六《江南道一·湖州》，第605页。
⑦ 《汉书》卷六五《东方朔传》颜师古注，第2848页。

唐朝花式糕点
（新疆吐鲁番阿斯塔那唐墓出土）

（二）食器——翠釜、水精盘、犀箸

虢国夫人等杨氏外戚的食馔珍稀且昂贵，而盛放这些珍馔的食器也同样奢华稀有。

1. 翠釜

翠，钱大昕以"'鲜新'为'鲜翠'"[1]，故翠釜当即色泽金黄鲜艳的铜釜[2]。依此，翠釜的材质或并不稀有，但其鲜翠的色泽则衬托了"紫驼之峰"的精美与主人身份的高贵。

2. 水精盘

水精[3]为无色的自然硅石，唐时的高端水精制品主要来自域外，

---

[1]〔清〕钱大昕撰，陈文和主编整理：《十驾斋养新录（附余录）》卷一九《翠》，凤凰出版社 2016 年版，第 497 页。
[2] 对"翠釜"一词的考证，见夏松凉：《杜诗杂考》，载《宁波职业技术学院学报》2002 年第 4 期。
[3] 水精，即水晶，一种透明的石英结晶，用作装饰物，也可制成水精盘、水精帘、水精床等器物。

故其珍贵且稀有。① 所以，在唐人眼中，水精制品更适合出现在仙境中，如在《柳归舜》一文描写的仙境中，就有水精床；《邵敬伯》中的河伯也坐在水精床上；《柳毅》中的洞庭龙宫则有水精帘。②

唐水晶八曲长杯（陕西西安何家村出土）

3. 犀箸

犀箸又称犀头箸，在玄宗赐给"恩宠莫比"的安禄山的物品中，就有"金平脱犀头匙箸"③。此物的原材料为犀角，而犀角在唐中后期是较为稀有的。早期的中国盛产犀牛，但汉代以后，犀牛数量剧减，盛唐时，犀牛更是从一些地方消失了。如江南道的卢溪郡（辰州），开元时期的土贡中有犀牛，但至天宝时便已消失，仅这一地的情况就反映了犀角渐趋短缺的现实。故在开元时，犀饰就已被视为奢侈品，如卒于开元十年（722）的广州都督府长史朱公妻许氏的墓志，就赞其德行曰"金璧犀象，不视于目"④；而懿宗朝宰相杨收"爱奢侈"的表现之一，也是以"卧鱼犀"为女儿的"嫁资"⑤。

除原材料犀角的珍稀外，虢国夫人等使用的犀箸，或也像玄宗

---

① 参见［美］谢弗：《唐代的外来文明》，第494—495页。
② 分别见《太平广记》卷一八《柳归舜》，第123页；卷二九五《邵敬伯》，第2352页；卷四一九《柳毅》，第3411页。
③ 《酉阳杂俎校笺》前集卷一《忠志》，第31页。
④ 《唐故广州都督府长史吴郡朱公妻颍川郡君许氏墓志铭》，见周绍良：《唐代墓志汇编》"开元一六三"，第1269页。
⑤ 《北梦琐言》卷九《裴杨操尚》，第202页。

赐安禄山的犀头匙箸一样，使用了金银平脱工艺技术。金银平脱是唐代流行的一种工艺，它是将厚度不超过 0.5 毫米的金银纹片镶嵌于胎地上，髹漆打磨后，表面依旧平齐的漆器工艺①。因此工艺费工费时，故肃宗在即位后就对其予以禁断："禁珠玉、宝钿、平脱、金泥、刺绣。"②

4. 洞天瓶

这是一种注酒之物，"虢国夫人就屋梁上悬鹿肠于半空，筵宴则使人从屋上注酒于肠中，结其端，欲饮则解开，注于杯中，号'洞天圣酒将军'，又号'洞天瓶'"③。唐时，鹿类动物最多，鹿肉常可见到，鹿肠并不稀缺，鹿尾、鹿舌、鹿肠也都是绝好的食品④，但虢国夫人不以鹿肠为食，其对鹿肠的独特用法提高了饮酒的方便度，呈现的是她日常生活的排场和讲究。

三、虢国夫人的住生活

中国古代的住宅除其所具有的居住功能外，还是权力、财富、地位的象征，它是统治者创建伦理秩序的重要物化形态，更是那些不惜僭越社会等级而达到奢侈享受之人追逐的目标。如在唐代，"则天以后，王侯妃主，京城第宅，日加崇丽"⑤；玄宗时，节将权臣外戚更是大建豪宅。其中，杨家外戚的宅第就十分豪奢，"姊妹昆仲五家，甲第洞开，僭拟宫掖"⑥。

---

① 参见高志强：《唐代平脱工艺考略》，载《中国生漆》2013 年第 4 期。
② 《新唐书》卷六《肃宗纪》，第 159 页。
③ 《云仙散录》，第 71 页。
④ 参见王赛时：《唐代饮食》，齐鲁书社 2003 年版，第 66—67 页。
⑤ 《封氏闻见记校注》卷五《第宅》，第 44 页。
⑥ 《旧唐书》卷五一《后妃传上·杨贵妃》，第 2179 页。

所谓"僭拟宫掖"，指的是杨家外戚对住宅制度的僭越。在唐代，居住等级明确、完善，"凡宫室之制，自天子至于士庶，各有等差"，而这种等差，在开元时期的《营缮令》中是有着具体规定的：

> 天子之宫殿，皆施重栱、藻井。王公诸臣，三品已上九架，五品已上七架，并厅厦两头，六品已下五架。其门舍三品已上，五架三间，五品已上三间两厦，六品已下及庶人，一间两厦。五品已上得制乌头门。若官修者，左校为之；私家自修者，制度如此。①

由此可见，开元时期《营缮令》对官民住宅等级的规定，主要表现在中堂和门屋的间数与架数、装饰及大门的类型等几个方面。而违制建宅则要受到惩处，"诸营造舍宅……于令有违者，杖一百"②。

莲华藏世界·里坊图
（敦煌莫高窟第 85 窟）

---

① 《大唐六典》卷二三"将作监左校令"之职条，第 423—424 页。
② 《唐律疏议》卷二六《杂律》，第 488 页。

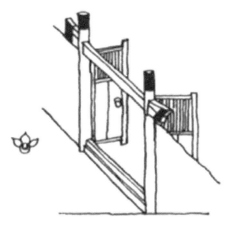

唐乌头门
（敦煌莫高窟第 431 窟）

从目前的史料看，杨家外戚对居住等级的僭越，似并不特别突出，史书的记载也如是，"天宝中，贵戚勋家，已务奢靡，而垣屋犹存制度"[①]。故所谓的"僭拟"，更多指向的当是奢靡——宅多且修造奢华，虢国夫人的住宅就是如此，史载她"恩宠一时，大治宅第。栋宇之华盛，举无与比"[②]，她在长安城和华清宫有多所宅第，其豪华程度令人瞠目。

（一）长安城的住宅

虢国夫人在长安城的住宅，目前见于记载的有三处。一处位于宣阳坊，此宅地处城东北的政治中心；另一处位于宣义坊，其处于风景优美的城南；第三处的具体位置和规模都暂无所知。

1. 宣阳坊宅

唐长安城的布局原从隋大兴城而来，它以位于正北中央的宫城为核心，以朱雀大街为中轴。但至玄宗统治时，由于他将理政、居住

---

① 《旧唐书》卷一五二《马璘传》，第 4067 页。
② 《明皇杂录》卷下，第 29 页。

之处由宫城的太极殿迁到了兴庆宫，故长安城的政治核心区由正北移到了东北。随着这一变化，官员宅第位置的选择也转向了长安城的东北。唐时，大臣上朝时间非常早，为了便于上朝理事，靠近宫城和官衙的诸坊也就成为高级官员住宅位置的首选。

彩绘文武官俑
（陕西礼泉唐郑仁泰墓出土）

宣阳坊就是靠近兴庆宫的诸坊之一。它位于朱雀门街东第三街、北向南第六坊、皇城南横街南第二坊，地处三宫之间、东市附近，并居于高地之上①，最重要的是，它毗邻当时的政治中心兴庆宫，地理位置极佳。所以开天年间，官员多有在此坊建宅②。

官员选择宣阳坊置宅，是因其靠近皇宫、上朝近便，而虢国夫人以此为居，也同样方便了她的入宫，"虢国夫人承主恩，平明骑马入宫门"③，因距离宫城近，故在黎明时分，虢国夫人已经进到宫中。

虢国夫人在宣阳坊的宅第④与杨国忠宅毗邻，"虢国居宣阳坊左，国忠在其南"⑤。但这所宅第是否为强夺的韦嗣立旧宅，暂无定论，像《唐两京城坊考》就将此宅记为了中书令马周宅和韦嗣立旧宅⑥。

---

① 唐长安城东高西低，宣阳坊居于高地之上，避免了低处的潮湿、积涝、闷热。对此的分析，参见马正林：《唐长安城总体布局的地理特征》，见《历史地理》第3辑，上海人民出版社1983年版。

② 在目前可考的长安城各坊官宦宅第数中，宣阳坊以15所位居各坊第一。对此的考察，参见妹尾达彦：《韦述的〈两京新记〉与八世纪前叶的长安》，见荣新江主编：《唐研究》第9卷，北京大学出版社2009年版，第31—51页；袁婧：《关于唐代住宅的几个问题》，首都师范大学硕士学位论文，2007年，第42—43页。

③ 《张祜诗集校注》卷五《集灵台二首·其二》，第206页。

④ 〔清〕徐松撰，〔清〕张穆校补，方严点校：《唐两京城坊考》卷三《西京·外郭城》，中华书局1985年版，第57—59页。

⑤ 《新唐书》卷二〇六《外戚传·杨国忠》，第5848页。

⑥ 《唐两京城坊考》卷三《西京·外郭城》，第58页。

虢国夫人强抢韦嗣立宅，无疑是她臭名昭著的劣迹之一，"虢国尤为豪荡，一旦，帅工徒突入韦嗣立宅，即撤去旧屋，自为新第，但授韦氏以隙地十亩而已"①。虢国夫人强夺此宅，看中的并非旧宅本身，这从她当场开拆旧宅即可看出，她相中的应是此宅的地理位置，而这一宅第或就在位置绝佳的宣阳坊，故虢国夫人的宣阳坊宅或就是在强抢的韦嗣立旧宅上所建。

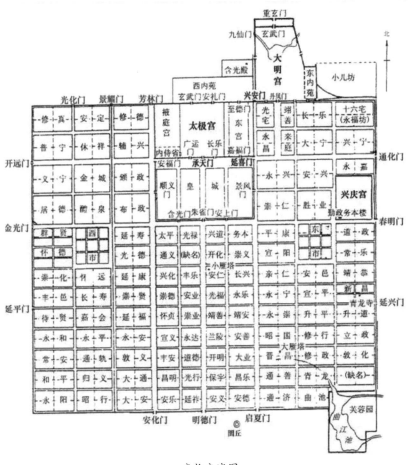

唐长安城图

① 《资治通鉴》卷二一六"唐玄宗天宝七载十一月癸未"条，第6892页。

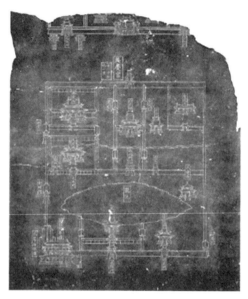

吕大防《兴庆宫图碑》拓片
（现藏西安碑林博物馆）

沉香木山岳贴金残片
（法门寺地宫出土）

　　虢国夫人在此宅中建造了一座超豪华的中堂——合欢堂，"虢国创一堂，价费万金"①。中堂在唐人的生活中至为重要，它是宅邸的中心、一家的门面，宴客待宾均在此进行，故权贵都讲究中堂的建

────────────

① 《全唐诗》卷五六七《津阳门诗并序》，第 6562 页。

造①，杨家外戚也如是，"姊妹昆仲五家，……每构一堂，费逾千万计"②。虢国夫人合欢堂的造价，更是超出了一般的奢华水准。

关于"万金"的购买力，安史之乱前，1斤金价约合100贯③，万金则高达百万贯，其造价远超中唐名将马璘的著名中堂，"璘之第，经始中堂，费钱二十万贯，……德宗在东宫，宿闻其事，及践祚，……仍诏毁璘中堂"④。马璘二十万贯的中堂就已被视为豪奢的典型。

我们再以唐时长安城的房价来与百万贯的合欢堂做一对比。据史料记载，"元和十二年，上都永平里西南隅，有一小宅。……大历年，安太清始用二百千买得。……传受凡十七主。……有日者寇鄘……因送四十千与寺家（卖家——著者注）。……有堂屋三间，甚庳，东西厢共五间，地约三亩"⑤。永平里位于朱雀门街西第四街、北向南第九坊，相对偏僻。这所小宅因频繁丧主而成为凶宅后，其房价也由200贯跌至40贯。再如，德宗初年，"崇贤里有小宅出卖，直二百千文"⑥。崇贤里位于朱雀门街西第二街、北向南第八坊，不算太偏僻。中唐前后的物价多有浮动，但在长安城中，一所小宅的房价大致在200贯上下。依此计算，虢国夫人建造合欢堂的万金，可购买5000处此类小宅。

除了造价，合欢堂内部装修的豪奢同样令人咋舌，"中堂既成，召工圬墁，约钱二百万；复求赏技，虢国以绛罗五百段赏之"⑦。付

---

① 对此的分析，参见黄正建：《唐代衣食住行》（插图珍藏本），中华书局2013年版，第175—176页。

② 《旧唐书》卷五一《后妃传上·杨贵妃》，第2179页。

③ 《夏侯阳算经》载："今有金一斤，值钱一百贯。"见钱宝琮校点：《算经十书》，中华书局1963年版，第590页。

④ 《旧唐书》卷一五二《马璘传》，第4067页。

⑤ 《太平广记》卷三四四《寇鄘》，第2725页。

⑥ 《太平广记》卷二四三《窦乂》，第1877页。

⑦ 《资治通鉴》卷二一六"唐玄宗天宝七载十一月癸未"条，第6892页。

给坊堰工匠的 200 万钱，依天宝时期的两京粮价，"米斗不至二十文，面三十二文"①，其可购买万余石米或 6250 石面。而赏技的 500 段（匹）绛罗，也权以单丝罗的每匹 3000 文计，其共计 150 万钱，如此，其在天宝时的两京，可购买 7500 余石米或 4687.5 石面。关于虢国夫人的"赏技"，另有史记为"复以金盏瑟瑟三斗为赏"②，这是在以珍稀物品赏赐他人。瑟瑟，陈寅恪先生释之为"绿色透明的玻璃"，是为"外来之物"③；还有学者辨其为珠④。但不管怎样，唐时的瑟瑟稀有，得来不易，故被视为珍物，其价格自然不菲。

2. 宣义坊宅

虢国夫人在长安城的另一处住宅位于宣义坊，此宅也与杨国忠宅相邻，"贵妃姊虢国夫人，国忠与之私，于宣义里构连甲第，土木被绨绣，栋宇之盛，两都莫比"⑤。这也是一处豪宅。

与长安城北特别是东北一带形成对照，长安城南地广人稀，"自兴善寺以南四坊，东西尽郭，率无第宅。虽时有居者，烟火不接，耕垦种植，阡陌相连"⑥。按，兴善寺位于靖善坊，靖善坊则位于朱雀门街东第一街、北向南第五坊，此坊的东、西、南诸坊都人烟稀少，但环境绝佳。虢国夫人豪宅所在的宣义坊位于靖善坊的西南方向，其近有湖泊泉池——宣义坊池，远可眺览南山幽翠，诗人赞其美景："暮色绕柯亭，南山幽竹青。夜深斜舫月，风定一池星。岛屿无人迹，

---

① 《通典》卷七《食货·历代盛衰户口》，第 152 页。
② 《明皇杂录》卷下，第 29 页。
③ 刘隆凯整理：《陈寅恪〈元白诗证史〉讲席侧记》，湖北教育出版社 2005 年版，第 23 页。
④ 华文轩编：《古典文学研究资料汇编·杜甫卷》上编，中华书局 1964 年版，第 701 页。
⑤ 《旧唐书》卷一〇六《杨国忠传》，第 3245 页。
⑥ 《唐两京城坊考》卷二《西京·外郭城》，第 39 页。

菰蒲有鹤翎。此中足吟眺，何用泛沧溟。"①

玄宗时的另一些权臣如张说、安禄山，也在此坊有别宅②。虢国夫人和杨国忠选此地建别墅，或也有与安禄山为邻的考虑。

3. 玄宗赐宅

天宝四载（745）八月，杨太真被册为贵妃，因此推恩，"贵妃三姊，皆赐第京师"③。但关于这一处住宅的位置、规模等，都不见记载。

（二）华清宫东西两山第

随着玄宗驻跸次数和天数的增加，作为离宫的华清宫逐渐兼具了游幸与政治副都的性质，"天宝六载更名华清宫，治汤井为池，环山列宫室，又筑罗城，置百司及十宅"④。随驾的宗室外戚、文武百官也纷纷于华清宫周边置宅，虢国夫人在华清宫东、西两侧各有一座山第。

1. 华清宫东侧山第

虢国夫人的这处山第，是与杨氏外戚比邻而建的，"国忠山第在宫东门之南，与虢国相对，韩国、秦国甍栋相接，天子幸其第，必过五家"⑤。玄宗曾欲私幸虢国夫人宅，但为禁军首领陈玄礼所制止，"天宝中，玄宗在华清宫，乘马出宫门，欲幸虢国夫人宅，玄礼曰：'未宣敕报臣，天子不可轻去就。'玄宗为之回辔"⑥。此处所说的虢国宅，或许就是华清宫东侧山第，因其距华清宫东门开阳门非常近。

---

① 《全唐诗》卷五四四刘得仁《宿宣义池亭》，第6289页。刘禹锡也赞王郎中的宣义里新居："门前巷陌三条近，墙内池亭万境闲。"《刘禹锡集》卷二四《题王郎中宣义里新居》，第319页。

② 《唐两京城坊考》卷四《西京·外郭城》，第101页。

③ 《资治通鉴》卷二一五"唐玄宗天宝四载八月壬寅"条，第6866页。

④ 〔清〕顾炎武著，于杰点校：《历代宅京记·关中四》，中华书局1984年版，第108页。

⑤ 《旧唐书》卷一〇六《杨国忠传》，第3245页。

⑥ 《旧唐书》卷一〇六《陈玄礼传》，第3255页。

2. 华清宫西侧山第

虢国夫人的此处山第，位于华清宫西门望京门西南，具体位置见宋人游师雄《唐骊山宫图》所示。20世纪90年代，考古工作者发现了疑是此山第的遗址①。

从《唐骊山宫图》看，此宅背靠华清宫山城，地处凤凰原上，近有饮济泉、石驼岭，远可眺韦嗣立逍遥庄。关于逍遥庄，史载，"神龙、景龙之间，故人中书令韦公嗣立有别业在骊山之下，云松泉石，奇胜幽绝，中宗皇帝尝亲幸焉"②。由逍遥庄的情形及附近的泉岭推测，虢国夫人的这处山宅也当是风景绝佳。

宋游师雄《唐骊山宫图》局部

---

① 西安市临潼区唐文化旅游区管理委员会编：《骊山·华清宫文史宝典》，陕西旅游出版社2008年版，第408页。
② 《文苑英华》卷八二八武少仪《王处士凿山引瀑记》，第4371页。

四、虢国夫人的行生活

关于虢国夫人等杨氏诸姊的出行，《明皇杂录》记：

> 上将幸华清宫，贵妃姊妹竞车服，为一犊车，饰以金翠，间以珠玉，一车之费，不下数十万贯。既而重甚，牛不能引，因复上闻，请各乘马。于是竞购名马，以黄金为衔笼，组绣为障泥。①

对于虢国夫人的行生活，此条材料至为重要。它点明了虢国夫人出行的两种重要方式，即乘车和骑马，而这两种方式也是其时中上层妇女出行的主要方式。

（一）乘车

唐代中前期的中上层妇女出行，一般以乘车为主，所乘之车或为马车，或为牛车；依用车的功能，则有命妇的礼仪用车和妇女的日常用车之分。唐代命妇使用礼仪用车的场合有：出嫁、受册、从蚕、大朝会、朝参、辞见、礼会等。

乘具，特别是礼仪用车，是唐代上层妇女身份得以展现的重要平台之一，这些妇女的礼仪用车，依皇后、皇太子妃、命妇的等级而确定②。关于各级内外命妇的礼仪用车构成，唐制规定：

> 内命妇夫人乘厌翟车，嫔乘翟车，婕妤已下乘安车，各驾二马。外命妇、公主、王妃乘厌翟车，驾二马。自余

---

① 《明皇杂录》卷下，第29页。
② 对于唐代妇女礼仪用车的考察，参见李志生：《唐代妇女的出行礼仪——兼谈严男女之防与等级秩序》，见袁行霈主编：《国学研究》第二十五卷，北京大学出版社2010年版，第167—169页。

唐李震墓墓室壁画

一品乘白铜饰犊车，青通幰，朱里油纁，朱丝络网，驾以牛。二品已下去油纁、络网，四品青偏幰。①

所谓厌翟车，"赤质，金饰诸末，轮画朱牙，其箱饰以次翟羽，紫油纁，朱里通幰，红锦帷，朱丝络网，红锦络带，余如重翟车（八鸾在衡，镂锡，鞶缨十二就，金鍐方釳，插翟尾，朱总——著者注）"，"驾赤骝"②。所谓"翟羽"，其装饰的情况目前的研究不能确定③。幰，"张布曰幰"④。车幰分两式，一张位于车前半部，称偏幰；另一通覆于整个车顶，称通幰，亦称通幔。镂锡，锡，马首饰物，"金称镂，故知刻金为之"⑤；金鍐、方釳，亦均为马首饰物。朱总，红色流苏，"总

① 《旧唐书》卷四五《舆服志》，第1935页。
② 《旧唐书》卷四五《舆服志》，第1933—1934页。
③ 孙机：《两唐书舆（车）服志校释稿》，见氏著：《中国古舆服论丛》（增订本），文物出版社2001年版，第376页。
④ 《太平御览》卷七七六《车部五》引《通俗文》，第3443页。
⑤ 《周礼注疏》卷二七《巾车》，见《十三经注疏》本，第1776页。

以朱为之，如马缨而小，著马勒，在两耳与两镳也"①。翟车，"黄质，金饰诸末，轮画朱牙，其车侧饰以翟羽，黄油纁，黄里通幰，白红锦帷，朱丝络网，白红锦络带，……驾黄骝"，其余如厌翟；安车，"赤质，金饰，紫通幰朱里，驾四马"②。如此，内命妇与外命妇特别是王妃、公主之间车制的不同，主要是通过车饰、马饰、驾畜的种类及数量等表现出来。

偏幰牛车（左）和通幰牛车（右）

依如上所引唐代命妇车制，身为一品外命妇的虢国夫人，当以白铜为饰的犊车为乘，但上引《明皇杂录》则记其犊车为"饰以金翠"。同时，其"一车之费，不下数十万贯"，穷奢极侈。按唐代每丁调绢2匹、计钱1.1贯计算，50万个丁男的调绢总和才为55万贯，这显然已超出了一品命妇的车制规定。而玄宗时命妇随帝妃游幸华清宫，也当属随行伴驾的正式场合，故《长恨歌传》做此描述："时每岁十月，驾幸华清宫，内外命妇，熠耀景从。"③

---

① 《旧唐书》卷四五《舆服志》，第1933页。
② 《旧唐书》卷四五《舆服志》，第1933—1934页。
③ 《白居易集》卷一二陈鸿《长恨歌传》，第235页。

（二）骑马

唐玄宗时，妇女骑马出行成为时尚，虢国夫人是时尚的积极追随者。所以，她在出游、随幸甚至入宫时，都常骑马。她的骑马出游，可见《虢国夫人游春图》；其入宫，则见《明皇杂录》之记："虢国每入禁中，常乘骢马，使小黄门御。紫骢之俊健，黄门之端秀，皆冠绝一时。"①虽然此时的上层妇女骑马出行并不鲜见，但骑马入宫就暗含殊遇了。依唐制，外命妇入宫，一般是参加正式的礼仪活动，如朝参皇后或皇太后等，故须以车为乘。虢国夫人能够随时骑马入宫——"平明骑马入宫门""每入禁中，常乘骢马"，都显示了她在玄宗宫中得到的特殊宠待。

而虢国夫人所乘的骢马，或是当时上层流行的三花马。所谓三花马，宋人郭若虚《图画见闻志》云："唐开元、天宝之间，承平日久，世尚轻肥，三花饰马。……三花者，剪鬃为三辫。"②

胡人备马图（唐韦贵妃墓出土）

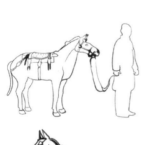

秦汉时期的一花马和二花马

唐代三花马

① 《明皇杂录》卷下，第29—30页。
② 〔宋〕郭若虚撰，邓白注：《图画见闻志》卷五《三花马》，四川美术出版社1986年版，第296页。

昭陵六骏（左：什伐赤；右：特勒骠）

三彩三花马（陕西西安唐鲜于庭墓出土，现藏中国国家博物馆）

　　虢国夫人的"乘骢马""购名马"，无疑也体现了她的经济实力。唐时，马属较高级的出行乘具，价格昂贵，而虢国夫人的名马，价格更是不菲。天宝时期，一匹突厥良马的价格不低于四十余匹绢[①]，依

____

[①] 参见岑仲勉：《隋唐史·唐之马政》，河北教育出版社 2000 年版，第294—295 页；马俊民：《唐与回纥的绢马贸易——唐代马价绢新探》，载《中国史研究》1984 年第 1 期。

前文所引绢价——一匹计钱 550 文，40 匹绢计钱 22 贯。再看名马的价格，史载："宁王方集宾客宴话之际，鬻马牙人曲神奴者，请呈二马焉。……宁王顾问神奴曰：'其价几何？'牙人先指曰：'此一千缗。'次指曰：'此五百缗。'宁王欣然谓左右曰：'如言付钱，马送上厩。'"[1] 宁王所购的两匹马价格更高达 1000 贯和 500 贯。以杨家外戚竞购名马推测，虢国夫人等人的坐骑价格当不低于宁王所购的名马价格。

除价格昂贵的名马，虢国夫人等人的马具也同样奢华，"以黄金为衔笼，组绣为障泥"。衔笼，即络头，其由络头、衔、镳等组合而成[2]。虢国夫人等虽使用金制络头，但其并不违制，因在文宗大和六年（832）之前，唐朝并未出台过有关马具的规定。天宝时，甚至一些中级官员也使用金衔笼，如官居四、五品折冲都尉[3]的蔡希鲁，就"马头金匼匝"[4]。

鞍是马具的最重要构成，虢国夫人所用马鞍自当华贵且舒适。在《虢国夫人游春图》中，贵妇们所使用的马鞍就非常华丽，它们"甚至有可能是文献中记载的金装鞍"[5]。按，唐前期时，金装鞍辔主要为后宫使用和赏赐大臣、功臣。关于后宫使用金装鞍，如高宗在显庆二年（657）诏曰："朕近寻殿中旧帐，宝钿鞍辔甚多，既非所须，徒烦贮掌。其殿中供奉，及妃嫔已下宝钿，并金装鞍辔鞯秋等，并宜令毁剔，各依仪式，须赐人者量留。"[6] 赏赐大臣、功臣，如魏徵曾

---

① 〔唐〕薛用弱：《集异记》，中华书局 1980 年版，第 15 页。

② 参见孙机：《唐代的马具与马饰》，见氏著：《中国古舆服论丛》（增订本），第 98—99 页。

③ 按《大唐六典》卷二五"诸府折冲都尉"之职条，"诸府，折冲都尉各一人"，"上府正四品上，中府从四品上，下府正五品下"（第 457 页）。

④ 匼匝，"周绕貌。此言金络马头，其状密匝也"（《杜诗详注》卷三《送蔡希鲁都尉还陇右因寄高三十五书记》，第 239 页）。

⑤ 黄小峰：《张萱〈虢国夫人游春图〉》，文物出版社 2009 年版，第 44 页。

⑥ 《唐会要》卷三二《舆服下·乘车杂记》，第 584 页。

被赐"尚乘马一匹，并金装鞍辔勒"①；功臣张士贵受赐"名马五匹并金装鞍勒"②；程知节得赏"骏马二匹，并金装鞍辔"③。

鞍下为鞯，唐时，一般人所使用的鞯以毡制成，"鞍下毡替"④。中上层则以锦、兽皮、鸟兽之毛为鞯。以锦为鞯者，如"长安侠少每至春时结朋联党，各置矮马，饰以锦鞯金鞯"⑤；杜甫送人西出从军也赋诗曰："马寒防失道，雪没锦鞍鞯。"⑥唐时，锦居高档丝绸面料之首，故锦鞯也为高档之物。以兽皮为鞯者，如太宗组飞骑而以虎皮为鞯，"乘六闲驳马，虎皮鞯，为游幸翊卫"⑦。而奢侈者如韦后、安乐公主，则以兽毛、鸟毛为鞯，"中宗女安乐公主……又令尚方取百兽毛为鞯面，视之各见本兽形。韦后又集鸟毛为鞯面"⑧。虢国夫人平日或也使用兽皮鞯和锦鞯，这从《虢国夫人游春图》中或可推测到，"（此图）中就有三匹马用了兽皮鞯。其中有两张金钱豹的皮，分别是中间的黑马以及最后鞍上有小孩的那匹。还有一匹，鞯上的细条纹透露出是虎皮"；另有两匹的鞯则是带图案的，"（此画）八匹马中，有两匹的鞯是带图案的。最前一匹，上有白虎"，紧随其后的第二匹马，"她的鞯上图案则是一对飞鸟"⑨，而此两鞯的面料或就是锦。

---

① 〔唐〕王方庆集：《魏郑公谏录》卷五《文德皇后载诞侍宴》，中华书局 1985 年版，第 52 页。

② 上官仪：《大唐故辅国大将军荆州都督虢国公张公（士贵）墓志铭》，见吴钢主编：《全唐文补遗》第一辑，第 41 页。

③ 《大唐骠骑大将军益州大都督上柱国卢国公程使君（知节）墓志铭》，见吴钢主编：《全唐文补遗》第二辑，第 203 页。

④ 〔唐〕释慧琳，〔辽〕释希麟撰：《正续一切经音义》卷六一《苾刍尼律·鞍鞯》，上海古籍出版社 1986 年版，第 2476 页。

⑤ 《开元天宝遗事》卷上《天宝上·看花马》，第 24 页。

⑥ 《杜甫全集校注》卷六《送人从军》，第 1594 页。

⑦ 《新唐书》卷五〇《兵志》，第 1331 页。

⑧ 《旧唐书》卷三七《五行志》，第 1377 页。

⑨ 《张萱〈虢国夫人游春图〉》，第 44 页。

障泥置于鞍、鞯之下，用以遮挡尘泥。唐代中上层使用的障泥也多以锦为材料，此可见"绿地障泥锦"①"早送锦障泥"②等诗句。虢国夫人的障泥也以锦为之，在《虢国夫人游春图》中，诸人所乘马上就都覆有"锦绣障泥"③。而"锦绣"的绣法则是组绣，其是至为精致的刺绣，因此绣法费工费时，其在唐后期被视为劳民伤财的表现，文宗、懿宗都对此做过禁断，文宗"及即位，励精求治，去奢从俭。……先宣索组绣、雕镂之物，悉罢之"④；懿宗则规定，"歌舞衣服，绮縠组绣，雕镂珠玑，颇害女工，实妨农事。……其诸道不得进奉纹绣、宫锦、雕镂、轻靡、彩章之物"⑤。

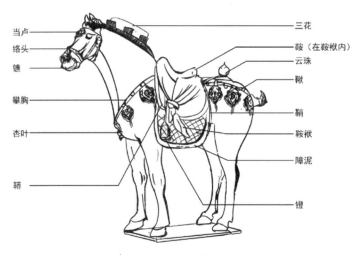

中国 4—8 世纪的鞍具

① 〔唐〕李白著，〔清〕王琦注：《李太白全集》卷六《白鼻騧》，中华书局 1977 年版，第 342 页。

② 《全唐诗》卷三〇五刘复《春雨》，第 3470 页。

③ 沈从文：《中国古代服饰研究》，上海书店出版社 2005 年版，第 322 页。

④ 《资治通鉴》卷二四三"唐敬宗宝历二年十二月"条，第 7853 页。

⑤ 《唐大诏令集》卷八六《政事·恩宥·光启三年七月德音》，第 494 页。

（三）乘辇

在日常生活中，虢国夫人也乘辇，如强抢韦嗣立旧宅时，其所乘就是辇，"忽见妇人衣黄罗帔衫，降自步辇，有侍婢数十人，笑语自若"①。

辇或又称肩舆、檐子②，唐代的辇是没有轮子而靠人抬扛的乘具③，"今辇，制象辂车，而不施轮，……用人荷之"④。唐时，辇的形制有多种，最著名的是阎立本所绘《步辇图》中的辇，此辇形似坐榻，抬辇的宫女以襻带挂于颈部，另有两宫女从旁协助抬辇。

《步辇图》（局部）

---

① 《明皇杂录》卷下，第 29 页。

② 对此的解释，参见孙机：《两唐书舆（车）服志校释稿》，见氏著：《中国古舆服论丛》（增订本），第 380—381 页。

③ 辇在中国历史上有以人挽或推者，参见孙机：《汉代物质文化资料图说》（增订本），上海古籍出版社 2008 年版，第 137 页；《两唐书舆（车）服志校释稿》，见氏著：《中国古舆服论丛》（增订本），第 371—372 页。

④ 《隋书》卷一〇《礼仪志五》，第 210 页。

　　除《步辇图》所绘的形制外，唐时辇的类型还有敞露型和封闭型，而辇从敞露到封闭，或也是此类出行工具于唐前、后期出现的变化。从形象资料看，敞露型的辇逐渐加上了顶盖，顶盖和舆板之间有立柱相撑，立柱间无帷幔或板材区隔内外，辇轿不封闭。《旧唐书·舆服志》载有高宗咸亨二年（671）的一道敕令："百官家口，咸预士流，至于衢路之间，岂可全无障蔽。比来多著帷帽，遂弃幂䍦，曾不乘车，别坐檐子。递相仿效，浸成风俗，过为轻率，深失礼容。"[1] 由此看，高宗时的檐子（辇）应为敞露型，坐于其中的妇女如不着幂䍦[2]，自然是全无障蔽的。

唐妇女乘辇图（敦煌莫高窟 202 窟西壁）

　　① 《旧唐书》卷四五《舆服志》，第 1957 页。
　　② 关于唐代妇女所著幂䍦和帷帽，参见沈从文：《中国古代服饰研究》，第 289—292；荣新江：《女扮男装——唐代前期妇女的性别意识》，见邓小南主编：《唐宋女性与社会》，上海辞书出版社 2003 年版，第 724—725 页；李志生：《雪胸与幂䍦——唐代女性袒装再阐释》，见袁行霈主编：《国学研究》第 23 卷，北京大学出版社 2009 年版，第 31—33 页。

唐后期时，檐子（辇）的形制发生了变化，加装了门或帘，变为了封闭型。宣宗朝宰相魏謩路遇诉冤百姓，"公闻之，倒持麈尾，敲檐子门，令止"①。魏謩所乘的檐子已有门。再有，李德裕出镇浙西时，甘露寺僧诉前主僧，为验真伪，李德裕"立召兜子数乘，命关连僧入对事。咸遣坐檐子，下帘，指挥门下，不令相对"②。材料中记僧人所乘前称兜子，后称檐子，这种交通工具或可理解为似兜子的檐子，或似檐子的兜子。不管怎样，它是有帘区隔内外的乘具。兜子，亦称"兜笼，巴蜀妇人所用，今乾元已来，蕃将多著勋于朝，兜笼易于担负，京城奚车、兜笼，代于车舆矣"③，它或与今天四川的滑竿相似④。正因为檐子的形制发生了这样的变化，所以以"勋臣之家，特数西平礼法"著称的李晟，在怒斥女儿不守礼法之后，也"遽遣走檐子归"⑤。封闭的檐子、辇，形制或如屋宇，或如亭子，从外面完全看不到其内部。

屋宇状大辇（唐新城公主墓壁画及摹本）

① 〔五代〕王定保撰，姜汉椿校注：《唐摭言校注》卷二《恚恨》，上海社会科学院出版社 2003 年版，第 41 页。
② 《唐语林校证》卷一《政事上》，第 70 页。
③ 《旧唐书》卷四五《舆服志》，第 1957 页。
④ 孙机：《两唐书舆（车）服志校释稿》，见氏著：《中国古舆服论丛》（增订本），第 380 页。
⑤ 〔唐〕赵璘：《因话录》卷三，上海古籍出版社 1983 年版，第 87 页。

文宗大和六年（832）前，命妇及其他妇女乘辇、檐并无定制。此年，奉敕规范乘辇的王涯说："妇人本来乘车，近来率用檐子，事已成俗，教在因人。"[1]这实际是对唐初以来妇女以辇、檐代车的最终承认。关于此次规范的内容，见下表。

表6　《唐会要》所记文宗大和六年妇人车制[2]

乘者身份	檐子
外命妇一品、二品、中书门下三品母、妻	金铜饰檐子，舁不得过八人
外命妇三品	金铜饰檐子，舁不得过六人
外命妇三品非尚书省、御史台官母、妻	白铜饰檐子，舁不得过四人
外命妇四品、五品	白铜饰檐子，舁不得过四人
外命妇六品以下	檐子，舁不得过四人
庶人、胥吏、商贾妻	不得乘檐子
庶人、胥吏、商贾妻老疾者	兜笼，舁不得过二人

唐前期时，妇女乘辇、檐者主要为后妃、公主、命妇等上层妇女，从前引的高宗敕令看，妇女乘坐辇、檐，还是一个新兴且时尚的潮流。此后，乘辇、檐亦颇在上层中流行，如"时太平公主谋不利于玄宗，尝于光范门内乘辇伺执政以讽之"[3]；杨贵妃亦喜乘辇，史书对此多有记载，"上（玄宗）每年冬十月，幸华清宫，常经冬还宫阙，去即与妃同辇"[4]；"开元中，禁中初重木芍药，……会花方繁开，上乘月夜召太真妃以步辇从"[5]。

在这一潮流下，辇也成为虢国夫人的日常乘具，但关于其辇、檐之制及装饰情况，史书则无载。

---

① 《册府元龟》卷六一《帝王部·立制度第二》，第680页。
② 据《唐会要》卷三一《舆服上·杂录》所记制，第574页。
③ 《旧唐书》卷九六《宋璟传》，第3031页。
④ 《杨太真外传》卷下，见《开元天宝遗事十种》，第140页。
⑤ 《松窗杂录》，见《唐五代笔记小说大观》，第1213页。

（四）随驾时的阵仗

"唐玄宗在位四十五年，行幸华清宫多达四十余次，尤其在天宝年间，这里实际上成了另一政治、娱乐中心"[1]。天宝四载（745）册立杨贵妃后，"玄宗每年冬十月幸华清宫，常经冬还宫"[2]，而"玄宗每年十月幸华清宫，国忠姊妹五家扈从"[3]。

杨氏五家在随驾华清宫时，其出行的阵仗是极豪奢的、阵势是极强大的。关于阵仗的豪奢，史书记载，"国忠姊妹五家扈从，每家为一队，著一色衣，五家合队，照映如百花之焕发，而遗钿坠舄，瑟瑟珠翠，璀璨芳馥于路"[4]；"曾有人俯身一窥其车，香气数日不绝。驼马千余头匹。以剑南旌节器仗前驱。出有钱饮，还有软脚。远近饷遗珍玩狗马，阉侍歌儿，相望于道"[5]。

关于阵势的强大，史载，从幸出发前，"三夫人……会于国忠第；车马仆从，充溢数坊，锦绣珠玉，鲜华夺目"[6]。"车马仆从，充溢数坊"是怎样的规模？按《长安志》《两京城坊考》所记及相关研究，唐长安城诸坊的面积如下："朱雀街东第一坊，东西三百五十步（合 514.5 米）；第二坊东西四百五十步（合 661.5 米），次东三坊东西各六百五十步（合 955.5 米）。朱雀街西准此。皇城之南九坊，南北各三百五十步（合 514.5 米）；皇城左右四坊，从南第一第二坊，南北各五百五十步（合 808.5 米）；第三坊第四坊南北各四百步（合

---

① 王玄玉：《唐玄宗与华清宫》，见樊英峰主编：《乾陵文化研究》二，三秦出版社 2006 年版，第 96 页。

② 《旧唐书》卷一〇六《杨国忠传》，第 3245 页。

③ 《旧唐书》卷五一《后妃传上·杨贵妃》，第 2179 页。

④ 《旧唐书》卷五一《后妃传上·杨贵妃》，第 2179 页。

⑤ 《杨太真外传》卷下，见《开元天宝遗事十种》，第 140 页。

⑥ 《资治通鉴》卷二一六"唐玄宗天宝十二载冬十月戊寅条"，第 6920 页。

588 米）。"① 如果以南北、东西各 600 米计，一坊的面积为 0.36 平方公里。杨氏车马的规模占到"数坊"，以此计，其面积之大可想而知。

袍服仪卫图
（唐长乐公主墓东壁）

唐李寿墓出行图（部分）

宋国河内郡夫人宋氏出行图②
（莫高窟第 156 窟）

---

① 〔宋〕宋敏求：《长安志》卷二《西京·外郭城》，见〔宋〕宋敏求撰，〔元〕李好文撰，辛德勇、郎洁点校，《长安志·长安志图》，三秦出版社 2013 年版，第 256 页；《两京城坊考》卷二《西京·外郭城》，第 34—35 页。相关面积的折算，见马得志：《唐代长安城考古纪略》，载《考古》1963 年第 11 期。

② 此画原长 8 米。

（五）出行时的"不施帷幔"

儒家性别观的一项重要内容，就是强调男女有别、男女各处。《礼记·内则》言"男子居外，女子居内"。《礼记·曲礼》则言"男女不杂坐"。虽儒家理论禁止女子出行，然女子出行，实又是在空间上对男外、女内秩序的突破，故其特别强调，女子出行时须严男女之防，也就是要求女子在出行时，须有所障蔽，"女子出门必拥蔽其面"[1]。古时女子多着长衣长裙，故"拥蔽其面"，实指女人的身体不能为外人所见。唐代女教也秉持着儒家的这些理论。如《女论语》就要求，"内外各处，男女异群。莫窥外壁，莫出处庭"[2]；《女孝经》也强调，"（女子）出门必掩蔽其面……送兄弟不逾于阈"[3]。这也表明，唐人虽不禁女子出行，但其时的礼教，同样要求女子出行时必须有所障蔽。

虽然传统礼教与唐代女教的要求如此，但虢国夫人在出行时，还是"不避雄狐之刺，每入朝或联镳方驾，不施帷幔。每三朝庆贺，五鼓待漏，靓妆盈巷，蜡炬如昼"[4]，不仅与杨国忠同出同进，还"不施帷幔""靓妆盈巷"。这些行为无疑严重违背了儒家的基本礼教要求。

在唐代，各级、各类女子出行进行障蔽，是多可见到的。如士女出行，她们会设帐或造帷，以障蔽自己。"都人士女每至正月半后，各乘车跨马，供帐于园圃或郊野中，为探春之宴"[5]；"长安士女游春野步，遇名花则设席藉草，以红裙递相插挂以为宴幄"[6]。而普通的民妇出行时也会以巾障面，如武则天的男宠张昌期"于万年县街内

---

① 《礼记集解》卷二七《内则》，见《十三经注疏》本，第 736 页。
② 《女论语》，见《说郛三种·一百二十卷本》卷七〇，第 3291 页。
③ 《女孝经》，见《说郛三种·一百二十卷本》卷七〇，第 3288 页。
④ 《旧唐书》卷五一《后妃传上·杨贵妃》，第 2179—2180 页。
⑤ 《开元天宝遗事》卷下《天宝下·探春》，第 56 页。
⑥ 《开元天宝遗事》卷下《天宝下·裙幄》，第 49 页。

行，逢一女人，婿抱儿相逐。昌期马鞭拨其头巾，女妇骂之”①；戴淑伦的《女耕田行》中则有以巾遮面的农家女子，“谁家二女种新谷，无人无牛不及犁，持刀斫地翻作泥，自言家贫母年老，长兄从军未娶嫂，去年灾疫牛囤空，截绢买刀都市中，头巾掩面畏人识，以刀代牛谁与同，姊妹相携心正苦，不见路人唯见土”②。

皇家妇女出行时，更须以幕或帷相围以障蔽，皇后出行还要静路。武则天随高宗封禅时，为了与外官区隔，宫官就先设帷以蔽，“高宗乾封初，封禅岱宗，行初献之礼毕，执事者趋下，而宫官执帷。天后率六宫升坛行礼，帷席皆以锦绣为之”③。关于皇后出行的静路，《太平广记》录有一个故事：韦安道在“唐大定年中，于洛阳早出，至慈惠里西门，晨鼓初发，见中衢有兵仗，如帝者之卫。……时天后在洛，安道初谓天后之游幸。……又怪衢中金吾街史，不为静路”④。皇后出行需戒严，由此而可见之。公主出行时，不但乘以严密的犊车或檐子，还需以幕围蔽所到之处，“近代有士人应举之京，途次关西，宿于逆旅，舍小房中。俄有贵人奴仆数人，云：‘公主来宿。’以幕围店及他店四五所。……须臾，公主车声大至”⑤。公主外出宿旅时，不但要将所住旅店以幕围起，相邻的旅店也会被障围起来。再有一例，“太和公主出降回鹘，上御通化门送之，百僚立班于章敬寺门外。公主驻车幕次，百僚再拜，中使将命出幕，答拜而退。”⑥此记中的障幕，

① 《朝野佥载·补辑》，第 161 页。
② 《全唐诗》卷二七三，第 3070 页。
③ 〔唐〕刘肃撰，许德楠、李鼎霞点校：《大唐新语》卷一三《郊禅》，中华书局 1984 年版，第 197 页。
④ 《太平广记》卷二九九《韦安道》，2375 页。
⑤ 〔唐〕戴孚撰，方诗铭辑校：《广异记·华岳神女》，中华书局 1992 年版，第 60 页。
⑥ 〔唐〕李肇撰，聂清风校注：《唐国史补校注》卷中，中华书局 2021 年版，第 208 页。

戴帷帽的妇女
（新疆吐鲁番阿斯塔那唐墓出土）

幂离（大谷探险队
所获新疆吐鲁番出土绢画）

盛唐戴帷帽的妇女
（莫高窟第 217 窟）

明显是为区隔公主与百僚。国夫人与公主同为一品外命妇，故国夫人的障蔽方式或也如公主一样，须以幕帷障之，故在《通鉴》中，《旧唐书》的"不施帷幔"就被更为了"不施障幕"。而所谓"不施障幕"，胡注释之："妇人出必有障幕以自蔽。"① 所谓"障幕"，实即指妇女以帷、幕、帐、幄或巾进行遮蔽，而不使他人特别是男人看到。"帷"，《释名》曰"围也，所以自障围也"，② 主要指采用布帛为材料，以

---

① 《资治通鉴》卷二一六"唐玄宗天宝十二载冬十月"条，第6919页。
② 〔汉〕刘熙：《释名》卷六《释床帐》，中华书局1985年版，第94页。

《明皇幸蜀图》中的
戴帷帽妇女（摹本）

捧帷帽女侍图
（唐燕妃墓出土）

围绕为形式的屏障；"帐"，类似现在的帐篷。帷的含义与帐相似，与幕有别，对此，《事物纪原》曰："在傍曰帷，在上曰幕，皆以布为之，四合象宫室曰幄，王所居之帐也。"① 依《通鉴》及胡注之意，虢国夫人在出行时，是当以帷障自随以进行障蔽的。

在《杨太真外传》中，《旧唐书》的"不施帷幔"则又作"亦无蒙蔽"②。所谓"蒙蔽"，或指戴幂离、戴帷帽等。所谓幂离，也称罗幂，是为遮盖头颈的织物，其形象资料可见大谷探险队所获新疆吐鲁番出土绢画③。帷帽，也称围帽、席帽，"则近于在阔边笠子四周、或前后、或两侧施网"④，其形制可见《明皇幸蜀图》⑤ 等。

---

① 〔宋〕高承撰，〔明〕李果订，金圆、许沛藻点校：《事物纪原》卷二《礼祭郊祀部·青城》，中华书局 1989 年版，第 78 页。

② 《杨太真外传》卷下，见《开元天宝遗事十种》，第 141 页。

③ 《周刊朝日百科》87 号彩版，1979 年。并请参看东野治之：《传トルフアソ出土树下美人图についこ》，载《佛教艺术》第 108 号，1976 年。

④ 《中国古代服饰研究》，第 290 页。

⑤ 《中国美术全集·绘画编 2·隋唐五代绘画》，第 33 页。

而从幂离、帷帽等遮蔽方式看，唐代上层妇女又有一个从遮蔽严密到渐无遮蔽的过程。对此，《旧唐书·舆服志》有如下记载：

> 武德、贞观之时，宫人骑马者，依齐、隋旧制，多著幂离。虽发自戎夷，而全身障蔽，不欲途路窥之。王公之家，亦同此制。永徽之后，皆用帷帽，拖裙到颈，渐为浅露。寻下敕禁断，初虽暂息，旋又仍旧。咸亨二年又下敕曰："百官家口，咸预士流，至于衢路之间，岂可全无障蔽。比来多著帷帽，遂弃幂罗，曾不乘车，别坐檐子。递相仿效，浸成风俗，过为轻率，深失礼容。前者已令渐改，如闻犹未止息。又命妇朝谒，或将驰驾车，既入禁门，有亏肃敬。此并乖于仪式，理须禁断，自今已后，勿使更然。"则天之后，帷帽大行，幂罗渐息。中宗即位，宫禁宽弛，公私妇人，无复幂罗之制。
>
> 开元初，从驾宫人骑马者，皆著胡帽，靓妆露面，无复障蔽。士庶之家，又相仿效，帷帽之制，绝不行用。俄（天宝中）又露髻驰骋，或有著丈夫衣服靴衫，而尊卑内外，斯一贯矣。[1]

唐代上层妇女出行时的遮蔽，从初唐时的遮盖严密的幂离，逐步发展为高宗时"渐为浅露"的帷帽，至开元时则是"士庶之家""皆着胡帽，靓妆露面，无复障蔽"，天宝时更是"露髻驰骋"。以此看，在天宝这样一个"尊卑内外"都"露髻驰骋"的时代，虢国夫人的"不施帷幔""靓妆盈巷"，实又未越出其时上层女子的行事之度。

---

[1]《旧唐书》卷四五《舆服志》，第1957页。"天宝中"三字，据《大唐新语》补，第151页。

三彩女骑马俑
（唐李贞墓出土，女俑头戴翻沿胡帽）

女骑马俑（唐郑仁泰墓出土）

所以，关于虢国夫人出行时的"不施帷幔"，我们可做如下理解。首先，她的这种行为无疑是有违儒家礼教和唐代女教教义的。其次，开元、天宝时期，士庶之家已多有"靓妆露面，无复障蔽""露髻驰骋"的女子，所以她的这种行为并非个例，而是当时社会风尚的表现之一。再次，虽然当时上层女子出行时的无障蔽已不鲜见，但在礼教之士的眼中，此非时尚，而是风俗颓坏的表现。像李华在《与外孙崔氏二孩书》中就有此观点："吾小时南市帽行，见貂帽多帷帽少，当时旧人，已叹风俗。中年至西京市，帽行乃无帷帽，貂帽亦无，男子衫袖蒙鼻，妇人领巾覆头，向有帷帽羃离，必为瓦石所及。此乃妇人为丈夫之象，丈夫为妇人之饰。颠之倒之，莫甚于此。"[1]李华以此为男女之位颠倒的表现。

衣食住行是日常生活最重要的组成部分，它是一种重复性思维和重复性实践占主导地位的活动，用以满足人们的基本生存需求。但作为其时深受皇宠的顶级贵妇，虢国夫人衣食住行所显现的则远不止在这一基本层面。首先，它更多渗入到了等级、技术、工艺等人类精神生产领域或人类知识领域，也即非日常生活的成分。举凡她的礼服、所食用的珍馔、居住的豪宅、乘用的礼车等，既是她的身份等级——一品命妇的体现，更是她所代表的杨氏外戚所拥有的特殊地位的显露；而其衣服的蹙金绣、障泥的组绣、犀头箸的平脱技术等，则代表了唐时工艺技术发展的高超水平。其次，从层次理论观察，虢国夫人对高层次物质的需求愿望，是较一般人更为强烈的。美国学者马斯洛提出了著名的需要层次理论，他依据人的动机，将人的基本需要分为五个层面，即生理需要是最基础的层面，其次是安全需要、爱的需要、尊重的需要，最高的需要则是自我实现的需要。马斯洛认

---

① 〔唐〕李华：《李遐叔文集》卷一《与外孙崔氏二孩书》，上海古籍出版社1993年版，第20页。

为，在低层次需要得到相对满足时，才会出现高层次的需要[①]。依此理论，衣食住行是满足人的生理、安全的基本层面，虢国夫人当然不会满足于这种基本需求，她所追求的无疑在更高层次——爱的需要、尊重的需要和自我实现的需要。较衣食住行而言，她更想得到满足的，当是尊重与自我实现的需要。前文我们谈到，虢国夫人虽容貌姣好，但命运却较姊妹更为坎坷，较之小妹，她虽美丽却坐不到贵妃之位；她早年丧夫，姿貌不如她的韩国、秦国夫人却可以夫妻比翼。所以，衣食住行也成为她的又一"战场"，她要凭此而赢得尊重，并以之证明自己的胜出。

---

①［美］马斯洛等：《人的动机理论》，见林方主编：《人的潜能和价值——人本主义心理学译文集》，华夏出版社 1987 年版，第 162—168 页。

参考资料

一、史料

[1] 姚汝能撰，曾贻芬点校：《安禄山事迹》，北京：中华书局，2006 年。

[2] 白居易著，顾学颉校点：《白居易集》，北京：中华书局，1979 年。

[3] 宋敏求撰：《长安志》附〔元〕李好问《长安志图》，台北：成文出版社有限公司，1970 年。

[4] 张鷟撰，赵守俨点校：《朝野佥载》，北京：中华书局，1979 年。

[5] 徐坚等：《大唐开元礼》，北京：民族出版社，2000 年。

[6] 广池千九郎训点，内田智雄补订，《大唐六典》，柏市：广池学园事业部，1973 年。

[7] 刘肃撰，许德楠、李鼎霞点校：《大唐新语》，北京：中华书局，1984 年。

259

［8］萧涤非主编：《杜甫全集校注》，北京：人民文学出版社，2015年。

［9］刘昫等撰：《旧唐书》，北京：中华书局，1975年。

［10］薛居正等撰：《旧五代史》，北京：中华书局，1976年。

［11］郑棨撰，吴企明点校：《开天传信记》，北京：中华书局，2012年。

［12］王仁裕著，曾贻芬点校：《开元天宝遗事》，北京：中华书局，2006年。

［13］李白著，王琦注：《李太白全集》，北京：中华书局，1977年。

［14］郑处诲撰，田廷柱点校：《明皇杂录》，北京：中华书局，1994年。

［15］彭定求编：《全唐诗》，北京：中华书局，1960年。

［16］董浩编：《全唐文》，北京：中华书局，1983年。

［17］吴钢主编：《全唐文补遗》第一辑，西安：三秦出版社，1994年。

［18］吴钢主编：《全唐文补遗》第二辑，西安：三秦出版社，1995年。

［19］纪昀等编：《四库全书总目》，北京：中华书局，1965年。

［20］李濬撰，阳美生校点：《松窗杂录》，北京：中华书局，1991年。

［21］李昉等撰：《太平广记》，北京：中华书局，1961年。

［22］宋敏求编：《唐大诏令集》，北京：中华书局，2008年。

［23］李肇著：《唐国史补》，上海：上海古籍出版社，1957年。

［24］王溥撰：《唐会要》，北京：中华书局，1955年。

［25］徐松撰，方严点校：《唐两京城坊考》，北京：中华书局，1985年。

［26］长孙无忌撰：刘俊文点校：《唐律疏议》，北京：中华书局，1983年。

［27］李剑国辑校：《唐五代传奇集》，北京：中华书局，2015年。

［28］王谠著，周勋初校证：《唐语林校证》，北京：中华书局，2008年。

［29］王定宝著：《唐摭言》，上海：古典文学出版社，1957年。

［30］杜祐撰：《通典》，北京：中华书局，1984年。

［31］李昉等撰：《文苑英华》，北京：中华书局，1966年。

［32］欧阳修等撰：《新唐书》，北京：中华书局，1975年。

［33］欧阳修等撰：《新五代史》，北京：中华书局，1974年。

［34］乐史著：《杨太真外传》，北京，中华书局，1991年。

［35］李肇等撰：《因话录》，上海：上海古籍出版社，1979年。

［36］张文成著：李时人、詹绪左校注，《游仙窟校注》，北京：中华书局，
2010 年。

［37］段成式著，方南生点校：《酉阳杂俎》，北京：中华书局，1981 年。

［38］元稹著，冀勤点校：《元稹集》，北京：中华书局，2010 年。

［39］李吉甫著，贺次君点校：《元和郡县志》，北京：中华书局，1983 年。

［40］范摅撰，唐雯校笺：《云溪友议校笺》，北京：中华书局，2017 年。

［41］张祜撰，尹占华校注：《张祜诗集校注》，成都：巴蜀书社，2007 年。

［42］有正书局：《中国历代帝后像》，上海：有正书局，民国（1912—
1948）。

［43］司马光撰：《资治通鉴》，北京：中华书局，1956 年。

二、近人论著

［44］卞孝萱：《唐玄宗杨贵妃五题》，《烟台师范学院学报》（哲学
社会科学版）1994 年第 1 期。

［45］岑仲勉：《隋唐史》，石家庄：河北教育出版社，2000 年。

［46］陈弱水：《隐蔽的光景：唐代的妇女文化与家庭生活》，桂林：
广西师范大学出版社，2009 年。

［47］陈寅恪：《元白诗笺证稿》，上海：上海古籍出版社，1978 年。

［48］陈寅恪：《记唐代之李武韦杨婚姻集团》，《金明馆丛稿初编》，
上海：上海古籍出版社，1980 年。

［49］陈寅恪：《唐代政治史述论稿》，上海：上海古籍出版社，1982 年。

［50］池田温：《中国古代籍帐研究》，龚泽铣译，北京：中华书局，
2007 年。

［51］段文杰主编：《中国壁画全集·敦煌（6）·盛唐》，天津：天津
人民美术出版社，1989 年。

［52］樊锦诗主编：《中国石窟艺术·榆林窟》，南京：江苏凤凰美术
出版社，2014 年。

［53］傅璇琮主编：《唐才子传校笺》第 3 册，北京：中华书局，1990 年。

［54］高世瑜：《唐代妇女》，西安：三秦出版社，2011 年。

［55］葛兆光：《中国思想史》第二卷《七世纪至十九世纪中国的知识、思想与信仰》，上海：复旦大学出版社，2000 年。

［56］胡同庆、王庆芝编著：《敦煌古代衣食住行》，兰州：甘肃人民美术出版社，2013 年。

［57］黄能馥主编：《中国美术全集·工艺美术 6·印染织绣（上）》，北京：文物出版社，1985 年。

［58］黄小峰：《张萱〈虢国夫人游春图〉》，北京：文物出版社，2009 年。

［59］黄正建：《唐代衣食住行（插图珍藏本）》，北京：中华书局，2013 年。

［60］黄正建：《走进日常——唐代社会生活考论》，上海：中西书局，2016 年。

［61］金维诺主编：《中国美术全集·绘画编 2·隋唐五代绘画》，北京：人民美术出版社，1984 年。

［62］李剑国：《唐五代志怪传奇叙录》，天津：南开大学出版社，1993 年。

［63］李剑国：《宋代志怪传奇叙录》，天津：南开大学出版社，1997 年。

［64］李剑国辑校：《唐五代传奇集》，北京：中华书局，2015 年。

［65］李剑国辑校：《宋代传奇集》，北京：中华书局，2018 年。

［66］李志生：《雪胸与幂离——唐代女性袒装再阐释》，载袁行霈主编《国学研究》第 23 卷，2009 年。

［67］李志生：《唐代妇女的出行礼仪——兼谈严男女之防与等级秩序》，袁行霈主编《国学研究》第 25 卷，北京：北京大学出版社，2010 年。

［68］李志生：《文本解读与社会性别：唐宋时期杨贵妃"女祸"形象生成史》，北京大学中国古代史研究中心编《田余庆先生九十华诞颂寿论文集》，北京：中华书局，2014 年。

［69］刘隆凯整理：《陈寅恪〈元白诗证史〉讲席侧记》，武汉：湖北教育出版社，2005 年。

［70］陆威仪：《世界性的帝国：唐朝》（哈佛中国史），张晓东、冯世明译，北京：中信出版集团股份有限公司，2016 年。

［71］罗世平、李力主编：《中国墓室壁画全集》（2），石家庄：河北
　　　教育出版社，2011年。

［72］马德主编：《敦煌石窟全集·26·交通画卷》，上海：上海人民
　　　出版社，2001年。

［73］马正林：《唐长安城总体布局的地理特征》，《历史地理》第3辑，
　　　上海：上海人民出版社，1983年。

［74］妹尾达彦：《韦述的〈两京新记〉与八世纪前叶的长安》，荣
　　　新江主编《唐研究》第9卷，北京：北京大学出版社，2009年。

［75］平冈武夫：《长安与洛阳（地图）》，杨励三译，西安：陕西人
　　　民出版社，1957年。

［76］仁井田陞：《唐令拾遗》，粟劲等编译，长春：长春出版社，1989年。

［77］荣新江：《女扮男装——唐代前期妇女的性别意识》，载邓小南
　　　主编《唐宋女性与社会》。

［78］陕西博物馆编：《陕西博物馆》，北京：文物出版社，1983年。

［79］陕西省博物馆藏宝录编辑委员会编：《陕西省博物馆藏宝录》，
　　　上海：上海文艺出版社，1995年。

［80］陕西省考古研究院、法门寺博物馆、宝鸡市文物局等编：《法门
　　　寺考古发掘报告》，北京：文物出版社，2007年。

［81］沈从文：《中国古代服饰研究》，上海：上海书店出版社，2005年。

［82］孙机：《中国古舆服论丛（增订本）》，北京：文物出版社，2001年。

［83］孙机：《汉代物质文化资料图说（增订本）》，上海：上海古籍
　　　出版社，2008年。

［84］孙儒僩、孙毅华主编：《敦煌石窟全集·建筑画卷》，香港：商
　　　务印书馆（香港）有限公司，2001年。

［85］谭婵雪主编：《敦煌石窟全集·24·服饰画卷》，香港：商务印书
　　　馆（香港）有限公司，2005年。

［86］谭婵雪主编：《敦煌石窟全集·25·民俗画卷》，上海：上海人
　　　民出版社，2001年。

［87］王利华：《中古华北饮食文化的变迁》，北京：生活·读书·新
　　　知三联书店，2018年。

［88］王重民、王庆菽、向达、周一良、启功、曾毅公编：《敦煌变文集》，北京：人民文学出版社，1957年。

［89］吴钢主编《全唐文补遗》第一辑，西安：三秦出版社，1994年。

［90］吴钢主编《全唐文补遗》第二辑，西安：三秦出版社，1995年。

［91］吴钢主编《全唐文补遗》第七辑，西安：三秦出版社，2000年。

［92］西安市临潼区唐文化旅游区管理委员会编《骊山·华清宫文史宝典》，西安：陕西旅游出版社，2008年。

［93］萧默《敦煌建筑研究》，北京：机械工业出版社，2002年。

［94］谢弗：《唐代的外来文明》，吴玉贵译，北京：中国社会科学出版社，1995年。

［95］新疆维吾尔自治区博物馆编，《新疆出土文物》，北京：文物出版社，1975年。

［96］严杰《唐五代笔记考论》，北京：中华书局，2009年。

［97］姚平：《唐代妇女的生命历程》，上海：上海古籍出版社，2004年。

［98］张国刚：《唐代家庭与社会》，北京：中华书局，2014年。

［99］张鸿修：《中国唐墓壁画集》，广州：岭南美术出版社，1995年。

［100］张志攀主编：《昭陵唐墓壁画》，北京：文物出版社，2006年。

［101］张志攀、李浪涛主编：《昭陵博物馆陶俑珍品集》（1）（2）（4），北京：北京联合出版公司，2016年。

［102］张中宇：《白居易〈长恨歌〉研究》，北京：中华书局，2005年。

［103］赵超：《汉魏南北朝墓志汇编》，天津：天津古籍出版社，1992年。

［104］赵丰：《唐代丝绸与丝绸之路》，西安：三秦出版社，1992年。

［105］中国文物研究所等编：《吐鲁番出土文书》（肆），北京：文物出版社，1996年。

［106］周勋初：《唐代笔记小说考索》，《周勋初文集》第五卷，南京：江苏古籍出版社，2000年。

［107］周勋初：《唐代笔记小说叙录》，《周勋初文集》第五卷，南京：江苏古籍出版社，2000年。

后记

这本书纯粹是让李小江老师给"逼"出来的。两年前，我参加了李小江老师主持的女方志课题的前期研讨，李小江老师对女性问题的诸多深入思考、她的超强组织能力，都给我留下了深刻印象。其后，我与李老师有了更多的交流。在了解了我的研究后，李小江老师便"命令"我尽快写出一本书，我也乐得从命，因为李老师的"命令"其实是对我的鞭策。

这本书是我十多年来做日常生活史的一个小成果。在做日常生活史的这些年中，我受惠于诸多师友，南开大学历史学院的常建华和夏炎二位老师，是首先要提起的。南开大学是中国社会史研究的重地。疫情之前，南开大学中国社会史研究中心每年都要举行研讨会，而研讨的重点之一就是日常生活史。我有幸多次参会，以至到最后，对那里都有了家的感觉，而常老师和夏老师也确实给了我们这些参会者以家的温暖。这些会议与研讨，不但使我提出了相关的研究问题，更在与学者的切磋中深化了思路。

陕西师范大学的郭海文老师，是我研究唐代妇女日常生活史的同道，她的研究方向与内容与我多有交叉，她与我更是生活理念上的难得知己。这些年来，郭老师对我的研究默默进行着支持与帮助，这样的朋友情令我感怀终生。

非常幸运，我遇到了极有想法的编辑马康伟老师，他为本书提出了许多建设性的意见；他的细致，更避免了若干不该出现的错误。

这些年来，我一直在讲授"中国古代日常生活史"的课程。通过这门课，我深刻体会到了教学相长的含义。学生们在课堂上的认真聆听，会督促我发掘更多中国古代日常生活的问题与层面；而他们课下与我的热情讨论，更敦促我对相关问题做进一步的探究。而所有这些，其实都已在不经意间化入了这本书的点滴中，无论是材料、问题，还是视角。

李志生

2021 年 10 月 16 日于北山雪